教育始于家庭

为崔振邦先生新著题

朱永新

2015年12月16日

中国教育学会“十三五”教育科研规划课题
西北地区基础教育阶段家校共育理论与实践研究课题
陕西省家庭教育科研规划课题项目
甘肃省家庭与学校合作共育研究项目

给父母和教师的100条建议

崔振邦　编著

北京大学出版社
PEKING UNIVERSITY PRESS

图书在版编目(CIP)数据

给父母和教师的 100 条建议/崔振邦编著. —北京：北京大学出版社，2017. 7（2020.7重印）

ISBN 978-7-301-28072-0

Ⅰ. ①给… Ⅱ. ①崔… Ⅲ. ①教育—通俗读物 Ⅳ. ①G4-49

中国版本图书馆 CIP 数据核字（2017）第 024531 号

书　　名	给父母和教师的 100 条建议 GEI FUMU HE JIAOSHI DE 100TIAO JIANYI
著作责任者	崔振邦　编著
责任编辑	周志刚　唐知涵
标准书号	ISBN 978-7-301-28072-0
出版发行	北京大学出版社
地　　址	北京市海淀区成府路 205 号　100871
网　　址	http://www.pup.cn　　新浪微博：@北京大学出版社
微信公众号	科学与艺术之声（微信号：sartspku）
电子信箱	zyl@pup.pku.edu.cn
电　　话	邮购部 010-62752015　发行部 010-62750672　编辑部 010-62753056
印 刷 者	三河市兴国印务有限公司
经 销 者	新华书店
	650 毫米 × 980 毫米　16 开本　20.5 印张　258 千字
	2017 年 7 月第 1 版　2020 年 7 月第 2 次印刷
定　　价	49. 00 元

目　录

家庭教育是精耕细作的科学

赵忠心

崔振邦同志的《给父母和教师的 100 条建议》一书即将出版。我首先向他表示祝贺，祝贺他的大作问世！

他希望我给他的书写个序言，我欣然应允。

振邦同志是一位资深的教育工作者，曾任甘肃省定西教育学院院长，定西师范高等专科学校校长、党委书记，定西市教育局局长、党组书记。现在是中国教育学会家庭教育专业委员会理事，甘肃省家校合作教育协会副会长兼秘书长，北京大学社会学系访问学者，兰州大学兼职教授，东北师范大学家庭与学校合作教育研究中心特聘教授，甘肃省"555"创新人才。他是一位学者型的教育行政领导干部，具有很高的理论素养，又很善于学习，善于接受新事物、新思想、新观念，能够与时俱进。先后出版了《欠发达地区教育经济研究》《新世纪贫困地区教育》《家庭教育策略》《家庭道德教育》等著作，并多次获奖。

我们是多年的朋友。老朋友出版家庭教育指导方面的著作，我很高兴。他的书稿，我有幸先睹为快，有些感想借此机会谈一谈。

前些年，他在国家教育行政学院学习时，曾和兰州市教育局局长一起来我家做客。谈到家庭教育的话题，认为我国西部家庭教育工作跟内地相比差距不小，他们很想在西部开展一些工作，改变相对落后的局面。我自然很高兴，表示热烈支持。不想过了很短几年，他就推出了一系列关于家庭教育的论著，《给父母和教师的100条建议》就是一部很有特色的家庭教育指导用书。这部著作从胎教谈起，一直延续到高中毕业，涵盖了孩子整个未成年时期接受家庭教育的全过程，对不同年龄段孩子的家庭教育进行了全面的论述。认真阅读该书，可以全面了解未成年孩子成长的过程，系统地掌握未成年孩子身心发展和家庭教育的规律，切实提高父母、老师的教育素养。

孩子的成长发育既具有连续性，也具有阶段性。不同的年龄阶段都分别具有一般的、典型的、本质的心理特征。就是说，不同的年龄阶段普遍具有不同的心理特征。该书把未成年孩子的身心发展大体划分成五个生理心理年龄阶段，即："蝴蝶效应"——婴儿期(0～3岁)；"泡菜效应"——幼儿期(3、4～6、7岁)；"罗森塔尔效应"——童年期(6、7～11、12岁)；"木桶效应"——少年期(11、12～14、15岁)；"南风效应"——青年期(14、15岁以上)。每一个生理心理年龄阶段都用一个比喻概括了各自的心理特征，非常形象，也非常贴切。

家庭教育要取得良好的效果，必须针对孩子不同的年龄特征实施相应的教育。不同年龄阶段孩子的生理、心理特征不同，发展的需要不同，实施教育的重点也不同。抓不住教育的重点问题，就很容易使家庭教育陷入一般化，教育效果就会大打折扣。该书分别对各个年龄阶段突出的、典型的教育问题进行了探讨，使家长能全面把握未成年孩子整个发展过程的教育。

值得注意的是，该书针对每个不同的生理心理年龄阶段身心发展相对独立的不同特征，以管理学、教育学、心理学中著名的五个教育效应为导向，提纲挈领，钩玄提要，引申出突出而带有普遍性的问题，逐一进行了生动形象、深入浅出的论述。阅读此书，读者能悟出许多培养、教育子女的道理来，从而增强顺利、成功地培养孩子的信心。

随着社会的发展和我国计划生育政策的实施，人们的生育观念发生了巨大的变化：由过去单纯追求子女的“数量”，逐步转变为追求子女的“质量”。过去孩子多的时候，家庭教育可以说是“粗放型”的，“浅耕粗作，广种薄收”；现在孩子少了，家庭教育则变为“集约型”的，是“精耕细作，提高单位面积产量”。家长们要对“不可多得”的孩子“精雕细刻”，雕刻出“精品”，使之成为出类拔萃的人才。

家庭教育亟待加强，特别是在当今就业形势严峻、压力增大的情况下，家长对子女的教育空前重视。因此，迫切需要指导，以便掌握家庭教育的科学知识，实现家庭教育的科学化。

然而，我们的家庭教育指导工作，远远满足不了广大家长的渴求。近些年来，虽然出版了一些家庭教育指导用书，但真正有价值的却是凤毛麟角。有许多书是“急就篇”“拼凑篇”“绝招篇”或“经验篇”，明眼人一看便知，那是外行人“临时现撺”的。其中有相当多的家庭教育指导图书，在科学性和实用性上存在着严重问题，根本不可信。

令人欣慰的是，毕竟还有一批具有高度社会责任感、富有良心、拥有真才实学的教育学者和具有丰富教育实践经验、热心家庭教育事业的教育实际工作者。他们没有辜负社会和千千万万家长的热切期望，急家长之所急，想家长之所想，既能深入实际调查研究，又能俯下身子，沉下心来，认真思考、钻研家庭教育实际和理论问题，认真总结家庭教育经验，刻苦探索家庭教育的规律，努力尽自己所能，为实现家庭教育科学化，为繁荣我国的家庭教育事业奉献自己的一份力量。

《给父母和教师的100条建议》一书的作者崔振邦同志就是其中的一位。他十数年如一日，深入调查研究，并针对当代家庭教育中带有普遍意义的典型问题，开展专题讲座，进行具体指导，一直活跃在家庭教育指导的舞台上，受到广大家长的热烈欢迎。这部家庭教育读物，正是他在实践的基础上，通过认真思考和研究，总结、积累家庭教育指导经验，探索家庭教育规律的成果。

《给父母和教师的100条建议》一书突出的特点是：

一是有较强的现实性和针对性。针对儿童发展和现代社会发展中的新问题与对家庭教育的新要求，敏锐地抓住了不同年龄阶段教子的关键问题、典型问题，进行深入的分析和具体入微的指导，具有很强的现实性和针对性。

二是有很强的实用性和可操作性。作者注重用事实说话，在各个篇章中列举了很多典型事例，旁征博引，摘录了大量操作性很强的学习资料，给读者提供了很多简便易行的指导建议。

三是深入浅出，通俗易懂。作者以系统的儿童心理学理论和家庭教育理论为主线，勾勒出内涵严谨的理论架构，行文之时又考虑家长、教师学习的特点，因此整部书内容丰富，语言通俗易懂，寓理于事，言简意赅，一般文化水平的读者都可以阅读。

我相信，《给父母和教师的100条建议》一定会成为广大家长、老师的良师益友。

（赵忠心：中国教育学会家庭教育专业委员会名誉理事长，北京师范大学教授）

教育始于家庭

卢　勤

我读的第一本家庭教育的书就是中国近现代著名教育家，我国幼儿教育理论实践的开拓者和奠基人陈鹤琴先生写的。从1920年起，他以长子一鸣为对象，进行了长达808天的观察和实验，在1925年，先后写成《儿童心理之研究》和《家庭教育》两部专著，较为系统地阐述了自己的幼儿教育思想。他一生坚信，只有热爱儿童，了解儿童，才能教育儿童。虽然相隔近百年，但与我们今天所遵循的教育思想十分一致。由此，我对民国时期家庭教育产生兴趣，但那时的家庭教育专著找起来很不容易。

2014年10月，在第十七届海峡两岸家庭教育学术研讨会上，中国教育学会家庭教育专业委员会理事崔振邦先生的演讲，引起我的极大兴趣，他讲的是"民国时期家庭教育思想探析"，我觉得对今天的家庭教育很有帮助，因此建议他整理一本"民国时期家庭教育图书简介"，供今天的教育工作者参考。

崔振邦先生本着一种高度负责的精神，利用在北京大学访学的机会，开始搜集资料，整理汇编，虽未成书，但已见到曙光，我正翘首等待。

令人欣慰的是，崔振邦先生编著的《给父母和教师的100条建议》一书即将正式出版。

振邦先生是个重视实践的人，他写的东西往往以鲜活的实例作支撑，散发着浓郁的生活气息，耐读耐看，耐人寻味。

这本《给父母和教师的100条建议》，没有高深的理论，也很少有经典的论述，而是一段理论中夹杂着一个或多个故事，在故事的叙述与分析中揭示出教育的真谛。他写作的语言是朴素而纯真的，因为他的读者是千千万万寻常百姓；他述说的语气是通俗易懂、充满温情的。他希望在传播自己的研究心得时首先营造一种家的氛围。

在家庭教育上，所有的父母都站在同一起跑线上，每一个家庭中的父母，无论文化程度高低，都可能有成功的家庭教育，也可能有失败的家庭教育。如果父母在家庭生活中注重以自己正确的言行影响孩子，如果老师能够坚持学习和掌握科学的教育方法，父母、老师都能按教育基本规律办事，谁都可以成为优秀的教育专家。这本《给父母和教师的100条建议》，或可为你成为一名优秀的家长和教育专家增添健劲的双翼。

教育始于家庭。在很长一段时间，人们一直以为教育是学校的事、老师的事。现在人们的理念发生了变化，从培养孩子全面发展的角度上看，家庭教育对孩子的成长是绝对重要、不可替代的。创建一流的家庭育人环境，受益的不仅仅是一代人，而是两代人甚至几代人。振邦先生编著的这本《给父母和教师的100条建议》按照人的不同年龄阶段，从赏识教育、自立教育、品德教育、学习教育、理财教育、性格教育、快乐教育、爱的教育等方面，对国内外一些经典的、有效的教育方法和理念进行了阐述，故事中蕴涵哲理，哲理中隐藏方法，不失为一本通俗晓畅的家校合作的教育经典。我觉得，该书不仅适合父母阅读，也适合于从事幼儿教育和基础教育的教师阅读。

最后我想说的是，知心姐姐一生致力于倾听孩子们的心声，满足孩子们的需求，尊重孩子们的创造，做孩子们和家长们的良师益友，看到“用故事滋养心灵，用故事启迪智慧”的好书，也想推荐给青少年朋友们分享，这也是一件非常幸福快乐的事。

（卢勤：中国少年儿童新闻出版总社首席专家、原总编辑，中国家庭教育专委会副理事长）

教育是家、校协同的艺术

齐大辉

教育是一门组装艺术，家庭与学校都是组织，带头人是家长与教师，家、校协同与成人成熟是保证孩子健康成长的关键要素，而协同的基础是师长观念一致，只有认同一本书，走同一条路，才能做好协同教育。

崔振邦先生著的《给父母和教师的100条建议》，便是一本值得细读的实用好书，其“五个阶段、五大原理、百条建议”的著作，结构清晰，通俗易懂，科学依据与实用价值均佳，是一本值得家长与教师共同细读的理性工具书。

（齐大辉：北京大学家庭文化与家长教育研究所所长，北京书同教育科技研究院院长）

前　言

教育是一门艺术，是一切艺术中最广泛、最复杂、最崇高和最必要的艺术。从这个角度说，老师和家长都应该是艺术家。我们应该把孩子当做“雕塑”，而不是“玩具”。也就是说，在漫长的教育过程中，我们应该用“雕”的方式逐渐减去孩子身上人性的弱点，用“塑”的方式逐渐增强孩子身上文化的内涵。一切从孩子的成长出发，而不是从自己的需要出发，仅仅满足于“天伦之乐”“含饴弄孙”式的家庭快乐。

学校、家庭和社会已经成为孩子成长和受教育的三大主要阵地，孩子的成长、成人、成才以及成功是每个家庭共同的心愿与期待。虽然说成功的孩子所受的教育各不相同，但不成功的孩子没有接受到良好的家庭教育却是相同的。

“摇动摇篮的手，就是推动世界的手。”——家庭教育的重要性不容忽视。

“没有教育不好的孩子，只有不会教育的父母。”——家长的责任与担子不可推卸。

家庭，是孕育生命的地方，是人生的第一课堂。家庭“对人的影响最大最深，世界上没有一个人不受家庭的影响，身心不打上家庭的‘烙印’”[①]。家庭教育是一个古老的话题，也是一门全新的学问；是一门科学，也是一门艺术。长期以来，我国的家庭教育缺乏

① 赵忠心：《家庭教育学》，人民教育出版社，2001年，第2页。

科学的引导，处于自发状态。家长们的教育观念、教育方式以及对待孩子的态度，绝大多数都是因袭上一辈或从自己的认知理念出发的，没有专门的学科予以指导。虽然说现在大多数家长已经意识到了家庭教育对孩子成长的重要性，可在如何教育孩子方面却表现出深切的困惑和急于求成的盲目。尤其是近几年来，随着我国教育体制改革的逐步深入，以及西方先进教育理念的引进，如何尊重孩子的个性特征、怎样坚持以人为本科学施教，更成了摆在家长们面前的一道难题。

可以说，现在的孩子很辛苦，家长们更辛苦。自打孩子一出生，孩子的营养健康、衣食住行、安全快乐、上学就业、成人成家，无不牵动着每一位父母的心。即使这样，仍令家长们苦恼的是，现在有些孩子有吃有喝，有穿有住，可就是不爱学习，不思进取；令家长们伤心的是，现在有些孩子稍有烦恼和委屈，时不时离家出走，动不动选择轻生；令家长们纳闷的是，养育了多少年的孩子，不听父母的话，不领父母的情……这时候，家长就要冷静思考，寻找出现这些问题的原因。应该说，出现这种现象的原因是多方面的，要么是父母的教育动机出了问题，要么是父母所扮演的角色孩子并不喜欢，要么是教育的方法背离了孩子成长的规律。

“儿童是国家的基础，将来建国必须依靠他们。儿童的身心都未成熟，所以儿童教育要多用培育方式。”①教育孩子，说白了就是要教会孩子健康成长的知识，要教会他们成人的道理，要引导他们成才的方向，要鼓励他们走成功的道路。我国历史上有许多伟人贤哲、领袖英雄、名流豪杰，都是在良好的家庭教育环境中成长起来的。“陶母责子”“岳母刺字”“刈机劝学”等脍炙人口的故事，都是我国家庭教育流芳百世的典范。

国外有一句名言：人人都可以把自己的孩子培养成为“二爱”（爱迪生和爱因斯坦）型巨人，就看你的耐心、信心和决心。孩子的

---

① 晏阳初：《晏阳初教育论著选》，人民教育出版社，1993年，第256页。

教育不是单靠金钱与时间就能达到目的的，而是要靠父母的爱心与努力才能实现的。随着生活条件的改善，人们对家庭教育的投入也越来越大。在家庭教育的投入方面，家长们已形成了共识。需要家长们注意的就剩下教育方法和教育的恒心了。

家庭教育是一项巨大的工程，它的成功，不是一朝一夕能完成的，也不是单靠热情就能奏效的。“家庭教育对每一个人来说，又是一种终身教育。”[①]本书按照中国学校孩子们的入学年龄特点，相对地划分了孩子们成长的五个大的生理年龄阶段，以教育学、心理学上的五个大的教育效应作为结合点，分别列出了各个生理年龄阶段需要引起家长注意的教育问题共100个。当然，虽然说相对划分了五个大的阶段，但各个阶段的教育侧重点和教育内容却应该是互相穿插进行的，这点需要家长在施教时具体分析，因材施教。

---

① 赵忠心：《家庭教育学》，人民教育出版社，2001年，第10页。

第一章

“蝴蝶效应”

——婴儿期（0～3岁）

“一只蝴蝶在巴西轻拍翅膀，可以导致一个月后得克萨斯州的一场龙卷风。”这可不是美国气象学家爱德华·罗伦兹的信口胡诌。这个著名的“蝴蝶效应”理论对人类启蒙教育有着深刻的启示。它使人们明白，人类婴儿时期的教育将对人的一生产生深刻而悠远的影响。请用心呵护那些可爱的蝴蝶吧，他们今天的一呼吸一轻动，或许就意味着明天将是丽日蓝天还是狂风暴雨！

——笔者手记

“蝴蝶效应”是指在一个动力系统中,初始条件下微小的变化能带动整个系统的长期而巨大的连锁反应。美国气象学家爱德华·罗伦兹(Edward Lorenz)1963年在一篇提交纽约科学院的论文中分析了这个效应,他说:“一个海鸥扇动翅膀足以永远改变天气变化。”在以后的演讲和论文中,他用了更有诗意的表述:“一只蝴蝶在巴西轻拍翅膀,可以导致一个月后得克萨斯州的一场龙卷风。”这就是著名的“蝴蝶效应”理论。此效应说明,事物的发展对初始条件具有极为敏感的依赖性,初始条件的极小偏差将会引起结果的极大差异。

“蝴蝶效应”应用在家庭教育中的启示是:在孩子的教育过程中,一定要重视那些促使孩子全面健康成长的优生、优育、优教的各类细节问题,一些好的细小的问题,如果能及早注意和培养,会给孩子的成长带来无穷的力量;一个坏的微小的问题,如果不及时地疏导、转化和解决,会给孩子将来的发展带来很大的危害。家庭教育的失误往往发生在不知不觉之中,任何一点点的错误和疏忽,都有可能使孩子的成长出现问题,造成令人追悔莫及的后果。“我们幼小时候所得的印象,哪怕是极其微小,小到几乎察觉不出,都有极大、极长久的影响,正如江河的源泉一样,水性很柔,一点点人力便可以把它导向他途,使河流的方向根本地改变。”[①]因此,作为父母,要在教育婴儿的过程中从小事做起,从现在做起,从身边事情做起,从自身做起,一步一个脚印,踏踏实实,防微杜渐,力求在教育孩子的漫漫征程中开个好头。

启蒙教育虽说“教无定法”,但一定要“教必得法”。许多父母最容易忽略的是婴儿期的教育,在他们看来,婴儿期的孩子实在太小,不具备接受教育的能力,家长的职责任务应该是尽可能地保障好孩子的衣、食、住、行,没必要施以教育。现代生理研究

---

① 约翰·洛克:《教育漫话》,傅任敢译,人民教育出版社,1963年,第4页。

表明：婴儿期的孩子已经具备了接受教育的能力，只不过其所需要的教育不是家长们青睐和热衷的所谓的“书本教育”，而是适合孩子生长发育规律的能力教育。

在孩子教育的细节问题上，父母不仅要认识到位，还必须有细心、耐心和决心。婴儿期的孩子因为自理能力非常差，意识发展还比较模糊，需要家长们注意的教育细节更多而且更关键。日常生活中，一些家长虽然已经认识到了婴儿期教育的重要性，但却表现得比较迷茫和困惑。有些家长则操之过急、揠苗助长，违背了孩子成长的生理规律。实际上，婴儿期的教育需要家长把握好孩子成长的生理特点，遵循孩子成长的规律，把一些被认为只有长大才能实施，而实践证明现在就能实施并且孩子也能接受的教育问题处理好。如一些有经验的家长总是利用合适的场合帮助孩子学习走路、亲情交流或语言交流；利用玩具来培养、启发孩子的智力；利用游戏对孩子进行动作协调性的训练和动手操作能力的锻炼；利用音乐对婴儿进行听觉与语言的刺激和训练，等等。

作为父母，对孩子进行生命权的保护、生理上的照应、生活上的料理、情感上的抚慰是法律和道义双重规定的责权，是天经地义的事。但除此之外，一定不能忽视孩子对教育的渴求，千万不能忽略孩子的发育特点和内在潜能问题，要创设条件对孩子进行必要的文化灌输，进行必要的能力培养，进行必要的科学辅导，实施必要的规范礼仪熏陶，而不要总是把眼光一味盯在孩子的营养、健康、冷暖、饥渴、安全与快乐上，满足于掌握养育孩子的基本知识与技能，而忽视孩子的心理成长与需要，忽视孩子的教育。或者对孩子的教育抱着“儿孙自有儿孙福，莫为儿孙做马牛”“等孩子长大就会了”“孩子的教育是学校的事”等观念，而错过关键的教育时机。

一、让胎教成为准父母的必修课

做父母的对于子女的早年教育绝不是一种无效劳动。虽然在某些年月里，被教育者好像处于沉睡状态，做父母的很难见到效应，但是，终有一天，会看见它的巨大好处。

——丹尼尔·笛福

教育的起点在胎儿期，中国古代社会就已经开始重视胎教。

《烈女传·周母三室》有这样的传说：周文王之母太任怀他时，目不视恶色，耳不听淫声，口不出傲言。因此，文王虽然在猪圈旁出生，但天资非凡，太任教一，文王识百，不教而聪。

《博物志》上说：“妇人妊娠，不欲见丑恶物、异鸟兽，食亦当避异常味。勿见熊、虎、豹、射御，勿食牛心、白犬肉、鳗鱼头。正席而坐，割不正食。听诵诗书讽咏之声，不听淫声，不视邪色。以此产子，子贤明、端本、寿考，所谓胎教之法。”①

胎教，是指妊娠期间，在有意识加强孕妇的精神、品德修养和教育的同时，重点通过母体，利用一定的方法和手段，刺激胎儿的感觉器官，以激发胎儿大脑和神经系统的有益活动，从而促进胎儿身心健康发育。

对于准爸爸和准妈妈来说，胎教主要是通过母体对胎儿的综合影响来实施对胎儿感官的刺激，发展胎儿的视觉以培养其观察力，发展胎儿的听觉以培养其对事物反映的敏感性，发展胎儿的身体协调性和反应速度以使其心灵手巧。实践证明，通过有意识地控制、调整母体内外环境，有意识地避免各种不良刺激对胚胎和胎儿的影响，能给胎儿智力、行为的形成和发展打下一

① 苏吉生：《胎教方法》，中央民族学院出版社，1988年，第86页。

个良好的基础。

首先，胎教对大脑的发育起着至关重要的作用。日本一位学者的研究表明，在一百余名接受正确胎教指导和训练的孕妇所生的孩子中，有71%的孩子智力超群。有关生理研究显示，胎儿的脑从妊娠6个月起就已具有140亿个脑细胞，也就是说，已经基本具备了一生中所有的脑细胞数量，其后的任务只是在于如何提高大脑细胞的质量。由此可见，胎儿时期是脑发育十分关键的时期。[①] 从这一点来看，从胎儿期开始的系统科学的胎教就势在必行。当然，需要引起重视的是，这时候胎儿脑的发育还不够成熟，尤其是起重要作用的脑神经鞘膜尚未完全形成，大概要到10岁左右才能全部发育完成。未来的父母在胎教过程中应注意这一问题，切不可急于求成，否则只能是欲速则不达。

其次，胎教对形成紧密的母子纽带关系意义重大。瑞士小儿科医生托马斯·巴尼博士在他的研究报告《胎儿在注视》中介绍说，在胎儿出生前几个月，母子的生活节奏和反应都是相互吻合的。报告记录了这样一个调查结果：将早睡早起的孕妇和晚睡晚起的孕妇分成两组，观察出生后孩子的睡眠情况，结果发现，早睡早起的母亲生的孩子也同样早睡早起。这不但证明了孩子出生前母子的纽带关系已经形成，而且还告诉人们这种关系在孩子出生后仍有持久的影响。

近年来，一些欧美国家纷纷成立了胎教研究机构和胎教中心，致力于对胎儿智力、体力的全面开发，取得了令人瞩目的成绩。据资料反映，美国产科医生凡德卡创办的“胎儿大学”，设有语言、音乐、体育等科目，胎儿从五个月开始上课，每天两课，每课五分钟。在其学生中，有的新生儿两周就能发出“哦哦”“爸爸”的音节，有的孩子4岁就能掌握英语和西班牙语两种语言。

胎教的重要性已成为共识。我们不仅应该让准妈妈拥有一

① 罗宽：《胎教与脑发育的相关性》，育婴网，2006-07-28。

个健康、安静、和谐、舒适的妊娠环境以及积极、愉悦、平和的心态，还应该给胎儿以音乐的熏陶。研究表明，胎儿喜欢听优美的欧洲古典音乐，如巴赫、莫扎特、舒伯特、贝多芬的乐曲。因为这些乐曲中蕴藏着一种犹如河水潺潺流动一样的声音，与大脑中的阿尔法波和心跳波动图形很相似，很容易被胎儿喜欢。准父母在选择播放音乐时要避免选择节奏强烈、节奏变化大的刺激性音乐，避免带有悲伤、忧愁情绪的音乐，每次播放的时间也不宜过长，以防胎儿听得过于疲乏。还要注意播放音乐的音域不要太高太宽，因为胎儿的脑部发育尚未完整，其脑神经之间的分隔不完全，过高的音域会造成神经之间的刺激串联，使胎儿无法负荷，造成脑神经的损伤。有一则报道说，四川一孕妇怀孕期间闲着无聊，便成天与人打麻将，久而久之，当胎儿听到搓麻将的声音时，便在孕妇的肚子里活蹦乱跳，而在打麻将之外的任何时间里，不论孕妇用什么声音去刺激，胎儿都静静地不动。这也说明，孕妇要特别注意周围声音对胎儿的影响。

巴黎医学院有位语言心理学教授托马蒂斯。一天，托马蒂斯教授接待了一位四岁的患儿奥迪尔。奥迪尔患有孤独症，不爱讲话。教授用法语和患儿交谈，她毫无反映。经过一段时间的治疗和观察，他发现了一个奇怪的现象：每当讲英语而不是讲法语时，奥迪尔的病就好了，既爱听也开口。

“你们在家里讲英语吗?”教授问患儿的父母。

“不，我们在家里几乎不讲英语。”

“你们什么时候讲过英语呢?”教授又问。

“在我怀孕期间，我曾在一家外国公司工作，那里只允许用英语讲话……”患儿的母亲回忆道。

教授恍然大悟，说：“胎儿意识的萌芽时期是怀孕后七至八个月，这时胎儿的脑神经已经十分发达!”

瑞士的心理学家皮亚杰认为，胎儿的生理和心理深受环境的影响，胎儿能感受外界的信息并具有接受胎教的能力。因此，为人父母者，要力所能及地给予胎儿一定的教育，让教育始于胎儿。

二、让宝贝沐浴在爱之中

还有什么比父母心中蕴藏的情感更为神圣呢？父母的爱是最仁慈的法官，是最贴心的朋友，是爱的太阳，它的火焰照耀着并温暖着凝聚在我们心灵深处的意向。

——马克思

教育没有秘诀。如果一定要说有秘诀，那就是一个字——爱。教育也没有捷径，如果一定要说有捷径，这条捷径就是爱之路。

几百年前的罗马城，两个孩子正在清晨的阳光下快乐地玩耍，他们的母亲康妮黎亚过来对他们说："亲爱的孩子，今天有一位富有的朋友来我们家作客，她还会向我们展示她的珠宝。"

下午，那个富有的朋友来了。金环在她手臂上闪烁着耀眼的光芒，手指上的戒指闪闪发光，脖子上挂着金项链，发簪上的珍珠饰品则发出柔和的光。

弟弟感叹地对哥哥说："她看起来如此高贵，我从没见过这么漂亮的女人。"

哥哥说："是的，我也这样觉得！"

他们羡慕地看着客人，又看看自己的母亲。母亲只穿了一件朴素的外套，身上没有任何珍贵的饰品，但是和善的笑容却照亮了她的脸庞，远胜于任何宝石的光芒。她金棕色的头发编成了一条长长的辫子，盘绕在头上像是一顶皇冠。

“你们想看看我的其他珠宝吗?”富有的女人问。

她的仆人拿来一只盒子放到桌子上。这位女士打开盒子，里头有成堆的像血一样红的红宝石，像天一样蓝的蓝宝石，像海一样碧绿的翡翠，像阳光一样耀眼的钻石。

这对兄弟呆呆地看着这些珠宝：“要是我的母亲能够有这些东西该多好啊!”

客人炫耀完自己的珠宝之后自满又怜悯地说：“告诉我，康妮黎亚，你真的这么穷吗? 什么珠宝都没有吗?”

康妮黎亚坦然地笑道：“不，我当然有珠宝，我的珠宝比你的更贵重。”

母亲把两个男孩拉到自己的身边，微笑着说：“他们就是我的珠宝。难道他们不比你的珠宝更贵重吗?”

这两个男孩，特贝瑞斯和卡尔斯永远不会忘记他们母亲当时脸上的骄傲的表情以及深深的爱意。数年后，他们成为罗马伟大的政治家。①

爱子之心，人皆有之。教育家马卡连柯说过，得不到父母爱的孩子是有缺陷的。孩子是爱的结晶，因爱而诞生。虽然在抚养孩子的过程中有着这样那样的问题、困难和麻烦，但那都是暂时的，因为父母持久永恒的爱是解决这些问题的良药。

“家庭生活的黏结力就是爱的黏结力。……家庭影响如果以最纯洁的形式出现，就是人类教育中所能想象的最高尚的因素。在有爱和爱的能力的家庭中，可以预言，无论哪种教育形式

① 毛毛老师：《优秀青少年应知道的励志故事》，中国戏剧出版社，2006年，第85—86页。

都不会没有结果，孩子肯定会变好。”[①]无论哪个孩子，都很自然地想得到全部的爱。当你的家里总是充满温馨的暖意和亲切和睦的气氛时，孩子自然会沐浴在这样的氛围中，感受人世间最美好的感情恩赐。实践表明，母爱和早期教育是婴儿成长的必备要素，周岁以内的“母子联结期”对孩子一生的智力发展至关重要。对新生儿来说，母爱是非常珍贵的精神养料，这不仅是“亲子关系”的特殊照顾，更在于他已经是个懂得母爱，并能用哭声和微笑来呼唤母爱的人了。

波兰心理学家奥布霍夫斯基的研究表明：“儿童从出生到三岁左右的情感接触需要具有如下特点：1. 这种需要是由孩子与一个熟人（往往是其母亲）的关系来满足的。如孩子进托儿所后，可能会接连哭几天，这是对与母亲分离作出的绝望的反应；也可能会不动、不笑、不哭，冷漠地服从管理人员的要求，对与母亲的分离作出‘呆若木鸡’的反应。2. 这种需要是十分特殊的，它与以后的年龄阶段内的这类需要不同。3. 这种需要和其他需要一样，可能由于不利的教育条件而受到压抑。”[②]

没有爱就没有教育。任何一个幼儿既有得到爱的心理需要，也有享受爱的权利。父母的爱、家庭的爱，使幼儿能感受到温暖与幸福，获得安全感；使幼儿感到自己存在的满足感，从而不易形成孤独、自卑、冷漠、顽劣等性格缺陷。而且，长期生活在爱的环境里，孩子会以同样的方式给别人施以关怀和爱。

有人说，爱也是孩子身体长高的一个重要原因。美国著名精神病学家霍劳博士指出：孩子长期生活在精神压抑、无人关心或经常挨打受骂、冷漠歧视的家庭环境中，就会导致体内激素分泌障碍，引起生长发育障碍而造成个子矮小。有人做过调查，

---

① 裴斯泰洛奇：《裴斯泰洛奇教育论著选》，夏之莲译，人民教育出版社，1992年，第293页。

② 吕春芳：《论情感教育在少先队工作中的作用》，徐汇教师网，2005-09-28。

那些从小失去双亲的人，即使得到最好的补偿教育，也比一般孩子敏感、脆弱。面对新生儿，父母要利用一切机会用柔和的语调和亲切的语言说话，即使是自言自语，也不能放弃这种做法。要经常性地搂抱孩子，抚摸新生儿，要满目含情地注视婴儿。心理学上有一种“生理性挫折”的提法，是指如果父母对子女的生理欲求如饮食、拥抱等表现出十分冷淡和不耐烦等情绪，孩子就会感觉到心理缺失，从而对他们的成长造成不良影响。其实，家长是完全可以避免这种“生理性挫折”的，家长在关心孩子吃穿用的基础上，不妨多在孩子的心理需求上下工夫。

当然，家长对孩子的爱也是要讲究一定的原则的，这就是爱与正当要求的统一性，爱与自重的统一性，爱与博爱的统一性，爱与生命的统一性，施爱与要求被爱的统一性。虽然说，父母的爱是教育的前提和基础，又是教育的有力手段，但并不是所有的父母都能真正认识到爱的力量，真正知道怎么样去爱孩子，因为爱能促进孩子的健康成长，但爱之不当也会使孩子的成长处于不利境地。

父母对子女的真正的爱，不但是充满亲情的爱，而且应该是理智的，是以社会责任感为基础的。父母爱子女，一定要掌握好分寸，既不要因没有原则的溺爱造成“恋母败子”的结局，也不能进行有性别歧视、长幼歧视的偏爱；既不能怀有脱离社会的扭曲的、变态的爱，也不能仅仅抱有顾及孩子但不顾自己的单向之爱。华东师范大学心理学教授桑标在《有了孩子，没了自己》一文中提到一项调查数据：“25％的父亲和50.3％的母亲在有了孩子后几乎没有了原先的娱乐和爱好；20.7％的父亲和43.6％的母亲为了孩子放弃了自身发展的机会。”[①]这种做法是不可取的，因为我们爱孩子的目的，一方面是让孩子健康成长，形成良好的体魄和人格，另一方面也希望得到子女爱的理解和爱的回

① 桑标：《有了孩子，没了自己》，《父母必读》，1999(4)。

报。要明白，一味牺牲自己，并不一定能得到爱的回报。

三、让艺术成为婴儿的家庭味道

所有能使孩子得到美的享受、美的快乐和美的满足的东西，都具有一种奇特的教育力量。

——苏霍姆林斯基

日本贝尼斯（Benesse）教育研究开发中心公布的对东亚五大城市的母亲所展开的“幼儿生活问卷调查”的结果显示：中国母亲注重幼儿艺术修养的培养，日本妈妈注重幼儿身体素质的培养，韩国母亲则注重幼儿的智力开发。[①]

研究表明，艺术教育对开发人的形象思维有着巨大的作用。1967年，美国政府专门在哈佛大学研究生院创立了“零点项目”，由著名的哲学家N.戈德曼教授主持，其主要任务是研究如何在学校中加强艺术教育，开发人脑的形象思维。[②] 艺术美的教育在孩子成长过程中占有重要的地位，唱歌、跳舞、绘画、听故事、朗诵诗是对幼儿进行艺术美教育的主要活动和途径。在家里，父母要尽量利用艺术作品来熏染孩子，开展艺术活动来增进孩子的美感，培养他们欣赏美、创造美的能力，使孩子生活愉快，性格活泼开朗。具体而言，音乐对孩子的影响最为明显，孩子对音乐的敏感程度往往超过视觉。日本儿童早期教育的鼻祖木村久一曾说过：“音乐往往能够造就天才。”[③]婴儿期是孩子生长发育最快的时期，妈妈在给孩子喂奶或哄孩子睡觉前，可将录音机或其他音响的音量调小，播放一段旋律优美、节奏舒缓的曲子；

① 忠新：《中国母亲比日韩重视孩子修养》，《当代家庭教育报》，2006-03-08。

② 王宏甲：《降低学习难度的四大途径》，《中国新教育风暴》，2005-10-29。

③ （日）木村久一：《早期教育与天才》，凌泽贤译，漓江出版社，2015年，第108页。

起床时可听听轻松愉快、活泼有力的乐曲；就寝时听听轻柔的摇篮曲，等等。这样做，可以训练孩子的听觉、乐感和注意力，能够陶冶孩子的性情，对孩子的健康成长和智力开发大有好处。但需要注意的是，不要给婴儿听很多不同的曲子，一段乐曲一天中可反复播放几次，每次十几分钟，过几周后再换另一段曲子。

家长对孩子进行音乐教育的目的不应是培养音乐家，而是让孩子自动受到音乐艺术的熏陶，培养他的音乐修养，为他今后的人生备好一份享用不尽的爱好。就孩子个体来说，大多数孩子都喜欢唱歌，哼哼唱唱是孩子心里高兴时最常见的表现。父母不妨有意识地加以引导，让他们尽情释放心中的快乐。

美国教育家斯特娜夫人说：“没有任何艺术的生活，就如同荒野一样。我认为，为了使孩子一生幸福、生活多彩，父母有义务使他们具有文学和艺术的修养。”①她认为：“母亲的悦耳歌声是极其重要的。”②当孩子有了意识，会像大人一样唱歌时，可以试着教孩子一些儿歌，歌曲的内容要适合孩子的年龄特点和理解能力。要注意保护孩子稚嫩的声带，孩子唱歌时间不能太长。家长可以在孩子欣赏音乐时结合情绪的变化给孩子讲故事，也可以合着音乐的节拍和孩子一起踏步、跳舞、游戏，还可以指导孩子欣赏电影、电视、舞蹈中的音乐，这对于孩子准确理解音乐、丰富想象力是非常有益的。

颜徵在是我国春秋末期杰出的思想家、教育家孔子的母亲。早在孔子幼年时，颜徵在就买来了很多乐器，有时自己为儿子吹弹，有时请别人为儿子演奏，有时让儿子自己玩弄。乡邻都很不理解。颜徵在对乡邻们解释说，虽然孩子现在还不懂事，还不能真正喜欢这些乐器，也不明白其中的深意，但日子久了，他就会喜欢这些乐器的。她说，做人要讲根基，办事要懂得规矩，乐器

---

① 张欣武、刘卫华：《哈佛女孩刘亦婷》，作家出版社，2002年，第71页。

② 同上。

本身也是礼器，最讲礼仪与规矩，没有章法是演奏不出好乐曲的。让孩子早一点懂得礼仪、音律、等级，对他日后的成长是至关重要的。果然，在母亲的引导和教育下，孔子对音乐有了浓厚的兴趣，并且从中悟出了很多道理，最终形成了“仁”的核心思想，成为儒家学派的创始人和代表人物。

四、让语言启蒙教育规范化

语言作为工具，对于我们的重要性，正如骏马对骑士的重要性。最好的骏马适合于最好的骑士，最好的语言适合于最好的思想。

——但丁

日本当代教育家、索尼电器公司的创始人及名誉董事长井深先生认为，孩子一生下来就在被动地接受各种各样的信息，如果大人能够有选择地给孩子输入有用的信息，就能有效地刺激大脑神经的发育，这对于开发孩子的智力潜能，有着不可估量的意义。孩子的语言启蒙教育也应当遵循这个规律。

生理研究表明，婴儿在0～3岁时，接受外界信息的方式属于“模式时期”，也就是说，婴儿不像成人那样先分析理解再加以接受，而是一股脑儿地全盘记住。一岁六个月以后，幼儿就开始了积极的言语活动。这时的幼儿会突然变得很爱说话，并且时不时模仿父母的一些语言习惯。由于幼儿学习语言的主要方法是“模仿”，此时的父母一定要时刻留心，自己说给孩子的话语是否规范、合适，以便幼儿无论从父母的有意教育上还是无意影响上都可以得到一个能够模仿、学习的榜样。

对婴儿来说，学说话不仅能掌握发音技巧和扩充词汇量，还能够促进自己思维意识的发展。只有以最好的、最规范的信息去刺激婴儿大脑，才能更好地促进其神经发育。心理学家皮亚杰认为：语言是思维的工具，是为思维服务的。同时，语言也是接受知识的工具，没有这个工具我们就很难获得广泛的知识。一岁到一岁半是儿童说话的发生期，由于儿童掌握的词汇不多，家长要利用一切机会，教儿童在认识周围物品的同时，掌握相关的词汇。通常情况下，家长由于喜欢孩子，为了逗孩子玩，给孩子说话总是说些“奶话”。这种语言虽然对家长来说显得亲昵，但对孩子来说不宜说得太多。从一开始，就要给孩子说规范的语言。如家长可以一面引导儿童看牛奶瓶、帽子或饼干，并教孩子模仿说“帽子”“饼干”，避免把“饼干”说成是“干干”，把小狗说成是“汪汪”等不规范的词。孩子两岁以后，家长就可以尝试教给孩子稍微长一点的词组了，如“小汽车”“好爸爸”“好妈妈”等。在这期间，家长一定要尽量避免让那些不良的、无聊的、无用的信息影响婴儿的大脑。

李女士平常说话喜欢矫揉造作，很平常的一句话被她说出来就显得与成人的语言很不相符。她的女儿长得非常可爱，有一双水灵灵的大眼睛，舞跳得非常棒。同事们都非常喜欢，打算推荐到电视台做一档少儿节目，可孩子一说话，就被电视台拒绝了。原因是孩子说话嗲声嗲气，一副娇滴滴的样子。同事们发现，小女孩活脱脱是李女士的翻版。毫无疑问，这是与李女士的语言影响分不开的。

人类之所以优于其他动物而取得今天的进步，一个很重要的原因就在于使用了其他动物所不具备的语言。幼儿正处于学习使用语言的最佳时期，幼儿的语言教育应该以言语活动为手段，以“一日生活”为途径。家长应利用一切积极因素和良好的机会，激发幼儿的说话兴趣，使他们乐意运用语言进行交往，从而帮助幼儿积累运用语言的经验，培养他们初步的听说能力以及交往技能，进而使他们在品德和思维等方面得到充分的发展。

五、让幼儿顺其自然地学外语

在人一生的教育中，再也没有比婴儿期更重要的时期了，我们应该千方百计地让孩子的头脑和身体得到充分而全面的发展。

——巴维

为了不使自己的孩子输在起跑线上，很多家长深信孩子学外语是越小越好，越早越好。其实，这种认识是带有片面性和盲目性的。

众所周知，随着外语在人们生活、升学和就业中的位置越来越重要，很多中国父母开始培养自己的孩子从小学外语：制订"零岁"学外语计划，送孩子去双语幼儿园，从孩子会喊"爸爸""妈妈"起就教他用英语称呼父母……总之，父母想尽一切办法给孩子创造学外语的环境。不可否认，这种做法使一些孩子取得了令人羡慕的外语学习效果，但对绝大多数家长来说，他们的良苦用心却不一定对孩子有利。

2005年，在杭州召开的国际华人幼儿教育学术研讨会上，来自欧美、东南亚和中国港澳地区及内地的三百多名幼教专家一致认为，两三岁的孩子学英语，刚会读报的小学生背四书五经，未必是好事，因为多语言环境可能让孩子变"哑巴"，过早接触外语还容易让孩子患上失语症或自闭症。

有一个家庭，孩子跟当大学教授的爸爸说话用英语，跟做翻译的妈妈说话用日语，跟爷爷奶奶说话用普通话。孩子同时能用三国语言同家人交流，这成了当时全家人的骄傲。可非常遗憾的是，当孩子上了幼儿园之后，面对小朋友和老师，孩子却不会说话了。经心理医生诊断发现，由于受多种语言的影响，孩子不知道自己究竟该用何种语言去和阿姨、小朋友交流，以至于形成了交流障碍。孩子的这种变故，一下子成了全家最苦恼的事情。

著名作家茹志鹃对自己的女儿王安忆寄予厚望，在王安忆很小的时候，就请了外语家教进行教导，但由于王安忆太小，学了半年，还是稀里糊涂的，一无所知。茹志鹃马上意识到，让孩子拥有一个快乐的童年是无比重要的，于是她几乎每个星期天都带孩子到书店去，给孩子选择童话、民间故事、连环画方面的书籍，再也没有强迫王安忆学外语。王安忆从小受到了很好的文学熏陶，最终也走上了创作之路。

根据美国疾病控制中心的统计，目前美国儿童自闭症发病率比20世纪80年代增长了十倍，每三百个儿童中就有一个患上此症。其中一个重要因素就是他们生活在多语言的文化环境中，因不适应这种复杂的语言环境而患上自闭症。家住曼哈顿的李女士是讲广东话的香港移民，请的保姆是讲方言的武汉人，先生是讲普通话的北方人，电视里的动画片则是纯正的美国英语。不知从什么时候起，他们的孩子在这样的语言环境里变得越来越不爱讲话，到后来干脆什么都不说，只是终日低头玩自己的玩具，变得像哑巴一样。本以为过一段时间会慢慢好起来，谁想到了六岁仍是“金口难开”，并拒绝上学。医学专家诊断认为，在混乱的语言环境中，孩子无所适从，患了严重的儿童自闭症。①

① 李玫：《不要逼幼儿学英语》，《环球时报·生命周刊》，第18期，2003-11-25。

对幼儿来说，学外语要有地道的语言环境。语言学家指出，母语学习能力可以转移到第二种甚至第三种语言上。只要引导得法，又有地道的语言环境，就不会有干扰的情况出现，孩子就会乐于接受，并很容易掌握。

在孩子学外语这个问题上，父母还是顺其自然的好。

六、读懂婴儿的哭与笑

必须掌握儿童的生理和精神的本性的发展规律。

——康斯坦丁诺夫

哭和笑是人类情感的流露，可以说是代表两种相反情感的最基本的表情。一般情况下，笑通常被认为是高兴愉悦的外在反映，而哭通常被认为是悲哀痛苦心理的外露。

美国加州旧金山大学的心理学博士利伯曼认为："在孩子诞生的第一年，要学会对他的啼哭作出正确的判断和反应，这是增进父母与孩子感情的基本途径之一。"[①]婴儿刚出娘胎就会哭，不过这个时候的哭是假哭，因为刚生下来的婴儿还谈不上有伤心事，可以说，还不懂得哭。但婴儿出生后如果不哭，大人和医生就会着急。因为新生婴儿的哭意味着他呼吸运动的开始，不哭表示不呼吸。因此，每个婴儿出世以后都要哭上几声，等到呼吸活动运作正常，就会停止哭。随着婴儿逐渐步入人生轨道，哭和笑通常会成为婴儿表达自己感觉、感情的两种最直接的手段。对家长来说，要使孩子健康成长，就必须读懂孩子的哭和笑。

对婴儿来说，孩子的哭有时候是因为饥饿，有时候是因为寒冷，有时候是因为感觉太闷。家长要善于发现，区别对待。

---

① [美]卡瑟·希尔，继弘编译：《怎样让孩子与您谈心》，《演讲与口才》，1998(12)。

年轻的妈妈带着刚满九个月的琪琪到门诊部注射疫苗，刚进门，琪琪就盯着医师看，不一会儿琪琪的面部表情就开始僵硬，眉头紧缩，接着就放声大哭。这一哭便一发不可收拾，任谁也无法安抚，直到琪琪被抱离门诊部，哭声才停下来。后来发展到一见陌生人就哭，而且很黏人，妈妈一走开就哭。医师说，这就是典型的认人时期的正常反应，不必担心。

许多父母都知道，婴儿动不动就会号啕大哭，这常常使得年轻的爸爸妈妈要么担心不已，要么心烦气躁。实际上，婴儿的号啕大哭对释放孩子体内积聚的不良情绪能量，调节机体和情绪平衡是非常有效的。

美国生物学博士福雷曾雇佣了一批自愿受试者，组织他们观看令人悲痛欲绝的戏剧或电影，并叮嘱他们在伤心痛苦时，把事先发放的一种特制的试管放在眼睛下面，把眼泪收集起来供他研究。经过多次反复的研究，福雷博士发现，一个正常的人在哭泣的时候，流出的眼泪通常是0.1～0.2毫升，一场号啕大哭，眼泪会流出1～2毫升。

不过，进一步研究表明，这些流出的眼泪中含有一些化学物质，能使情绪不良者的血压升高，引起消化不良。因此，在面对婴儿的号啕大哭时，年轻的爸爸妈妈要仔细找原因，不要太担心，也不要表现出过分的厌烦，要冷静对待婴儿的每一次大哭。因为孩子哭的行为往往是某些问题表面化的结果。孩子既然有哭的行为表现出来，内心就一定有某种“感情”在活动。比如，有时是悲伤的感情在起作用，有时是因为寂寞，也可能是感觉到痛或热。父母把着眼点放在孩子的感受这一方面，才是解决问题的关键。特别是对于那些爱哭的孩子来说，哭无非是想让父母安慰自己、同情自己。

“笑是人类的特权”，因为真正意义上的笑只有人类才有。

孩子出生后五六个星期就会对逗他的人展开可爱的笑脸。美国科学家研究发现,笑不仅给孩子带来快乐,而且对生长发育也大有益处。因为孩子在笑的时候,面部表情肌、胸腹肌都要参与活动,使心脏获得更多血液,增加肺活量,促进胃肠道蠕动,帮助消化食物,同时还能排出消化道废气,保持大便畅通,防止便秘。

人们常常认为,笑是心情愉悦的自然情绪流露,然而,在某些情景下,人也不由自主地发笑。现实生活中,笑有好多种,有正常的主动发笑和一些被动的反应性发笑,当然也有一些不正常的狂笑、滥笑。对孩子来说,主动的笑较少,而反应性的笑比较多,也就是说,孩子的笑受外界刺激的成分比较大。一些家长喜欢看到宝宝可爱的样子,就对宝宝进行咯吱、搔痒,孩子会不由自主地发笑。或者自己扮演一些角色与动作,让孩子观看一些滑稽幽默的动作,让孩子情不自禁地发笑。常听大人们说,会笑的孩子是聪明的孩子,这种孩子对周围的事物感兴趣,会专注地看着逗他的亲人,模仿并学会以微笑应答,这其实也是孩子和大人之间的一种交流。

笑是测量孩子智慧和情感发展的重要标志。孩子爱笑,容易形成活泼开朗、与人友善的良好个性,也会为长大之后形成心胸开阔、幽默乐观的性格打下基础。家长可以尝试用一些办法(注意不要伤及孩子身体)在不影响孩子休息的情况下,逗孩子发笑。有一首儿歌唱道:“有个小孩怀里抱,粉面团团长得俏。一逗他一笑,两逗他两笑,不逗他不笑,老逗他老笑。”不失为孩子爱笑的真实写照。

有一位儿童心理学家向父母们提出了几个改善孩子情绪的小建议,笔者复述如下,希望这些建议能使亲子关系更加融洽。

首先,家庭和睦,才能给孩子基本的安全感。当爸爸妈妈之间出现问题时,请尽量关上门解决,不要当着孩子的面争吵,更不要迁怒于孩子。

第二，别把工作中的坏情绪带回家。下班回家换一个笑脸，因为父母的情绪很容易感染孩子。请记住：孩子在家苦等一天，一定希望看见父母的微笑，而不是一张苦瓜脸。

第三，最重要的，也最难坚持下来的是：每天逗孩子大笑一次。万一做不到，挠痒痒、做鬼脸都可以。[①]

七、让生命在健康中绽放光芒

子女之教育，一般人常有谬误：对女儿之教育专注意其身体，忽略其精神；而对儿子则忙于修饰其精神，而忽略其身体。

——休谟

世界卫生组织把健康定义为：“不但没有身体的缺陷和疾病，还要有健全的生理、心理状态和社会适应能力。”

身心健康是父母养育子女的首要目标。所谓身心健康，是指生理的健康发展和心理的健康发展。家庭是孩子成长、发育的直接土壤，父母与孩子建立良好的亲子关系是孩子心理健康的重要保证。

（一）躯体健康

“我们要能工作，要有幸福，必须先有健康。”[②]可以说，当今没有一个家长不关心自己子女的身体健康。电视上一则营养广告会引起家长的极大兴趣，有些农村的家长，宁可自己就着咸菜吃稀饭，也不让“小皇帝”“小公主”的“膳食”贬值。

可令人遗憾的是，现在一些年轻妈妈却舍本求末，在放弃母乳喂养的前提下寻找孩子营养补给的途径。

① 李静：《每天逗孩子笑一次》，山西新闻网·育儿宝典，2007-01-15。

② 约翰·洛克：《教育漫话》，傅任敢译，人民出版社，1963年，第4页。

由于生理的原因，一些年轻妈妈在孩子出生后乳汁充足，一些则很紧缺。为了使孩子不致挨饿，民间流传不少使乳汁增多的办法。但受一些观念的影响，现在一些孩子的母亲，即使乳汁非常充足，也不愿给孩子喂母乳。在她们看来，现在国家实行计划生育，一个人一辈子也就生一到两个孩子，孩子吃奶的时间最多也就是十个月，而自己的身体、美貌却是永远的。她们担心哺乳期的多吃多喝，会使自己的身体发胖，失去往日的苗条和婀娜；担心自己的腹部会凸起，再也找不到以前的风采；或者认为牛奶营养最好，拒绝给孩子喂母乳。现实生活中，一些年轻的妈妈，宁肯让乳房肿胀疼痛难忍，也不愿意给孩子喂奶；她们宁肯看着孩子啼哭去医院打回奶针，也不愿意让孩子吃母乳。这些观点是错误的。

哺育后代是人类繁衍过程中的一项重要生理活动，母子之间的血肉关系，使喂母乳成为母子之间自然的协议与权利。周恩来总理生前说过："十月怀胎，婴儿哺育，均属母职。……母职，是妇女在人类社会中最光荣的天职。我觉得，泛论下来，世界上没有任何一种任务，再比母职光荣和永恒了。"①

俗话说："金水银水不如妈妈的奶水。"母乳是婴儿最理想的天然食物，其营养成分完全符合婴儿身体发育的需要，易消化、易吸收。另外，母乳中含有大量抵抗病毒和细菌感染的免疫物质以及保护肠黏膜的抗体，也含有适宜适量的钙磷物质，可以增强婴儿抵抗疾病的能力。同时，一个重要的因素是，哺乳的过程既是供与需的生理平衡过程，也是母子感情交融的过程。母亲喂乳时专注的眼神，爱抚的动作与神情，能更好地刺激婴幼儿的各种感官，促进孩子的大脑发育。

当然，牛奶所含营养素比较齐全，组成的比例合理，因此在

---

① 李振霞：《我家走出四个博士——妈妈的手记》，中国文史出版社，2001年，第16页。

缺乏母乳喂养的时候,它便成为婴儿的主要食物。然而,牛奶中所含的铁却远远不能满足孩子们造血的需要,故单纯用牛奶喂养的婴儿,容易患“牛奶贫血症”。

《我家走出四个博士——妈妈的手记》一书的作者李振霞,在该书中详尽叙述了她在哺育第一个孩子(女儿)期间,正赶上她到中国人民大学攻读哲学研究生。为了不耽误自己的学习,也不耽搁给孩子喂奶,在哈尔滨大雪纷飞的季节里,她坚持跑了十多天,终于给孩子找了一个奶妈,保证了孩子的母乳供给。后来,在她喂养两个双胞胎兄弟时,左乳房患了乳腺炎,病症十分严重,医生给她开的处方是“需立即手术”。可她为了儿子能吃上母乳,冒着得败血症的危险,顶住了来自亲人多重劝阻的压力,硬是坚持用一个食堂管理员的偏方治好了乳腺炎,两个月后让儿子吃上了自己的乳汁。这位母亲的做法,过于冒险了些,但实在是令人钦佩。

中国学生营养促进会会长、营养学家于若木指出,要从战略高度看待儿童营养问题。她认为,从一定意义上说,儿童的健康取决于父母营养知识的高低。

(二)心理健康

现代社会,随着人们对心理健康的日益关注和重视,心理健康的标准也在不断提高。一般情况下,心理健康是指一种积极健康的心态。具体来讲,是指智力正常,有乐观而稳定的情绪、良好的自我意识、健全的人格、较好的社会适应性、积极而良好的人际交往心态,学习和工作中表现出精力充沛、不怕困难、反应灵敏,能正确地评价自己和评价别人,能经受挫折、面对现实,心理符合各年龄段的基本特征。

目前我国20％～30％的家庭中有人存在心理问题,心理疾病患者约有600万人，其中三分之一是在儿童时期发病的。[①]

在传统的观念中，家长们认为，只要孩子身体无大碍、无疾病就是健康。随着社会的发展，家长们一定要高度注意和重视心理健康。从某种意义上说，心理的健康比生理的健康更重要。

美国《发现》杂志评出了21世纪威胁人类生存的二十大危险，心理疾病就是其中之一。通常情况下，心理健康是儿童健康的重要部分，也是最容易被家长忽略的部分。儿童教育专家李跃儿、徐晓平总结出当前我国儿童心理主要存在以下五大问题：专注障碍，胆小怕事、缺乏安全感，与同龄人之间的交往障碍，依赖心理严重、完全没有自行解决问题的能力，学习障碍。目前，比较公认的儿童心理健康主要表现在以下几个方面："1. 具有正常的智力。感觉、知觉灵敏，记忆力较强，想象力丰富，语言丰富、准确，思维方式正确等。2. 积极的情绪。欢乐、幸福，喜游戏，爱表扬，好成功，爱参加集体活动等。3. 良好的性格。诚实、开朗、勇敢、热情、有克制力、与人为善等。4. 人际关系融洽，乐于交往。5. 有追求、有情趣，观察细致、思考深刻，做事注意力集中，有恒心，等等。6. 没有心理疾病，如口吃、遗尿、梦游、咬指甲、吮拇指等。"[②]家长可以对照以上方面，有意识、有目的地去关心孩子的生活，关注孩子的成长。当然，心理健康的标准也是一个相对的范畴，绝不能要求儿童在任何时候都完全具备上述表现，因为孩子心理状况受各种外界因素的影响。

家庭是儿童首先和主要的生活环境，父母是儿童的第一任教师，家庭环境的优劣、父母的示范作用对儿童心理发展有着至关重要的作用。

---

① 刘越：《中国青少年面临"心理荒漠化"危险》，青翼社会工作网，2004-04-29。

② 范德青：《关注儿童心理健康》，《太原日报》，2003-11-25。

八、让孩子学会自己站起来

你要教你的孩子走路，但是，更应该由孩子自己去学走路。

——爱默生

儿童的独立行走对儿童身体的健康和从小形成独立坚强的性格具有重大意义。一方面，独立行走可以帮助孩子广泛、积极地接触和认识事物，通过对身体平衡的不断训练提高其身体协调能力；另一方面，能够及早发展儿童的独立性。

一岁左右的孩子，只要双脚一踏地，就想迈步行走，但走起路来摇摇晃晃，自己还难以掌握身体平衡。家长可采用多种方法，训练孩子独立行走。在孩子刚学步时，为鼓励和培养孩子独立行走的积极性，家长可尝试用儿童喜欢的或新的玩具去吸引他，同时鼓励孩子说：“来，到爸爸(妈妈)这儿拿玩具。”在孩子基本能独立行走后，家长可以和孩子一起玩一些简单的游戏。两岁以后，孩子走路已经走得较好了。可是，每次外出时，孩子还是喜欢让家长抱。这时，父母可探索使用一些办法让孩子自己走路。比如，父母可以选用比赛的方式，选择好的路段，与孩子一起赛跑，既可以跑在前面让孩子追，也可以有意识地落在后面，让孩子对自己的行走能力自信满满。

如果孩子跌倒了，家长要鼓励孩子自己爬起来，以锻炼其坚韧不拔的意志。中国古代就不乏这样的例子，北宋哲学家、教育家程颢、程颐两人是同胞兄弟，年龄只相差一岁，在他们蹒跚学步时，常常摔倒在地。仆人见状，立即上前抱扶。母亲侯氏总是劝阻仆人：“不要管他们，让他们自己站起来。”尔后又对小兄弟俩说：“以后你们走路慢点、小心点，就不会摔跟头了。你们再试试看?”在侯氏的严格训练下，程颢、程颐兄弟从小一点也不娇气，表现得很勇敢。

国外在对待孩子爬起来的问题上一直做得比较好，比如，当孩子摔倒时，美国的父母一般只有三言两语，然后不管孩子是否哭泣，都看着他(她)自己站起来，哪怕需要多次的尝试；非洲的有些民族为了鼓励孩子自己爬起来，父母模仿孩子摔倒的样子，多次重复摔倒，然后自己爬起来，让孩子学着做，但不去扶孩子；而当下中国的家长，怕孩子跌倒、怕孩子弄脏衣服、怕孩子啼哭，一遇到孩子跌倒就会马上跑过去把孩子扶起来，嘘寒问暖，心疼得不得了。这种做法，其实是放弃了锻炼孩子的机会。

当然，让跌倒的孩子爬起来，并不是不顾及孩子的安全，并不是忽视孩子的疲劳，并不是不管他们当下的情绪和疼痛；相反，在这时对孩子进行适度的安慰和鼓励是十分重要和必要的。否则，一旦他们形成自己爬起来的习惯与韧力后，就会表现得感觉麻木，缺乏同情心。

有一篇《对"跌倒了自己爬起来"的反思》的文章，写到作者自己不假思索地一味相信"跌倒了自己爬起来"，使孩子形成了对别人的疼痛漠不关心的性格。作者写道：

于是孩子蹒跚学步时跌倒了，我只在旁边鼓励他："跌倒了应该自己爬起来。来，快点！"小孩很容易形成习惯，几次以后很自然就自己爬起来，不要任何搀扶。在我的刻意训练下，这种精神延伸到生活的其他方面，自己弄疼了也是自己扛着，不但不哭还不许找家长撒娇。有一回，儿子和其他小朋友一起在小区健身器材边玩，他冒冒失失地从双杠上跳下来，着地时脚弄疼了，他吸着冷气，一声没吭，站了一会儿又和小伙伴玩去了。在现场的其他家长惊奇地说："你家的孩子真坚强，了不起！"儿子的"勇敢"使我的虚荣心得到了极大的满足。

正当我认为学到真经、教子有方时，一件小事改变了我的想法。

有那么一天晚上，我们母子俩在床上做游戏，我一不小心将脸撞在了床角上，很疼。我捂着脸呻吟着，心里期待着儿子的安慰。谁知道，儿子怔怔地站在一旁，木然地看着我，发现我期盼的目光，他说：“是你自己弄疼的。”“那你来给妈妈揉一下吧！”在我明确的要求下，他才伸出手来，但只是帮我揉了一下。

这件事给我敲响了警钟。我这个妈妈太教条了，书上介绍的经验，不假思索地用了起来。儿子在一次次跌倒、受伤后，得不到母亲必要的关怀抚慰，他抵抗了挫折，却也习惯了冷漠处事。在我自以为是的举动下，播下了另一种恶果。多可怕，如果不是这次意外，我肯定还在沾沾自喜，不会发现我的做法陷入了另一个极端。[①]

相信这位母亲的经历和认识也会给所有的家长带来启迪。凡事不能太教条。

九、男孩女孩都是宝

所有的人生来都是平等的。

——林肯

由于几千年封建社会的影响，不少家庭中迄今仍存在着重男轻女、男尊女卑的思想。他们常常会把多生男孩视为传宗接代、养儿防老的途径，特别是在一些农村，女孩子常受到一些歧视，父母对女孩一般不怎么抱有希望，女孩在家庭中的地位比不

① 王倩：《对“跌倒了自己爬起来的反思”》，《家庭与家教》，2005(1)。

上男孩，受教育的权利被无端地剥夺。加之当今许多企业、事业单位在用人上也存在着排斥女性的做法，这些都使得一些家长一看生了男孩就乐开了花，一见生了女孩心里就会愁苦不堪。南北朝时期的颜之推在《颜氏家》一书中指出："人之爱子，罕亦能均。自古及今，此弊多矣。"[①]是说父母对于子女的爱，是很难做到不偏不倚的，这样不一视同仁的做法，害处是很多的。

上海铁路局一位干部生了三个姑娘，最后终于得了一个儿子，这时他已近五十。老来得子，又是传宗接代的"香火"，自然倍加疼爱。在物质生活上一切满足，在学习上没有要求，在思想品德上从来不管不教。不管儿子对他姐姐多么无理，从来都是姐姐遭训斥。久而久之儿子就被娇惯得不像样子，打姐姐，骂父母，成为家里一霸。小时候是父母舍不得管；到上中学时，想管又管不了。这孩子从小就学抽烟，到上中学时已经成瘾，经常向父母要烟钱。有一次，他要买一件衣服。其实，这种衣服他早就有了，也没穿坏。父亲断然拒绝了他的要求。他恼羞成怒，竟用烟头烫父亲的脸。一向受偏宠偏爱的儿子竟然如此粗暴野蛮，父亲愤怒至极，忍无可忍，抄起一斧子就劈向儿子。儿子当场死亡，父亲也受到了处罚，落得家破人亡……[②]

家庭生活中重男轻女在中国绝非个别现象。2006年，重庆市彭水县6个样本乡镇对418名育龄夫妇生育意愿调查，认为生男生女都一样的占12%，希望生育男孩的占78.5%，希望生育女孩的占9.5%。有的育龄夫妇为了达到生育男孩的目的，非法对胎儿性别进行鉴定，若是女婴则将其引产；不能终止妊娠

---

① 颜之推：《颜氏家训集解》，上海古籍出版社，1980年，第34页。
② 赵忠心：《家庭教育学》，人民教育出版社，2001年，第230页。

的,则将刚出生的女婴遗弃、溺害。[1]

为了消除一些家长对女孩的歧视态度和他们对自己养老的后顾之忧,近几年来,国家对农村“两女户”“纯女户”出台了一系列优惠政策,“关爱女孩”活动也在全国各地纷纷展开。这些都有助于提高女孩的社会地位。作为新时代的家长,要树立“女儿也是传后人”的思想,转变和抛弃歧视女孩的观念。

造成男女不平等的原因,除了“不孝有三,无后为大”的封建思想作怪之外,一些家长片面地认为,女孩天生不如男孩聪明。理由是,在大、中学里,女孩的成绩总不如男孩优秀。许多心理学家对此反复进行过实验探讨和论证。实验结果表明,虽然男女在身体结构、体质、生理机能等方面存在着差异,但性别的差异并不影响人智力的高低。19世纪20年代,著名心理学家桑代克就曾对两性感知能力、记忆能力、思维能力等做过广泛的对比研究。他认为,男女在智力活动的不同方面各有所长,但总的来说并不能得出男性智力比女性智力高的结论。因此,家长在对待孩子性别上要实事求是,尊重科学。

有调查表明,家长的性别刻板印象对儿童性别角色的早期形成产生了负效应。在那些较贫困的家庭里,父母将有限的投资用在男孩身上,期望女孩辍学打工,为其兄弟挣学费或其他费用,通过牺牲姐妹的健康和学业,以保证家庭中的男孩获得更多的社会资源。

与以上观念相反,近几年来,一些家长却刻意淡化孩子的性别差异,要么按照自己的喜好刻意地去改变孩子性情,要么忽视孩子性别的差异,使得男孩女性化现象日益突出,也就是男孩子缺少阳刚之气。一些家长认为女孩子乖巧、温存、胆小、听话,他们视男孩子的精力旺盛、活泼好动、胆大淘气、富有创造性为无

---

① 陈邦望:《性别平等与构建和谐社会——“关爱女孩行动”的启示》,中国人口网,2006-01-25。

理取闹，属于品质问题。所以孩子一生下来，家长刻意让男孩子打扮成女孩模样，让他们的言行举止向女孩看齐；男孩子被训练后，虽显得比较听话，但却形成了懦弱胆小、行为退缩、依赖感强等性格特征。或者一些家长喜欢男孩子，为了弥补没有生下男孩的“缺憾”，把女孩从小训练成男孩，给她们穿男孩衣服、理男孩发型，在性格上把她们塑造成风风火火的“假小子”。这种做法在主观上反映了家长对孩子性情的偏好，但在一定程度上却扼杀了孩子的个性发展，是违背孩子性格发展规律的。

某报报道，在一所幼儿园里，老师讲了一个很有趣的笑话，只有几个男孩子高兴得前仰后合，无拘无束地哈哈大笑，而其他许多男孩子竟和女孩子一样，掩着口吃吃地笑，真正做到了“笑不露齿”。据后来的调查，这些孩子都表示他们的举动是平常跟阿姨学的。

家长要充分尊重每个孩子的生命权、受教育权，让“女儿也是传后人”观念深入人心。另外要根据性别等生理特点，充分尊重和培养每个孩子的性格，让他们健康快乐地成长。

十、游戏是孩子的天性和权利

游戏是儿童认识世界的途径，他们生活在这个世界里，并负有改造它的使命。

——高尔基

游戏，或者说玩耍是儿童的主要活动之一，这种活动早在婴儿期就开始了，孩子生活中最重要的那些素质是在游戏中培养出来的，并且这种培养方式最为有效。爱玩是孩子的天性，游戏是儿童应有的权利。游戏的作用，既有利于儿童身体发育（游戏中的奔跑、追逐、跳跃、拍球等锻炼了儿童的走、跑、跳、钻、爬等动作，使全身大、小肌肉活动起来)，又有助于儿童智力的开发，丰富了儿童的知识；既增强了儿童的欢乐，也提高了儿童的审美能力，有助于发展儿童的思维、想象、观察和动作能力，培养儿童机智、敏捷、勇敢的作风。

游戏是儿童的正当行为，是儿童生活中不可缺少的内容。美国的父母认为，玩是儿童的天性，天性如果得不到释放，内在的能量就会像岩浆一样不断压抑着，总有一天会在某个“薄弱环节”喷涌而出。实践证明，让孩子以各种方式去玩，在玩中学习，在玩中释放，有助于孩子养成善谈、与人合作等性格特点。

现代父母的一个重要使命就是要让孩子学会玩耍，并且保障孩子有时间可玩。孩子没有玩、不会玩、玩不好，是孩子成长过程中的最大缺憾。处于信息时代的孩子没有场地，没有时间，没有玩伴，没有玩法，完全体会不到上树掏鸟蛋、上山抓野兔、河里打跤嬉、玩泥巴、丢沙包、接电线、滚铁环、捉迷藏等传统游戏带来的欢乐。而今大多数孩子玩乐的机会被家长们的期望占满了，孩子们每天除了应付繁重的作业，就是坐在电视机、电脑旁消磨自己短暂的童年。有的孩子长期不去户外，慢慢丧失了户外玩耍的能力和兴趣，他可以在电视机前待上3小时，但打发出去玩还不到3分钟就回来了。有的家长怕孩子把衣服玩脏了，怕孩子接触到不好的人，怕孩子出意外等等，限制孩子出去玩耍。

中国的家长和老师，在谈到孩子的某些缺点和不足时，总是说“这个孩子很贪玩”，并且流露出一种很惋惜的样子。我国著名的经济学家、哲学家于光远根据自己的切身体会说，不能摧残儿童，对儿童不仅要实行人道主义，还要实行“童道主义”。不玩不成为其人，少玩都有损失。中国太需要“玩学”了。

古今中外的一些大发明家、科学家取得的伟大成就，无不与他们幼年时的玩耍有着十分紧密的联系。历数近代世界的大小发明，大到航天、计算机，小到易拉罐、圆珠笔等，都是“玩”出来的。玩的过程造就了孩子们出人意料的思维方式，而且玩中的乐趣会给他们的创造力、想象力带来无穷的帮助。有关专家认为，在玩的过程中，由于孩子注意力集中、兴趣浓厚，加之眼看、耳听、动手、动脑，他所接受的信息、所受到的外界刺激往往比上课、做作业时要多得多，这有利于孩子开阔视野，增强体质，锻炼反应能力，培养独立解决问题的能力。同时，集体游戏还可以培养儿童团结友爱的精神和组织纪律性。家长如果有机会，不妨也参加一些孩子们的游戏。这样，游戏将会更有目的性、创造性和教育性，同时也能促进家长与子女之间的感情交流。结伴而玩，顺应了孩子的趋群性，使孩子得以与同龄人交流感情，从而避免孤独心理的产生，并逐渐学会与他人相处。

丹麦童话作家安徒生出生在富恩岛上一个叫奥塞登的小城镇上，那里有不少贵族和地主，而安徒生的父亲只是个穷鞋匠，母亲是个洗衣妇。贵族地主们怕降低了自己的身份，从不让自己的孩子和安徒生一起玩。安徒生的父亲对此非常气愤，但一点也没有在孩子面前表露，反而十分轻松地对安徒生说：“孩子，别人不跟你玩，爸爸来陪你玩吧！”

父亲亲自把安徒生简陋的房间布置得像一个小博物馆，墙上挂了许多图画和装饰用的瓷器，橱窗柜上摆了一些玩具，书架上放满了书籍和歌谱，即便是在门玻璃上，也画了一幅风景画。父亲还常给安徒生讲《一千零一夜》等古代阿拉伯的故事，有时则给他念一段丹麦喜剧作家荷尔堡的剧本，或者英国大文豪莎士比亚的剧本。

为了丰富安徒生的精神世界，父亲还鼓励安徒生到街头去看埋头工作的手艺人、弯腰曲背的老乞丐、坐着马车横冲直撞的贵族等等，这些经历为安徒生以后写出《卖火柴的小女孩》《丑小鸭》等童话故事打下了很好的基础。[①]

像安徒生一样,信息时代之前的儿童曾经拥有丰富多彩的传统娱乐项目。为使当代儿童重新拾起他们父母孩童时代的传统娱乐项目,一个由专家和名人组成的委员会推荐了孩子在10岁前应做的32件事。专家希望孩子们每完成一项“任务”就自行从这个“大名单”中勾除一项。这32件事是:1. 在河边草地上打滚。2. 捏泥团。3. 用面粉捏小玩意儿。4. 采集青蛙卵。5. 用花瓣制香水。6. 在窗台上种水芹。7. 用硬纸板做面具。8. 用沙子堆城堡。9. 爬树。10. 在院子挖个洞穴。11. 用手和脚作画。12. 自己搞一次野餐。13. 用颜料在脸上画鬼脸。14. 用沙子“埋人”。15. 做面包。16. 堆雪人。17. 创作一个泥雕。18. 参加一次探险。19. 在院子里露营。20. 烘蛋糕。21. 养小动物。22. 采草莓。23. 玩丢棍棒游戏。24. 能认出5种鸟类。25. 捉小虫子。26. 骑自行车穿过泥水坑。27. 做一个风筝并放上天。28. 用草和小树枝搭一个“窝”。29. 在公园找人。30. 种菜。31. 为父母做早饭并送到床前。32. 和人小小地打一架。[②]

十一、让礼仪教育及早开花结果

礼仪的目的与作用在于使原来的顽梗变柔顺,使人们的气质变温和,使他尊重别人,和别人合得来。

——约翰·洛克

众所周知,我国是礼仪之邦,许多公共场合都提倡使用“十

① 周童:《世界童话家安徒生的故事》,家教网,2006-05-12。

② 丁山:《专家推荐:10岁前应做的32件事》,《新民晚报》,2005-07-12。

字礼貌用语"："请""您好""再见""谢谢""对不起"。对于小孩来说，早点知道这些用语并身体力行是很有必要的。

文明礼貌是一个人外在和内在素质的集中体现，讲文明、懂礼貌是每个人应具备的基本素质。给孩子施以必要的礼仪教育，不仅是家长的职责，更是家长的使命。著名教育家陶行知先生说过："6岁之前是人格陶冶的最重要时期。这个时期培养得好，以后只需顺势培养下去，自然成为社会优良分子；倘若培养得不好，那么，习惯成了不易改，倾向定了不易移，态度坏了不易变。这些儿童到了学校里，教师需尽九牛二虎之力纠正他们已形成的坏习惯、坏倾向、坏态度，真是事倍功半。"①

俗话说，没有规矩不成方圆。3岁左右的孩子，在家庭里也应当给他们立点规矩，让他们从小养成遵守礼仪、尊重生活秩序的好习惯。首先要教孩子遵守家庭生活的秩序。对孩子每日生活的各个环节，例如起床、盥洗、吃饭、睡觉等都要有明确的要求，形成家庭生活的习惯，如这些活动中的某些环节自己不能独立完成，可以请求父母的帮助，但一定要说"谢谢"。二是要求孩子自己的活动有个规矩。孩子活动中最多的是游戏、画画、看书、堆积木等。家长要教会孩子玩的时候不去打扰别人，要和别的小朋友友好地去玩，玩完了要把玩具、图书收拾整齐，放在固定的地方。三是要教导孩子在待人接物方面懂规矩、讲文明、讲礼貌。教育孩子要尊敬长辈，见了大人、长辈要学会问好、学会说再见。要告诉他们，小朋友之间应如何打招呼，收受别人的赠品和东西时要心存感激，表示感谢。要求孩子吃饭时懂得必要的礼仪；要求孩子从小不骂人、不讲脏话，待人和气、热情，别人讲话不插话，不打断别人说话；在别人家做客时，不乱翻东西，等等。聂荣臻元帅认为："教子之道贵以德。""教育子女应是既管又放，放而不管成了放任自流，或近乎溺爱；管而不放，成了家长

① 陶行知：《陶行知文集》，江苏教育出版社，2008年，第66页。

专制，使孩子谨小慎微无所作为。”①

婴儿期的孩子大多处在家长的襁褓之中，培养孩子必要的礼仪教育就责无旁贷地落在家长的头上。因为婴儿期孩子的理解能力差，模仿能力强，所以家长要重视耳濡目染的教育效果，不论在孩子面前与其他大人说话，还是与孩子说话，都要力求文明礼貌。其次，要不厌其烦地给孩子讲述必要的礼仪常识，让他们及早领会并运用。

孩子礼仪教育的不周，一个原因是父母不够重视，另一方面是受了“自家人不必客气”的家庭风气影响之故。

“自家人不必客气”，这是我们中国人常说的一句老话，也是中国家庭中司空见惯的做法。在这种文化氛围中处久了，有一天笔者看了日本电视剧《第三个妈妈》，看的过程中笔者被高木一家人在家庭内部注意使用礼貌用语、谦和相处的风气深深感动了。

在高木一家四口人之间，“你好”“再见”“谢谢”“对不起”一类礼貌语言，成了相互对话中的常用语。女主人加代子虽然很注重维护她作为孩子的妈妈应有的尊严，但当她觉察到因为自己说话欠周而伤了女儿阿惠的自尊心时，便立即小心翼翼地向女儿赔不是，说：“怪妈妈不好，对不起阿惠!”这个成员构成特殊、经济收入拮据的家庭，能够逐步走向和睦、幸福，特别是作为“第三个妈妈”的加代子能够最终赢得女儿们的爱戴，不能说与礼貌、谦恭对于家庭成员之间互相理解的促进没有关系。

我们也曾经提倡推广礼貌用语，但那主要是指社会交往；在家庭内部，能有意识践行的并不多。在不少家庭中，因生硬粗暴的语言而导致的争吵、谩骂往往成了生活的“主旋律”。在

① 黄良梅：《聂荣臻日记教子》，《青少年日记》，2004(12)。

这些家庭内部，其实并不一定有多少复杂的矛盾，纠纷往往是由于相互之间不注意礼貌相待而造成的，如母亲错怪了女儿，总不愿放下长辈的架子认一句错；妻子为全家人忙里忙外，难得听到丈夫的一句感谢、体贴话等等。

有鉴于此，我觉得必须倡导“自家人也要客气”的文明家风，家长们必须从自己做起，努力在家庭生活中创造温馨、和谐的气氛。①

十二、让童心自由自在地飞翔

家庭教育必须根据儿童的心理始能行之得当，若不明儿童的心理而要施以教育，那教育必定没有成效可言的……总体来说，小孩子是(1) 好游戏的；(2) 好奇的；(3) 好合群的；(4) 好模仿的；(5) 喜欢野外生活的；(6) 喜欢成功的；(7) 喜欢别人赞许他的。

——陈鹤琴

在幼小的孩子看来，周围的一切都充满了神奇和妙趣。有些在成年人那里已经习以为常的事，却能给小孩子带来无穷的欢乐。正是这种好奇才打开了他们认识世界的窗口，显示出了他们稚嫩的童心与过人之处。

英国动物学家珍妮·古道尔在世界上享有极高的声誉。小珍妮刚学会爬的时候，有一次钻进闷热的鸡窝里，趴在里面待了五分钟，观察鸡是怎样下蛋的。妈妈因找不到失踪的她而惊恐万分，当即报告了警察局。最终，当发现小珍妮钻

① 马学文：《自家人也要“客气”》，《福建日报》，1993-12-18。

在鸡窝里时，珍妮的母亲不但没有任何的指责，相反却会心地笑了。正是妈妈这种对童心的呵护，使得她对周围的事物更加充满好奇，进而产生了对黑猩猩的探究之心，最终走上了研究黑猩猩的道路。

“孩子的世界，与成人截然不同。倘不先行理解，一味蛮做，便大碍于孩子的发达。”[①]童心是天真的，是善良的。面对着大千世界的万事万物，年龄越小的孩子脑瓜里稀奇古怪的念头就会越多，其实这正是他在开动脑筋、寻求知识的一种积极表现，家长应该鼓励孩子多思考、多提问，而不是粗暴地去打击，轻蔑地去扼杀。一日，蒋先生带着三岁的儿子去公园玩，当看到天空中五颜六色的风筝时，儿子激动地对蒋先生说：“爸爸，我长大了给你买个鲨鱼的风筝。”蒋先生很是不解，问他为什么会选择给爸爸买个鲨鱼风筝呢。儿子天真地说：“大鲨鱼飞上天空中，湖里的小鱼就再也不会被鲨鱼吃掉了。”虽然孩子的回答于事于理未免有些牵强，但儿子善良的童心还是令蒋先生非常高兴。

孩子的身心发展是循序渐进的，尤其是孩子，要把快乐放在第一位，让他们稚嫩的童心最大限度地自由发展。一些家长望子成龙心切，往往不顾孩子终究是个“孩子”，把他们当成“试验田”，这样做是有悖于孩子发展的生理和心理要求的。

十三、让孩子多些尝试的机会

人的一生就是进行尝试，尝试得越多，生活就越美好。

——爱默生

孩子初来到人世间，周围的一切事物对他都是非常新鲜的，

① 鲁迅：《我们怎样做父亲》，见顾明远《鲁迅的教育思想和实践》，人民教育出版社，2001年，第273页。

对于这些东西，他们很想用手摸摸、用耳听听，或者用嘴啃啃。家长要有意识地满足孩子的这种心理需求。

很多家庭存在着无意中限制孩子触觉积累、手眼脑协调活动等的问题。苏联教育家苏霍姆林斯基说："儿童的智力在他的手尖上。"婴儿的触觉和手脚活动不仅对孩子的身体素质、运动协调能力，而且对孩子智力发展和非智力发展都意义重大。五到六个月是婴儿双手协作能力发展的关键期，许多家长却出于卫生方面的考虑，叫孩子乖乖的，不让摸这个，也不许抓那个；许多家长为了使孩子早点站起来，给孩子购置了学步机，省略了"爬"的过程；有的家长喜欢抱孩子，即使做家务也不把孩子从怀里放下来。这些尝试的欠缺，不仅使孩子无法增长必要的实践知识，无法调动孩子的好奇心与创造力，还会使孩子养成依赖心理。

北京红黄蓝儿童教育科技发展有限公司有一位幼儿园园长讲过一个例子：一位由姥姥带来的女孩每次来到儿童乐园，老师们都要小心翼翼地照看，因为这个小姑娘经常会推打其他小朋友。园长经过仔细观察和了解，发现这并不是单纯的攻击型行为，而是不自觉的行为。原来，孩子的父母都公派到贫困国家搞支援，孩子由姥姥抚养，姥姥身体不好，很少抱孩子或跟孩子玩，和孩子身体皮肤接触较少。如此一来，孩子缺乏运动和触觉刺激的积累，所以触觉发育与四肢协调性很不好，手脚没轻没重，高兴时想拍拍其他的小朋友，结果却把小朋友推一个跟头，甚至打哭了，弄得别的家长很不高兴，孩子们也不愿意和她玩。

由于缺少尝试，现在的孩子生活经验非常缺乏。日本著名教育家多湖辉在千叶大学附属小学担任校长时，给二年级的孩子火柴、报纸和干树枝，进行实验授课，让孩子们在校园内点火热饭和日本酒。由于从没有尝试过划火柴，有的孩子点不着火，有的孩子怕火，也有的孩子戴着白手套划火柴；还有的孩子划了好多根，火柴盒都空了，还是划不着；有的好歹把火柴划着了，却由于把报纸平铺在地上，仍是点不着火；甚至有的孩子用划着的火去点粗的干木头。

俗话说：“3 岁小孩黏人精。”这个年龄的小孩对任何事物态度认真，凡事喜欢追根究底，动手动脚。家长千万不要以为这是坏毛病。小宝贝们之所以这么“调皮捣蛋”，正是因为他们已经有了简单的逻辑思考，可以运用自己了解的数目、概念及工具架构自己的小世界了。因此，大人在这个时候，一定要耐心，给小孩子们更多思考的机会和动手的机会，给他们更多的主动权。如对孩子的训练从识别图形改为画出认识的图形，让孩子组合、拆分一些结构较复杂的物品，让孩子做一些简单小实验等。但出于安全，家长一定要注意正确引导，防止不必要的意外发生。

生理研究表明，手指尖的触觉灵敏度最高，手和手指的动作精细灵巧，就能促进大脑皮层相应区域的生理活动，从而提高人的思维活动能力。等孩子开始学会吃饭的时候，可以尝试让孩子早点使用筷子，因为筷子是一项综合的手指运动，不仅要借助杠杆原理巧妙地夹住筷子，而且要用眼睛去观察、用脑子去思考、用手指去捏握等，这些都将刺激大脑的良好发育。现代医学研究证明，用筷子夹取食物的动作，不仅是五个手指的活动，还是牵动着肩、肘、手腕、手指间各部位的三十多个大小关节和上臂、前臂、手掌、手指等处的五十多条肌肉的运动。

首都儿科研究所儿童保健专家腾红红建议，孩子三四岁时就应该学习使用筷子。日本效率研究所所长藤敦彦教授调查发现，用筷子进食的幼儿大多都心灵手巧，手指与手腕灵活，握笔画图形比较准确。美国一位家庭医生把使用筷子作为孩子必须学会的21种技能之一。为了使孩子能够使用筷子，日本把8月4日定为筷子节。[1] 在我们这个泱泱大国，家长们应尝试让孩子早点使用筷子，让孩子不仅心灵还要手巧。

鼓励孩子尝试一定要在保障孩子安全的前提下进行，不要强迫让孩子去尝试一些力所不能及的事情，不要让孩子盲目地去尝试一些有危险的事情。对于孩子的尝试行为，家长既要给予孩子必要的指导和启发，也要以平和的心态去接受孩子尝试的结果，因为孩子毕竟只是孩子。

十四、让孩子从容优雅地成长

理想的人物不仅要在物质需要的满足上，还要在精神旨趣的满足上得到表现。

——黑格尔

韩国首尔延世大学医学院小儿精神科申教授写了一本《明智的父母使孩子慢慢成长》，反对早期教育，因为他每天看到数十名由于早期教育而患病的孩子前去就诊。

如今一些家长教子心切，正在争先恐后、不遗余力，甚至不择手段地教子女早日成名成家，其甘当"人梯"的自我牺牲精神感人至深，但也令人感到遗憾。因为他们往往忽视孩子生活自理能力、合群交友能力、不怕困难的毅力、吃苦耐劳的精神和责任心的培养，让他们一心一意地读书、作画、写诗、弹琴、唱歌……以便早日成名，出人头地。有的为了让孩子上镜头、成童星，不惜重金拉关系、找路子；有的为了让孩子在形形色色的大赛中获奖，不遗余力请名师辅导，甚至有的家长还自己代笔

---

① 韩巧：《三四岁学用筷子正当时》，《江南保健报》，2006-02-24。

捉刀。

爷爷奶奶带大的聪聪身体强壮，见多识广，小脑瓜很机灵，聪聪的妈妈为此很省心。可是有一天，几个外地旅游来的老同学参加聚会，说到张三的女儿绘画拿了大奖，李四的儿子钢琴已经考取了等级，王五的女儿舞蹈参加晚会彩排，聪聪的妈妈再也坐不住了。她想，聪聪和他们的孩子一般大小，马上就要上学了，可孩子还没什么特长，到了学校比别人家的孩子低一头，那可就惨了。她一回到家，就迫不及待地给孩子物色辅导老师。现实生活中，像聪聪妈妈这样的家长大有人在。

法国著名启蒙思想家、教育家卢梭有句名言：“大自然希望儿童在成人之前，就要像个儿童的样子。如果我们打乱了这个秩序，就会造成一些果实早熟，它们长得既不丰满也不甜美，而且很快就会腐烂。就是说，我们将造成一些年纪轻轻的博士和老态龙钟的儿童。”[①]卢梭的话至今仍有很深的警示意义。

我们帮助孩子成长一定要坚持和遵循孩子成长的规律，任何的急功近利、揠苗助长，都会造成孩子的畸形发展。美国一所大学的科研人员做过一个实验：把175个孩子分成两组，甲组由父母按照一般条件教养；乙组从3个月开始就进行早期教育。每隔15个月测验一次。最初接受超前教育和训练的孩子平均智商确实高出其他孩子15%。然而长期跟踪测验发现，这种早期教育的优势并没有保持多久，有些孩子上小学四年级以后，优势就逐渐丧失，而那些在常态教育环境下成长的孩子都赶上来了。这说明，孩子的成长要顺其自然，父母也要拥有一颗平常心。

目前，国内有一些大城市开始选用从美国引进的数学、英

---

① 卢梭：《爱弥儿》(上卷)，李平沤译，人民教育出版社，1985年，第91页。

语、语文、天文、经济、自然、钢琴、芭蕾等课程，组建“天才宝贝幼儿 EMBA 课程班”(E 代表早期 Early)。这些课程是专门为 3～6 岁的孩子开设的。上海大学社会学系邓伟志教授认为，家长不该过早给学龄前孩子太大的压力和太多的期望，也没必要花费这么多的钱财，其结果很可能是“欲速则不达”。

中央电视台 2002 年 11 月 27 日的“科学育儿”节目播出了韩国宝宝姜慧慜在中国的生活，现将有关内容辑录如下：

韩国宝宝姜慧慜在一个半月的时候就来到了中国，现在已经快两岁了。爸爸在一所国际学校教跆拳道，妈妈除了每周三天教语言外，绝大部分时间都陪伴在女儿身边。

在韩国的传统家庭中带孩子主要是母亲的职责，通常小孩子会在母亲身边长到四五岁才上幼儿园。母女在家时，会像朋友一样一起玩，在这个过程中，妈妈就教慧慜如何与别人相处。

由于处在学语言的黄金时期，慧慜能自然地使用中文和韩文，中国的童话书和韩国的童话书都是慧慜的最爱。

采访：妈妈——“这是韩国的书，这一本——这是农夫，这是黄牛，两个黄牛怎么叫呀？噢——哞，噢——哞地叫，这种书有助于使孩子的口齿伶俐。这是她从小看的中国书，她从书上知道了吃饭，还知道爸爸上班。”

与中国的父母不同，慧慜的爸爸妈妈并不急于让自己的宝宝学习某项特长，而是给宝宝一个非常宽松的环境，让她自然地成长，他们认为善于发现孩子长处的父母才是好父母。

采访：妈妈——“每个孩子都有自己的才能，做妈妈爸爸的，应该帮助他发挥自己的才能。我觉得我的孩子有好奇心，观察能力很强。有一天，我们带他出去玩，有两三个姐姐踢毽子，我们已经走了很远，孩子没有跟着我们过来。我们回头时才发现，她一直在那里看，看了半天，她开始学，然后就开始和她们一起踢。”

我们发现，慧憋的最大特点是自我意识很强，这和父母不给她束缚有很大关系。高兴的时候慧憋会唱歌，有时候还会学爸爸的样子打跆拳道。尽管姜信荣夫妇的房子不大，但是他们还是为宝宝布置了一个小天地，在父母的呵护和小朋友的友爱中，小慧憋的童年多姿多彩。

与中国大多数的年轻父母一样，姜信荣夫妇经过了自己的奋斗，才有了稳定的生活，一家三口已经和中国文化融合在一起，他们要在中国继续生活下去。让孩子自然成长是他们的教子观念，这或许对许多的爸爸妈妈也是一个借鉴。

十五、让孩子养成良好的性格

孩子们的性格和才能，归根结蒂是受到家庭、父母，特别是母亲的影响最深。孩子长大成人以后，社会成了锻炼他们的环境。学校对年轻人的发展也起着重要的作用。但是，在一个人的身上留下不可磨灭印记的却是家庭。

——宋庆龄

性格决定命运，性格决定孩子今后的成败。

性格是一个人在对现实的态度和行为方式中表现出的比较稳定而且具有核心意义的个性心理特征。它是个性中最鲜明地表现出来的心理特征，是人和人之间最明显的差别。

俗语说：“人心不同，各如其面。”人们在性格上表现出各种各样的差异：有的人外向，有的人内向；有的人表现出很强的独立性，有的人则习惯于依赖与顺从；有的人处理事情比较理性，有的人则容易感情用事；有的大气，有的自私，等等。这种差异是在长期的生活实践中逐渐形成的，它一旦形成，就具有稳定性，不容易改变。例如，有的独生子女，由于从小重养轻教，娇生惯养、事事依他，长此以往，就会形成娇气、懒惰、任性等性格特点，以致走上社会以后一时难以适应。

“三岁决定一生。”著名教育家蒙台梭利曾这样说。3岁以前的孩子还没有形成自己固有的性格特征，他们的自我意识还处于萌芽状态，行为极为不稳定；3岁以后，性格就开始逐渐形成。性格虽然具有稳定性，但也不是一成不变的，它同时也具有可塑性。一个人的性格，更多地受后天生活条件的影响。

性格基础是早期生活奠定的，最初几年的生活习惯、父母态度、家庭环境等都会成为孩子性格形成的外在因素。因此早期教育绝不能忽视孩子良好性格的培养。苏联教育学家马卡连柯曾告诫做父母的：“你们怎样穿戴，怎样同别人谈话，怎样谈论别人，怎样欢乐或发愁，怎样对待朋友或敌人，怎样笑，怎样读报……这一切的一切对儿童都有着重要的意义。”①同样，这一切对儿童的性格发展也有着重要的意义。

早教专家冯德全认为，优良的性格有四个基础：一是快乐、活泼，二是安静、专注，三是勇敢、自信，四是爱劳动、关心人。②

家长不仅要在平常的待人接物方面表现出积极乐观的性格，要在大是大非面前流露出沉稳平和的心态，还要在与孩子的交往中观察孩子的情绪，注意培养他们积极健康的性格。要注意疏导孩子心中的不快，引导他们遇事沉着、冷静，引导他们向着勇敢坚强的方向迈进。

---

① 马卡连柯：《儿童教育讲座》，诸惠芳译，河北人民出版社，2008年，第88页。

② 张欣武、刘卫华：《哈佛女孩刘亦婷》，作家出版社，2002年，第103页。

富兰克林·罗斯福是美国历史上唯一连任四届的总统。他出身于富豪家庭，父亲学过法律，又经过商，很有钱。罗斯福的父亲和母亲相差26岁，当罗斯福出生时，父亲年龄已经很大了。罗斯福有一个同父异母的哥哥，可是很早就离家在外，罗斯福的降生给这个本来就十分幸福的家庭又带来了无比的欢乐。幼小的罗斯福成为父母关注的中心。然而，罗斯福的父母并不娇惯他，而是严格地管束他。

罗斯福的早期教育主要来自父亲。从父亲那里，他得到了关于动物、土地和森林的知识，学会了一些体育运动；更为重要的是形成了勇敢、坚毅、不怕艰苦的良好品德。

母亲为小罗斯福安排了很严格的作息时间表：7点起床，8点吃饭，跟家庭教师学习二三小时，休息，下午1点吃饭，午饭后又学到4点，休息(自由活动)。

小罗斯福游戏时总习惯于自己是赢家。为了教育他，有一次母子玩一种棋类游戏，母亲故意不让他，接连赢了好几次。小罗斯福生气了，母亲故意不去理他，并坚持让儿子道歉。结果，小罗斯福认输了。

严格教育对生活在优裕环境中的儿童尤为重要。人生要经过许多磨难，那些成大事业者，更是如此。如果只会享福，不能受苦，这样的人将不能立足于社会，更不能为社会献身，为他人造福。因为这样的人只能满足于自己的成功和幸福，心理永远不成熟。

罗斯福的家庭是民主的。小罗斯福不满意母亲制定的严格作息制度，一次他提出了抗议，要求母亲给他“自由”。

母亲认真地考虑了儿子的要求，允许他“自由”。一天晚上，6岁的儿子满身灰尘，一脸疲惫地回来了。这一天儿子去干什么了呢？母亲没有过问。

罗斯福的母亲知道尊重孩子，满足他的合理要求。严管不等于束缚，给孩子自由活动的时间，使孩子在无拘无束中松弛一下，尽情地享受童年的欢乐，这对儿童个性的发展和良好品格的形成是有好处的。

奥利弗·万德尔·赫尔姆斯认为，著名的美国总统罗斯福“智力水平中等，但是性格却是上等的”。一个孩子，只要他具有正常孩子所具有的智力，就能培养成才，关键是良好个性的培养。这里的个性指的是一个人整体的精神面貌，包括情感、性格、气质、理想、信念、人际关系、价值观念、兴趣、爱好等诸多因素，可以理解为是一个人的思想道德风貌与智力因素、非智力因素的总汇，也就是我们所说的人格，智商和情商都包括在内。这就启示我们，要从孩子的童年阶段开始就高度重视良好个性品质的培养，智力因素与非智力因素协同开发，突出做人的教育。①

十六、给幼儿一些适当的劣性刺激

供给人们的甜食已经够多了，他们的胃因此得了病：这就需要苦口的良药和逆耳的忠言。

——莱蒙托夫

现代孩子身心脆弱，常表现为怯懦、孤僻、任性、自私等心理状态。生理学家、教育学家指出，这些儿童普遍缺乏“劣性刺激”。

所谓“劣性刺激”，是指令人不舒服的或不愉快的外界刺激。

① 张秋棠：《罗斯福母亲怎样培养孩子的性格》，中国教师成长网，2007-02-26。

这些刺激,对儿童来说是必需的和有益的。英国科学家赫胥黎说过:“如果一个人在人生的早期让自己经历一些‘必需’的失败,这些失败必将使他终生受益!”[①]

我国中医育儿理论中有句话:“欲求小儿安,应予三分饥和寒。”作为家长,对那些爱挑食的孩子可以选择适当的饥饿。为什么相当多的孩子有偏食、挑食的习惯,而且食欲较差?主要原因是他们很少领教饥饿的滋味。胃的运动规律是:充满→消化→排空→再充满。一些孩子常常是用零食把胃填得满满的,很少感觉到饥饿的滋味,自然就偏食、挑食、厌食了。

美国马里兰州的温顿小学,曾经在全体学生中组织了一次为期3天的“要饭”活动,在长达3天的“要饭”日子里,有的孩子出现过头晕、乏力的症状,有的感觉注意力难以集中,还有的说十分想念家里丰盛可口的饭菜和美食……而所有的孩子都说终于体会到了究竟什么是“饥饿”的滋味,知道了什么叫珍惜。

澳大利亚人在育儿方面比较“残酷”,富裕的澳大利亚人都信奉:“对孩子不能娇生惯养,否则,娇惯了的孩子缺乏自制力和独立生活的能力,长大后难免吃大亏。”他们认为,孩子应该比大人少穿一件衣服,即使是最冷的月份,也很少见哪一个澳大利亚人的孩子穿棉衣和防寒服,最多只是在“短打扮”外面罩一套深蓝色的绒衣,便无事一般地行进在寒风中。其实,澳大利亚人对孩子如此“残酷”并非是因为他们不爱孩子,用他们的话来说,不过就是“为未来着想”——孩子们长大了早晚要离开父母去自闯一片天地,与其到那时才让他们面对挫折而惶惑无助,还不如让他们从小摔摔打打,锻炼出直面人生的能力和本事。[②] 日本幼儿园风行裸身锻炼法,无论是夏日炎炎,还是冰天雪地,宝宝只穿一条运动短裤和一双运动鞋在操场上运动。若整个冬天未穿

---

① 陈铭:《让孩子体验失败》,《张家港日报》,2008-03-25。

② 广龙:《澳大利亚的“残酷”育儿法》,《家庭育儿》,2006(1)。

过一次衬衣而坚持户外锻炼，还可以获得“裸身锻炼奖”。

以上做法都在阐述一个道理：给小孩子施以必要的劣性刺激，对孩子的成长来说是非常有意义的。犹太人有句话说：“有十个烦恼比仅有一个烦恼要好得多，只有一个烦恼时，痛苦一定是深刻的。没有一个自杀者是因为有十个烦恼，全是为一个烦恼而死的。”

据《法制日报》报道，2001年2月的一天，郑州接连发生三起中小学生恶性事件。一名12岁的少年因拒绝拉小提琴而上吊自尽，一名8岁的小学生因害怕上学而跳河自杀，两个十来岁的小男孩离家出走被歹徒砍伤。三起事件起因虽各不相同，但几个不幸儿童的心理素质之脆弱，却是共同的。他们经不起一点挫折，受不得半点委屈。

当然了，话说回来，“劣性刺激”一定要讲究“度”，要把握好分寸。要记住，“劣性刺激”的目的是要给孩子以警示，但不能使孩子的精神或肉体受到伤害。

中国幼教网“家教”栏目登载了一位幼儿母亲的文章，记录了她的一些做法：

从孩子出生那一天起，我们夫妻下决心让她吃点儿苦。

一、身体上，这样可以让孩子更健康。饥渴、奔波、劳累，从出生以来，我们已经让一岁的童童体味了不少。童童三个月大，我们就带她出外旅行；会走以后，只要大人走路的时候，就让她也自己走；另外还有严寒暑热，三九天，公园里的童童小脸冻得红红的；六月，似火骄阳让孩子顺着发梢流汗……结果，孩子胃口极好、精力充沛、非常健康，自出生以来从未生病。唯一的缺点是皮肤黑。

二、精神上，我们给她充分的关爱，另外，还让孩子经常体会：和亲人离别、自己治愈痛苦、补充维生素R(被拒绝)等。其结果是：孩子承受力很强，聪明，对环境的适应力也很强，会自己拿主意，主动谋求与别人相处的机会。

总之，我们想告诉孩子，你是我们的宝贝儿，但不是这世界的唯一；你应该有充分的准备去面对各种环境，克服各种困难；为了你的成功，你必须努力！①

十七、让美德成为孩子的第一张名片

在道德领域内，家长和教师的主要职责在于，使儿童生长中的小天地尽可能富于足以形成较好的个性的因素，并排除其他的因素。

——沛西·能

《伊索寓言》中有一篇“做贼的小孩与母亲”的故事：一个小孩从偷一根针而得到母亲的表扬开始，每次偷了东西回家总会受到母亲夸奖，日久天长成了强盗，犯了死罪。他终于醒悟，是母亲一次次的纵容与误导害了他，于是在临刑前把母亲的耳朵一口咬掉了。这个故事启示我们：孩子未来的人生道路如何，父母负有不可推卸的指路、引路责任；父母教孩子懂得怎样做人比什么都重要。

中国农村有一句俗语“做贼偷瓜起”，说的是一个人成为盗贼往往是从偷吃别人的一个小瓜开始的。我国古代就有“教子之道贵以德”的提法，历史上著名的“岳母刺字”“国王奖四母”都是教子以德的模范。而在现实生活中，教给孩子良好的品德，并不是每一个父母都重视的。有的父母认为，孩子小不懂事，在当

① 易文：《给孩子一些劣性刺激》，中国幼教网，2001-06-19。

今竞争激烈的社会中，开发孩子的智力才是首要的。一些父母认为，孩子年龄小，有点小毛病也没啥，树大自然直嘛！甚至把教子以德的任务交给学校。苏格拉底说过："一切别的事物都系于灵魂，而灵魂本身的东西，如果它们要成为美，就都系于智慧；所以推论下来，智慧就是使人有益的东西。而美德，我们说，也是有益的。这样，我们就得到了结论：美德是智慧。"①

研究结果表明：儿童青少年品德的发展，价值观念行为方式的变化，是家庭、学校、社会诸多因素综合影响的结果，既具有共同规律和各个年龄阶段所固有的某些特征，又明显打上了他们所处的时代和环境的烙印。中国的家长受传统观念影响深，往往认为孩子是私有财产，是用来完成传宗接代的，而不能认识到孩子是社会的一员，从情理上无法将孩子置入社会中去，也无法将孩子的教育问题放到社会中去看待。

有一个富翁，年近五十，方得一子。老年得子是人生的乐事，这位老人自然高兴得不得了。他看见儿子喜则喜，儿子悲则悲，一切都顺着孩子。孩子到四五岁时，由于父母溺爱，便横行霸道，为所欲为，一不高兴就骂人打人。到十七八岁时，年纪大了，胆子也大了，常常偷他父亲的钱到外边赌博，一掷千金，毫不在意。父亲知道了，当众大骂他一顿。儿子不但不听，反而骂他父亲："你死都不会死，还要来骂我，你当心点，我迟早要杀死你。"父亲听到儿子这么说，虽有点担心，但总是不大相信。不过也不能不防备。这天夜里，父亲把一只小斗桶放在床上盖上被子，像是有人睡觉。他躲在暗处观察动静。果然半夜儿子摸进屋来，举起大斧朝床上猛劈下去。儿子以为砍死了父亲，马上逃跑了。

① 成尚荣：《为智慧的生长而教》，豆丁网·商业案例库，2014-04-14。

十几年以后，这位老人已有八十多岁，暮年孤独，苦不堪言，睹物思人，百感交集，虽恨儿子无天良，但也仍旧希望他回来。一天，老人正在桑园散步，忽有一年逾三十的农夫走过来，对他说：“请你把这株老桑枝弄弯。”老人笑嘻嘻地回答道：“老弟！老桑枝哪里还能弄得弯呢？”农夫说：“不错，不错，弯枝要小弯，儿子要小教。”老人听到这话，不觉顿触旧恨，泪珠点点，泣不成声。原来这位农夫就是他那失踪了十几年的儿子。见到儿子，老人也终于醒悟过来，悔恨地说：“我的儿呀，你以前要杀我哦，是我从小教你的缘故呀！”①

十八、让孩子的发问结出硕果

发明千千万，起点是一问。禽兽不如人，过在不会问。智者问得巧，愚者问得笨。人力胜天工，只在每事问。

——陶行知

现在许多父母都讨厌孩子问问题，尤其是那种“打破砂锅问到底”的问题和一些有关父母身体及两性话题的问题。对于孩子的提问，家长要么含糊其辞、推诿搪塞，要么三言两语、拒之千里，要么大吃一惊，认为孩子有问题。这些做法，都是非常错误和愚蠢的，因为这些态度，在不知不觉中压抑和扼杀了孩子的好奇心和求知欲，将孩子的探求精神扼杀在了萌芽状态。

国外教育专家认为，孩子需要父母的关心、接纳和倾听，尤其需要与父母进行情感交流。父母白天上班，与孩子见面的机会较少，分开的时间长，孩子一定有许多新鲜事想告诉父母，父

① 陈鹤琴：《家庭教育》，中国青年出版社，2014年，第185—186页。

母应尽量抽时间，听听孩子的经历。即使孩子不主动，父母也应主动找孩子谈，锻炼孩子的语言表达能力和判断是非的能力。父母要冷静地面对孩子的谈话，聆听他们对一些事情的不满，分享他们的想象力。三岁以后，孩子掌握的词汇量日渐增多，认识、理解能力增强，求知欲也特别强。他们不仅会细心观察周围环境，而且希望得到解答，因此常常喜欢问这问那。家长对孩子的提问，开始会感到高兴，也能耐心地给予解答，可当孩子提问过多时，有的家长就会产生厌烦情绪。

婴儿期的孩子掌握的词汇不够丰富。为了正确解答孩子的提问，家长首先要认真倾听孩子的提问，如果孩子不能清楚地表达自己的问题，则要引导和帮助他把问题说清楚。

孩子从婴儿期步入幼儿期，随着年龄的增长，终将从家庭这个小环境步入大社会，儿童特别是幼儿缺乏理性的辨别是非能力，但有着比成人敏锐的感受能力。他们对身边发生的亲切或可怕的事物十分敏感，而这种敏感性正是培养理性辨别能力的良好基础，作为家长，我们应利用这一特点，帮助孩子从真切细腻的感受中发展出对社会生活的辨别能力和心理承受能力，过滤不良社会信息，优化孩子幼小的心灵。

几乎所有的孩童求知欲都很强，凡事都想知道个为什么，而且孩子的发问一般是想马上知道答案。面对爱发问的孩子，家长最好能满足这种愿望，力求给一个及时、简明、通俗、明确的回答。如果你明明知道答案，就请不要佯装不知，以免给孩子造成不良影响。如果不能及时回答，则可坦白地告诉孩子，或者鼓励孩子好好学习，长大后一探究竟。父母在回答孩子问题时，千万不要不假思索地说“不知道”。否则，孩子回答时，也会如法效仿。当然，父母也不能不懂装懂，给出一些不恰当的答案。

父母在回答孩子的问题时，还应加以正确的引导，启发孩子动脑筋去思考，或做一些小实验，或让孩子在实践中自己找到答案。

鲁迅先生对儿子的各种发问都能以宽容的科学精神去回答,尤其是对平常人们忌讳的生死问题,都能以平和的心态给儿子解答。

鲁迅先生49岁那年有了海婴,他对海婴非常疼爱。

有一天晚饭后,鲁迅先生靠在躺椅上休息,小海婴跑过来坐在爸爸身上,边吃着手中的糖果边和爸爸聊天。他给爸爸提出了许多幼稚的问题,爸爸都一一耐心解答。

“爸爸,你是谁养出来的呢?”

“是我爸爸妈妈养出来的。”

“你的爸爸妈妈是谁养出来的呢?”

“是爸爸妈妈的爸爸妈妈养出来的。”

“爸爸妈妈的爸爸妈妈,一直从前,最早的时候,人是从哪儿养出来的呢?”小海婴步步深入地追问。

鲁迅先生毫不心烦,他望着儿子期盼的眼神,耐心地说:“这个问题不是几句话就能说得清楚的,更不是你这个五六岁的孩子理解得了的,等你长大点上学,老师会给你讲清楚的。只要好好学习,这些问题都能得到解决的。”鲁迅先生的回答使得小海婴懂得了家庭成员之间的血缘关系,一方面满足了儿子的好奇心,另一方面,在儿子心灵深处埋下了求知的种子。又有一个夏天的晚上,家里熄了灯,小海婴躺在父母怀中转来转去,轮流亲着爸爸妈妈。他高兴极了,又发出了一连串问题:

“爸爸,人人都会死掉的吗?”

“老了,或是得病治不好就得死掉呀!”

“是不是你先死,妈妈第二,我最后呢?”

“是的。”

“那么你死了以后,这些书怎么办呢?”

“送给你好吗?要不要?”

“那么多哪能看完？有些不要的怎么办？”

“你随便送给别人好吗？”

“好的。”

“爸爸，你如果死了，那些衣裳怎么办？”

“留给你长大穿好吗？”

“好的。”得到满足的小海婴，带着微笑进入了梦乡。①

十九、抓住教育的黄金时机

机会是极难得的，但它具备成功的三大条件，那就是：像鹿一般会跑的腿，逛马路的闲工夫和犹太人那样的耐性。

——巴尔扎克

教育的时机无处不在，生活中处处有教育。前人所谓的“遇物则诲”就是要求遇到什么东西，就要充分利用这些东西进行教育。家长要有一双充满关爱、善于发现的眼睛，将每一个生活环节都变成施教的好机会，鼓励孩子去听、去说、去看、去做。要善于发现最好的教育时机，争取更大的教育效果。

日常生活中，经常听到一个叫“火候”的词语，说的就是最佳时机、黄金时机，也就是“关键期”。

“关键期”的提出有一个故事。

1935年，奥地利动物科学家、诺贝尔奖获得者洛伦兹发现了一个有趣的事实：小灰天鹅从蛋壳中爬出来后，将首先看到的动物当成是自己的妈妈。如果是母鸡孵化它出壳的，它就会

① 吴玉红：《鲁迅以童心启迪周海婴》，《做孩子的第一个园丁》，中国物资出版社，2005年，第56页。

把母鸡当妈妈；如果出壳时只有洛伦兹在旁边，它就会把洛伦兹当妈妈，他走到哪儿，小灰天鹅就跟到哪儿。

经过多次实验，洛伦兹最终得出一个结论：在动物早期发育过程中，动物的某一反应或某一组反应在某一特定时期或阶段中最容易获得和形成，如果错过这个时期或阶段，就不容易再出现这样好的“时机”。这个“时机”就是“关键期”。当现代教育学家把动物实验引申到孩子的教育中进行研究时，他们发现，人的智力、能力、习惯等的发展同样存在着关键期，这个重要的时机同样显得非常重要。[①]

日常生活中，家长要在抓住恰当时机的基础上，创设时机对孩子进行教育。如果孩子不爱学数学，家长不妨领着孩子去集市购物，让孩子自己算账、自己付钱；如果孩子不喜欢写作文，家长可以带孩子去一些名胜景观游览一下，让他们领略一下大自然的奥妙与人文景观的魅力，使他们心有感触；如果孩子花钱大手大脚，家长可以带孩子到贫困的地方走一走，看看这些地方的人生活的艰辛……

黄炎培是我国著名的教育家。他曾给儿子写过这样一条座右铭：“理必求真，事必求是，言必守信，行必踏实。事闲勿荒，事繁勿慌，有言必信，无欲则刚。和若春风，肃若秋霜，取像于钱，外圆内方。”[②]他选择最佳时机进行教育子女的方式方法，值得大家学习。一次，黄炎培先生故意把鸡毛掸子扔在过道里，然后叫他的几个子女上楼来，想趁机观察和考验一下他们是如何行事的。结果，大女儿绕道上前，儿子一跃而过，另一个女儿一脚将掸子踢到旁边。其间，黄夫人听说楼上的事，也想知道发生了什么事情，她见地上扔着个鸡毛掸子，便顺手拾起，放到原来

① 采采荷：《怎样培养习惯》，《文萃》，2006-03-06。

② 陈阿夫：《黄炎培给儿子的座右铭》，《应用写作》，2004(2)。

的位置上。黄先生一直观察着几个人对待鸡毛掸子的态度，直到此时，他指着几个孩子批评道："你们几个'死囡'没规矩，看到东西乱扔竟无动于衷，倒是你们的母亲做出好样子。"黄先生不失时机的教诲，黄夫人的榜样示范，给孩子们极大的触动与教育。

著名科学家斯蒂文·格伦在科学领域的创造力令世人惊叹。有人问他："您为什么比一般人更有创造力？"他认真地答道："这与我母亲的引导有关。"在格伦的记忆中，他两岁时，不小心打碎了一瓶牛奶，牛奶流了一地。他吓得直哭，不知怎么办才好。妈妈闻声来到厨房，既不责备，也不训斥，而是幽默地对小格伦说："看你制造了多么棒的垃圾！既然已经这样了，我们打扫前，你愿意在这漂亮的'奶河'里玩一会儿吗？"在妈妈慈爱的目光中，小格伦兴高采烈地玩了足足十分钟。然后，他愉快地跟妈妈一道把地板打扫干净。最后，在妈妈的启发和指导之下，他学会了如何用小手握住奶瓶，也从中找回了自信。这件事在斯蒂文·格伦的脑子里打上了深深的烙印。显然，妈妈的这次激励，既教会了格伦自强自立，开发了他的情商，又教会了他拿牛奶瓶的方法，训练了他的智商。

找准和抓住教育的最佳时机，会起到事半功倍的效果。

二十、为宝宝选择幼儿园

教育人民，有三件东西是必要的：第一是学校，第二是学校，第三还是学校。

——托尔斯泰

选择幼儿园是对孩子十分重要的一项决定，因为幼儿园在一定程度上是孩子进入学校接受正规教育、进入社会学习做人的第一道门槛。

1978年,75位诺贝尔奖获得者齐聚巴黎。有记者问当年的诺贝尔物理学奖得主卡皮察:“在您的一生里,您认为最重要的东西是在哪所大学、哪所实验室里学到的?”这位白发苍苍的诺贝尔奖获得者平静地回答说:“我的成功不是在哪所大学、实验室里得来的,而是从幼儿园里学来的。在幼儿园里,我认识了我的国家、民族,学会了怎样与人交流、相处,如何分享快乐,知道了饭前便后要洗手,玩完玩具要收好,对待别人要有礼貌,学会谦让,善于观察,等等。”这番话道出了幼儿园教育对人一生的重要性。

选择幼儿园与义务教育阶段的“择校”是有一定区别的。作为家长,我们一定要对幼儿接受教育的环境有所选择。首先是要选择幼儿园的设施和条件,不能图方便。好的幼儿园应该在硬件建设方面具有适合儿童游戏的场所、玩具和保护儿童安全的教学、生活设施;在软件方面应该有懂得儿童教育学、心理学的受过幼教师资机构培训的专业教师。

其次,要选择幼儿园的办园理念。现在,一些民办幼儿园认为,幼儿园只要保证孩子不出安全问题就行,因为家长最关注的是孩子的安全。他们往往把幼儿园办成或是单纯的保育、照看机构,或是不遵循幼儿年龄特点的类似小学的知识传授机构,或是放养式管理机构。

再次,要选择收费合理的幼儿园。一些幼儿园打着对孩子负责的幌子高收费,而高收费并不一定代表严管理、高质量。《三湘都市报》报道说:某调查机构2006年在某省区的一次调查中发现,捐资助学费、保教费以及兴趣班费,已经成为幼儿园收费的“新三座大山”,给家庭经济造成很大压力。

第四,不能选择全托幼儿园。虽然说全托幼儿园给忙得焦头烂额的家长带来诸多方便,但对孩子的成长却极为不利。因为,6岁以下的孩子最需要的是家庭的个别教育,他们注意力很容易转移，情绪很不稳定，意志非常薄弱，不适合集体教育生活。他们需要父母的肌肤接触，需要父母的悉心关照，需要躺在父母怀里撒娇，需要给父母倾诉自己的感受，而在全托幼儿园里这些心理需要是得不到满足的。

第五，要选择孩子愿意去的幼儿园。家长辛辛苦苦为孩子选择幼儿园，最终目的是要让孩子去接受教育，希望孩子喜欢去、乐意去，这样，家长才能没有后顾之忧。因此，家长不能用自己的标准和要求去选择幼儿园，而是应该时刻想到孩子，把孩子的特点、兴趣、爱好放在第一位，为孩子选择与其特点、兴趣、爱好相吻合的幼儿园，这样，孩子的兴趣、爱好才能得到进一步的培养、挖掘，孩子才能乐于学，乐于上幼儿园。

新浪亲子中心曾发出一个“选择幼儿园需要铭记的忠告”的温馨帖子：

1. 选择幼儿园是家长寻找一个教育孩子的合作伙伴。
2. 园所级别不是金字招牌。
3. 幼儿园活动空间少不利于孩子发展。
4. 收费最高的未必就是最好的。
5. 新豪华装修的幼儿园不利于孩子的身体健康。
6. 幼儿园以营利为本，必然忽视孩子的教育。
7. 幼儿园的特色不一定是孩子的特长。
8. 对孩子严要求的幼儿园不利于孩子的性格发展。
9. 重视家园合作会给父母提供很多机会。
10. 孩子每天的接送需要专人负责。
11. 孩子入园是玩出兴趣，而非学习知识。
12. 适合孩子的幼儿园就是最好的幼儿园。[①]

---

① 吴铭：《选择幼儿园需要铭记的忠告》，《江南时报》2004-04-17。

第二章

“泡菜效应”

——幼儿期（3、4~6、7岁）

人是环境之子，环境对人的成长具有不可抗拒的影响作用，真可谓“染苍则苍，染黄则黄”。家庭环境是人生的第一道“染缸”，父母是孩子的第一位印染师。作为父母，应该特别在意你给孩子营造了怎样的物质环境，创设了怎样的精神环境！

——笔者手记

同样的蔬菜在不同的水中浸泡一段时间后，将它们分开煮，其味道是不一样的。人在不同的环境里，由于长期的耳濡目染，其性格、气质、素质和思维方式等方面都会有明显的差别，这就是“泡菜效应”。

“泡菜效应”揭示了“人是环境之子”的道理，环境对人的成长具有不可抗拒的影响作用。人在幼年时期对环境更为敏感，“染苍则苍，染黄则黄”。“出淤泥而不染”是对某些成人而言的，但不符合儿童的实际。

家庭是子女的第一所“学校”，也是终身的“学校”，父母是子女的第一任“老师”，也是终身的“老师”。家庭环境是人一生的“第一道染缸”。美国有人研究两个均已繁衍了八代人的家庭：一个是德高望重的著名哲学家爱德华的家庭，他的八代子孙中出了十三位大学校长，一百多位教授，八十多位文学家，一位副总统和二十位议员；另一个是臭名昭著的酒鬼、赌徒珠克，他的八代子孙中有三百多名乞丐和流浪者，七个杀人犯和六十多个盗窃犯。[①] 这两个家庭的历史充分地说明了家庭环境对后代的影响。

一流的家庭造就一流的孩子。颜之推说：“人在年少，神情未定，所与款狎，熏渍陶染，言笑举动，无心于学，潜移暗化，自然似之。”[②]在家庭教育中，教育者是家长，被教育者是子女。在这个关系中，家长是家庭生活的组织者，是家庭大厦的支柱，是子女生活的依靠。家长与子女一般地说是朝夕相处，利害与共，命运一致，关系亲近。在这种生活环境里，家长具有权威性，孩子非常尊敬家长，父母与子女关系密切，这是家庭教育的一个优势。但优势能否发挥出来，家长能否与子女亲密无间，能否严格

---

① 吴奇程、袁元：《家庭环境及其优化》，载《家庭教育学》，广州，广东高等教育出版社，2002年，第65页。

② 颜之推：《颜氏家训集解》，中华书局，1993年，第128页。

约束自己，受到子女的尊重，这就看家长的修养如何了。若家长的素质、言行不足以让孩子依赖，家长经常说空话，那么孩子就不听你的话，家庭教育的优势就发挥不出来。事实证明，良好的家庭教育能促使孩子走上健康的人生道路，激发其早日成才。据调查，中国科技大学少年班的学生有69.8%是来自于知识分子家庭，也就是说，这些学生从小就受到了良好的家庭教育的熏陶。

家庭环境是由多种因素构成的复合体，用生态学的观点看，可分为自然的、社会的、精神的三种环境圈层。这里所提的家庭环境是家长和家庭成员可以调节以适合孩子健康成长的家庭气氛、价值观念、行为方式等。幼儿直接浸润在幼儿园与家庭的环境之中，每一位教师和父母都应认真细致地考虑孩子所处的物质环境和精神环境。

俗话说："近朱者赤，近墨者黑。"这在一定意义上说明了环境对人影响的作用。古代曾有"孟母三迁"，从"其舍近墓"到"迁居市旁"，最后徙居"学官之旁"，终于使孟轲在学官的影响下，成为一代思想家、一代大学者。这说明人们很早就重视环境影响人的作用。因为环境因素有广泛性、经常性、自然性、偶然性的特点，儿童会因此受到种种影响。所以，不能低估环境因素对孩子的教育和影响作用。

一、把家营造成文化的港湾

家庭生活在儿童生长的每一个时期，不，在人的整个一生中，都具有无可比拟的重要性。

——福禄培尔

一个称职的家长至少应懂得一些家庭教育学、心理学方面的知识,应懂得营造必要的家庭文化气氛,经常开展一些家庭文化活动。

家庭文化是家庭成员的知识、思想、价值观、态度和行为方式等主观因素的综合。“家长的文化素养和家长受教育程度有密切的关系。但家长的文化素养并不等于家长的受教育程度。”①好多家长认为自己缺乏艺术天赋,五音不全,何谈家庭文化的建设?有这种想法可就错了,因为家庭文化不单是指唱唱跳跳的文艺活动,还应表现为家庭中文化设施的添置,文化科学知识的提高,伦理道德的升华,审美情趣的拓展,言谈举止、待人接物的文明,生活方式的科学高雅,家庭成员的和睦融洽,家庭气氛的良好规范等方面,并能够通过各种文体活动增进家庭中每个人的身心健康。鲁迅曾说过:“文学家的孩子先熟悉笔墨,木匠的孩子先认识斧锯,军事家的孩子先摆弄刀枪。”②说明家庭的陈设、物品以及家庭成员的活动,都对孩子的成长起着潜移默化的作用。

加强家庭文化建设,对个人的幸福、社会的进步都是有益的,高尚的家庭文化有助于提高家庭成员的文化水平。就个体发展而言,家庭文化是孩子所汲取的第二份精神养料,是必不可少的精神奶酪。家庭文化的点点滴滴,不仅是儿童认知生活的教科书,还是儿童接受某种观念、建立某种行为方式的参照物;家庭文化的方方面面,不仅是儿童心灵徜徉的泳池,还是儿童形成良好性格的强化剂;家庭文化的诸种因素不仅对孩子辨别是非具有指导意义,也对孩子践行真善美具有监督作用。

美国心理学家对4000名7岁儿童的调查表明:和睦家庭中的孩子远比气氛紧张家庭中的孩子智商高。有的年轻父母对孩子说话习惯粗声大嗓,生怕他们听不进去或听不明白,殊不知这

① 赵忠心:《家庭教育学》,人民教育出版社,2001年,第138页。

② 姚玉兰:《浅谈学习陶行知创造教育理念》,新浪博客,2007-10-8。

样的高声调对孩子的听力和思维很不利。有的父母当着孩子的面吵架，有的父母发现孩子的缺点和错误就训斥和体罚，使孩子心理紧张，产生忧郁和惊恐，性格孤僻、冷漠、消极。[①]

马克思和恩格斯指出："孩子的发展能力取决于父母的发展。"[②]家长是家庭文化的创造者、组织者、实践者、传播者，家庭文化一旦形成言论环境，就会对人的言行形成制约力。家庭文化的制约力越大，社会上的越轨行为就越少。家庭文化中的重大价值观念在家庭成员中间形成认同后，就会成为家庭内部成员之间的黏合剂，会促进家庭内部的和睦和家庭成员之间的团结。

邓拓为了培养儿女们对文艺、绘画、书法的爱好，经常开家庭文娱晚会，举办家庭小画展，陶冶他们的情操。

1957年的一天，孩子们从寄宿小学、幼儿园回来了，邓拓夫妇和儿女们欢度周末。他们聚集在客厅里，首先由邓拓的父亲用闽南语朗诵自己喜欢的岳飞的《满江红》和毛泽东的《沁园春·雪》，接着邓拓的爱人丁一岚招呼孩子们："现在请阿壮唱歌。"六岁的小儿子就稚声稚气地唱起来："蝴蝶，蝴蝶，穿着花花衣……"小儿子唱完后，七岁的女儿小虹也大大方方地唱起幼儿园学的儿歌："太阳红红天空照，小鸟小鸟起来了。站在树上吱吱叫，见了朋友道声早！"已经上了小学的长子小云被父亲请起来朗诵："我自幼生长在沂蒙山上，今天巡逻在祖国的海洋……我熟悉了海洋，战胜了海洋……"邓拓夫妇不断为儿女的歌声鼓掌，欢乐的声音飘出门外。

"今天是1963年9月8日。我们全家围在麦克风前。现

① 周义玲：《家庭气氛与孩子智商》，《中国体育报》，1994-05-05。

② 马克思、恩格斯：《马克思恩格斯全集》，第3卷，北京，人民出版社，1995年，第498页。

在……”没等妈妈说完,已经长大的孩子齐声高声地喊道:“现在请妈妈唱《游击队之歌》。”抗日战争时期曾在太行山打过游击的丁一岚同志便豪爽地唱了起来。歌声飞入孩子们的心田,脑海中浮现出抗日烽火年代父母出生入死英勇战斗的形象。这歌声是言传,更是身教。

唱着,唱着,一支歌接一支歌。孩子们歌唱方志敏、杨靖宇,还唱《只怕不抵抗》《团结在一起》《我们走在大路上》,个个雄壮豪迈,神采飞扬。父母都是关心世界风云的人,孩子的态度,从他们的歌声中也可反映出来。几个小不点儿的孩子沉郁悲壮地唱起《黑非洲》,大哥大姐合唱《全世界无产阶级联合起来》。

接着,孩子们要求爸爸朗诵,妈妈担任了义务报幕员:“第一首,《浪淘沙·为纪念雷锋而作》。”邓拓带着浓重的福州口音,朗诵着自己的词:

血泪痛无穷,恨煞牧童。
参军入党育英雄。
二十二年生命史,
气壮长虹。
忘我表高风,殉职全忠。
平凡伟大一心红。
儿女万千相继起,
学习雷锋。

父亲的词深沉悲壮,是对雷锋的歌颂,是对儿女的嘱咐。朗诵刚罢,一岚同志又用欢快的调子,率领孩子们合唱《学习雷锋好榜样》。

虽然这些只是邓拓家庭晚会中的几个片段,但从这些片段中,我们可以清楚地看到,邓拓同志是多么善于通过营造家庭文化来教育自己的儿女。①

① 吴玉红:《受用一生的资本》,北京,中国物资出版社,2005年,第186—188页。

二、把“自由领空”的支配权交给孩子

要解放孩子的头脑、双手、脚、空间、时间，使他们得到充分自由的生活，从自由的生活中得到真正的教育。

——陶行知

让孩子拥有一片属于自己的“领地”（一般指单独的房间或者活动空间），有助于他们从小形成自主意识，逐步培养自理能力，养成良好的劳动习惯和创造能力。居住条件允许的家庭，应该为孩子提供一个安全、安静、独立的房间。通常情况下，孩子的房间一般具有三种功能：休息、读书，做游戏。

孩子房间的布置，除了应适应孩子的心理年龄特征，还应使房间给孩子以安全保障、人文熏陶、科学启迪，并能给孩子产生益智的效果，锻炼孩子的动手能力。给孩子提供房间，一定要考虑安全因素，消除电、烧、烫、磕、绊、挂、钩、滑、寒等一切隐患；在设施添置上，要注意光线的适中。1973—1974年，一位叫萨拉林的科学家曾做过一个有趣的实验。他以美国佛罗里达州一所小学的四年级学生为对象，把他们分成两组，分别在装有日光灯的特制无窗教室及装有白炽灯的特制无窗教室中学习。实验结果证明：在日光灯下学习的学生表现为注意力不集中，容易发怒，胳膊乱甩乱动，并且从椅子上跳上跳下，不肯好好学习；而在白炽灯下学习的学生就安静多了。后来用日光灯的教室也改成了用白炽灯，两三个月之后，这些孩子就不再吵闹了。心理学家通过研究发现，白炽灯的灯光类似于自然界的太阳光光谱，而日光灯则不同。可见，房间灯光的设置也是非常重要和必要的。

孩子房间的玩具应以适合孩子的童趣与生理特点为宜，书本画册要适合孩子的性格特征。一旦孩子有了自己的活动空

间,他的精神生活就会处于最佳状态,孩子就会玩得有意义,学得有兴趣。家长也要尽可能调动孩子“自由领空”的教育功能,要指导孩子打扫、整理自己房间的摆设和玩过、用过的玩具和图书。

辽宁盘锦市的王女士应邀参加了某幼儿园的家长谈心活动,因为王女士5岁的儿子玉堂在幼儿园里不仅能独立处理好自己的事情,还能主动帮助其他小朋友,是一个非常懂事和自理能力非常强的孩子。尤其难能可贵的是,他能独自穿过三个十字路口顺利回家,而且从不需要大人的接送。

王女士自豪地告诉大家,自己的儿子之所以能够独立上下学,是她和丈夫共同教育的结果。她说,由于自己的家居比较宽敞,当孩子两岁多的时候,他们就给儿子一个单间,让儿子在里面自由自在地生活,他们基本上没有干涉过孩子的自由王国,只是给予他必要的生活常识指点与引导。随着孩子渐渐长大,他学会了自己布置自己的房间,自己选择听喜欢的故事磁带,而且学会了自己在录音机上放换磁带,学会了自己收拾玩具……

王女士的经验之谈让在场“取经”的年轻父母和爷爷奶奶唏嘘不已。

三、给孩子穿上安全的外衣

对于亚当,天堂是他的家;而对于他的后裔,家就是天堂。

——伏尔泰

小孩子缺乏经验,好动的天性常常使他们处在危险的境地,如好奇心使得他们爬高难下而受到惊吓,爱摆弄工具被砸伤,倒腾化学药品，独自外出找不到家等。家长要有意识地教会孩子认识自家周围的环境，记住住址、电话号码、父母姓名及单位，学会求助警察。平常要注意把一些常用的药品拿出来教孩子认识，让孩子了解药品的名称和用途，这既能增长知识又能减少危险。利用日常生活中做每一件事的机会，教孩子认识和使用刀、剪、锤、针、锯等工具。教孩子躲避坏人的伤害，让孩子懂得不接受陌生人的礼物、不让外人接触自己的身体、遇到坏人要学会呼救等安全常识。

可以说，地球上最安全的地方就是我们的家，但就算在家里也时常存在一些不安全的因素。《家庭生活报》曾刊载民彦的《家居安全十项建议》，该文将给广大家长很好的帮助和启示：

1. 注意把药品或化学品（成人及儿童用药品、酒精、汽油、清洁剂、农药以及酒等）放置在上锁的抽屉、箱子中或孩子不易拿到的其他地方。

2. 确保窗台边没有可攀爬的凳子、桌子等。

3. 成人用的带尖头的用具或小件物品如剪刀、刀具、针、珍珠项链、笔帽等放在上锁的抽屉中或孩子不易拿到的其他地方。

4. 家中圆的、硬的食物（如花生、爆米花、水果糖等）放在孩子不易拿到的地方，并注意给孩子与其年龄适宜的食品。

5. 对家中有棱角的家具采取保护性措施以防伤害到孩子，特别是低于孩子身高高度的家具，如茶几等。

6. 不把酒精、汽油、清洁剂、农药等化学剂装在用过的饮料瓶中。

7. 把急救电话（119、110、120）以及紧急电话号码放在电话机旁。

8. 不要让孩子单独留在家中(如孩子睡着时)。

9. 家长在睡前关闭煤气并保持家中窗户不完全关闭。

10. 孩子吃东西时让其安静坐下，不让孩子在嬉戏或哭闹时进食。[①]

西安市某小学学前班6岁男孩谢某于4月3日11时许到大伯家与5岁的堂弟谢某某玩耍，他站在一个小木凳上，将头伸入院内一棵约1.6米高的柿树上拴着的一个塑料绳套内，试图扮演《聊斋志异》剧中的"鬼相"，不料小凳被踢翻，他身体悬空，痛苦挣扎。待堂弟谢某某进房取出剪刀剪断塑料绳，谢某已脸色青紫。虽被随后赶到的家长急送医院抢救，但终因过度窒息身亡。

一些家长为了在孩子面前树立自己的权威，让孩子听话，就去体罚孩子。实际上，要给孩子安全，就不能对孩子施暴。

打孩子是万万不可以的。众所周知，体罚孩子是法律不允许的；而且从人体科学的角度来讲，孩子身上的任何部位都不能打。心理学研究表明，父亲经常打女儿，会造成女儿缺乏自尊、自爱和自信，在青春期容易出现早恋，还会使女儿数学成绩差；父亲经常打儿子，会造成儿子逆反心理强，不愿服从社会规范，或者退缩、幼稚，缺少男子气；母亲经常打儿子，会造成儿子缺少自信心、挫折感强、多疑、没有安全感等。也就是说，打孩子不仅不能解决问题，还会带来新的心理问题。

有人喜欢用巴掌拍孩子的后背，殊不知，人的神经系统主要分布在后背的脊椎骨中。击打孩子的后脑或后背都可能因为猛击、强压、震动而造成其中的某些神经受损。这些神经受损有时

---

① 民彦:《暑假孩子的危险期》,《家庭文摘报》,2005-07-25。

不易马上被发现，当发现时已造成无法挽回的后果。

有人认为孩子的屁股肉厚不怕打，可以让孩子暂时听话，但问题是，孩子心里并不清楚什么是对，什么是错，何况坐骨神经正在屁股部位上，被重打受损后，后果不堪设想。据研究，童年经常挨“屁板”的人们更容易产生侵略性、反社会的行为，更容易虐待配偶和孩子。

有人喜欢拧孩子的脸蛋和耳朵，然而脸部有敏感的三叉神经，一旦受了伤害，会造成五官变形。小孩的耳朵神经末梢反应非常敏锐，拧耳朵用力过大过猛，会损伤“听宫”“听会”等穴位，造成耳膜损伤或耳神经受伤而致聋。

给孩子安全，就不能体罚孩子，因为滥用体罚不仅对孩子的身体没有好处，还会使孩子产生一种错觉，就是弱者应服从强者，暴力可以解决问题，这是极为不利的。英国从2005年1月开始生效的一项新法案规定，允许父母对子女作温和惩戒，但如果体罚子女过重，如导致子女身体红肿或留下伤痕，家长要面临最多5年监禁的刑罚。我国的《未成年人保护法》也规定，体罚孩子会受到惩戒。

家长们在举起手打孩子的同时，可别忘了这一举动也许会给你的双手戴上镣铐。

四、把“温室”的门窗打开

在没有明智的家庭教育的地方，父母对孩子的爱只能使孩子畸形发展。这种变态的爱有许多种，其中主要的有：1. 娇纵的爱；2. 专横的爱；3. 赎买式的爱。

——苏霍姆林斯基

一位动物学家对生活在非洲大草原奥兰治河两岸的羚羊群

进行过研究，他发现，东岸羚羊群的繁殖能力比西岸的强，奔跑速度也不一样，每分钟要比西岸的快13米。对于这些差别，这位动物学家曾百思不得其解，因为这些羚羊的种类和生存环境都是相同的，它们全属羚科类，都生活在半干旱的草原地带，饲料来源也一样，全以一种叫莺萝的牧草为主。有一年，他在动物保护协会的赞助下，在东西两岸各捉了10只羚羊，把它们送往对岸。结果，运到西岸的10只一年后繁殖到14只，运到东岸的10只还剩下3只，另外7只被狼吃了。这位动物学家明白了，东岸的羚羊之所以强健，是因为它们附近生活着狼群；西岸的羚羊之所以弱小，正是因为缺少了这么一群天敌。没有天敌的动物往往最先灭绝，有天敌的动物则会逐步繁衍壮大。大自然中的这一悖论在人类社会也同样存在。换个角度讲，真正使罗马帝国灭亡的正是因为没有了强大的对手。秦朝建立不久就迅速覆灭，可以说也是出于同样的原因。因此，在现实生活中，没有必要憎恨你的敌人。若深入思考一下，你也许会发现，真正促使你成功、让你坚持到底的，真正激励你、让你昂首阔步的，不是顺境和优裕，不是朋友和亲人，而是那些常常可以置人于死地的打击、挫折，甚至是死神的威胁。现实就是这样，造物主不会让人处处一帆风顺，没有困难、没有厄运，甚至连愤怒和烦恼都没有的人，是不会成为强者和栋梁的。

《人民日报》曾刊载过一篇题为“温柔的禁锢”的文章，文章说在山东有位小学一年级的女生不慎迷路。在她回家之后，忧心忡忡的母亲就辞职在家专门“照看”女儿，女儿不再外出，不再与他人交往，如此整整21年。结果，虽然替孩子遮去了所有的风雨，女儿的智力却从此再也没有发展过，29岁的成人，心智仅相当于8岁的孩子。为孩子营造这样“纯净”的环境，无疑把孩子成长过程中所需要的种种有效的环境刺激都隔离了。现在一些条件比较富足的家庭，将家精心营造为星级“温室”，将子女作为“小皇帝”“小公主”供着，风不能吹，雨不能淋，以至于有的孩子在阳光下多站一会儿就晕倒，少穿件衣服就生病。

父母的过度保护已经使孩子越来越无知，越来越无能。2005年7月12日《人民日报》载：“记者对银川部分中小学生进行随机采访显示，孩子们对‘苦’日子的概念非常模糊。当一名五年级学生听说农村孩子吃不饱饭时，吃惊地问：‘饿了为啥不吃巧克力？’”

“知心姐姐”卢勤介绍，一次，她带领几十个城市的孩子到齐齐哈尔市的扎龙自然保护区参加夏令营，第二天早上发鸡蛋，一个二年级的小姑娘眼巴巴地盯着一个煮熟的鸡蛋，不知怎么下手。一问才知道，每天早上都是妈妈给她把鸡蛋剥好了，因此她只见过“白的软软的鸡蛋”，不知道“黄的有硬皮的”也是鸡蛋。

专家指出，这是发生在独生子女的父母身上的“关怀强迫症”，即一个人特别需要别人依赖自己，总是爱向别人提供一些不需要的关怀，从而使别人不能独立，当别人依赖自己的时候，他就会感到满足，感到自己有价值。这实际上是家长爱的一种变态。

毛女士的女儿今年已是大三的学生，在外地一所重点大学读书。女儿从小到大，都被毛女士百般呵护关怀着，比如，从幼儿园到小学，到初中，再到高中，做女儿的连一双袜子都未曾洗过，更不用谈她的衣、食、住、行、用了，甚至女儿与什么样的同学相处，如何同老师打交道等，做妈妈的都要为之“献计献策”，实行全方位的“保护”政策。据毛女士讲，直到现在她还保持每天对女儿的短信遥控。她说：“我也觉得自己这种做法有点过分了，但这已经成习惯了。”

中国有句古训:“庭院里驯不出千里马。”家长应该放弃包办孩子一切的观念,“温室”养花只会让孩子对与外界交往产生恐惧心理。家长应该放手让孩子去经历挫折,让他们自己去解决成长中出现的一些小问题,培养他们健全、独立的人格。同时,让孩子多参加体育活动,如打球、游泳、跑步等,体验大自然的魅力,激发孩子的活力,形成健康向上的心态。

五、培养孩子独立生活的能力

什么是教育?教育就是帮助学生学会自己思考,做出独立的判断,并作为一个负责的公民参加工作。

——哈钦斯

一个民族如果不自立、不自强,就很难立足于世界民族之林;一个国家如果不自立、不自强,就会有被侵略的危险;一个人如果不自立、不自强,就很难在竞争激烈的社会中生存。

“人类通过劳动获得独立。所谓独立,就是不需别人的帮助而能独自做某事。儿童一旦获得了独立,就能迅速取得进步。否则,其进步就十分缓慢。”[①]培养孩子的独立自主意识,不仅是让孩子养成良好的生活习惯,更重要的是要让他们明白独立生存的意义,形成良好的自立品质。常听一些家长相互交流育子经验,交流过程中一个共同的遗憾是,现在的孩子依赖性太强,缺乏独立生活的能力。好多孩子,离开大人的照应,简直寸步难行。自立、自强一直是中华民族的传统美德,一个人通过自己的劳动获得的成果不仅会给本人带来好处与幸福感,更重要的是它会体现出一个人的价值。郑板桥有句给儿子的临别赠言:“流自己的汗,吃自

① 蒙台梭利:《蒙台梭利幼儿教育科学方法》,任代文译,人民教育出版社,1993年,第93页。

己的饭,靠天靠地靠父母,不算是好汉!”作为父母,解读郑板桥的这句话就应明白,孩子要成为“英雄好汉”,必须从小多动手、多流汗、多吃苦,让他们体验生活的困苦、劳动的艰辛。

孩子独立意识的培养,首先取决于父母对待孩子的态度。幼儿期的孩子,不像婴儿期的孩子,他们总是想表现一下自己,什么事情都想自己完成。吃饭时,他会嚷嚷着自己吃,穿衣时也要坚持自己穿。作为家长,最好的办法就是要积极鼓励和加以引导,而不能什么都包办代替,不要这也不放心,那也不忍心,而要大胆放手。18世纪英国哲学家洛克说过:“不要叫自己的孩子在软床上睡觉,要叫他们把各种硬铺都当做他们的软铺——因为在探险的时候,是不能自带软铺的,战争中就更不待说了。如果孩子学会了睡硬铺,那就用不着再教他,他是一辈子都会习惯睡软铺的。”①

当然,对小孩子来说,父母理应关心爱护他们,但不能溺爱;要适时帮助孩子,但不能大包大揽,使得孩子除了学习之外一无所能。“孩子能够做的事情,让他们自己尽量去做。对孩子总是手把手教、指手画脚,把嚼碎的饭送到嘴边喂食,长此下去,他们自己主动独立地学习是不可能的。要相信儿童有惊人的力量,要尊重他们。”②现在很多家庭在教育孩子时存在“唯读书论”,使得很多学生从小到大只知道读书,从不接触日常劳动,生活自理能力极差,甚至于上了大学,还需要父母或者保姆的伺候。

在大学校长国际论坛上,一位中国的校长讲了这样一件事情:一位刚入学的大学生,妈妈在家把他所有的衣服都编上号,哪天穿哪件,写得很清楚。一天,天气骤然变冷,这个学生依然按照妈妈的编号穿衣服,只穿了件薄衣服,结果被冻感冒了。他

---

① 约翰·洛克:《教育漫话》,傅任敢译,北京,人民教育出版社,1963年,第25页。

② 小原国芳:《小原国芳教育论著选》上卷,刘剑乔等译,人民教育出版社,1993年,第398页。

很不满意，打电话问妈妈：“为什么让我今天穿这件？”妈妈抱歉地说：“实在对不起，我不知道今天天气会变冷。”如此包办，孩子毕业后走向社会父母又该怎么办？

有教育专家曾这样告诫家长：“那些衣裳褴褛、鞋袜不整，自己舍不得看一场戏，一味抱着慈悲心肠为儿女牺牲一切的父母，可以算得上是最坏的教育者，这是父母送给儿童最可怕的礼物。”随着社会物质生活条件的改善，人们已普遍不愁吃和穿。于是一些父母不是努力地培养孩子的自强意识，而是让孩子的吃喝应有尽有。古言道：“溺爱难成才，宠儿多不幸。”家长们过于殷勤地为孩子创造优越的物质环境，实际上是将他们送入了不幸的境地。

现在，一些家长为了孩子能专心学习，自己承包了给孩子做饭、洗衣、打扫房间、整理床铺等工作，殊不知，这既忽视了劳逸结合的科学道理，也不利于孩子养成生活自理能力。即使孩子有了劳动的兴趣和欲望，一些家长也马上予以打消，认为：孩子能干什么，还不是帮倒忙？而有一些家长却拿金钱刺激孩子的劳动欲望，无形中给孩子以误导。

《北京晨报》曾报道，家住兰州市的周女士日前收到从北京寄来的一个邮包，同事们都很羡慕她，以为周女士在北京上大学的儿子给她寄来了小礼物，只有周女士哭笑不得。“哪里是什么礼物呀！是儿子穿脏的衣服，寄来让我洗！”周女士说：“都怪我溺爱呀！孩子从小除了学习，什么都不干！”

21世纪对孩子提出的“四个能力”之一就是“学会生活”的能力。很多家长乐此不疲地为孩子奉献一切，往往忽视了最重要的东西，就是如何把孩子培养成为一个拥有独立思考和独立行动能力的人，怎样把孩子锻炼成一个能在社会上游刃有余地去生活的人。

我在加拿大山区驾车旅游，经常看到路边竖着一块牌子，上面写着“A fed bear is a dead bear”，意思是“被喂饱的熊是死熊”。刚看到时不太明白到底是什么意思，为什么熊被喂饱了反而是死熊了呢？就问同车的伙伴，伙伴说：过去很多人在路边看到熊，就十分好奇，从车里扔东西给熊吃，熊尝到了“甜头”后，就老在路边等人施舍食品，慢慢就失去了觅食的本领，到冬天没有人喂食品时，有的熊就会被冻死、饿死。所以加拿大政府在路边竖了很多提醒人们的牌子，告诉大家，把熊喂饱了，实际上是把熊喂死了，所以说“A fed bear is a dead bear”。这件事又让我想起了科学家所做的一个试验，把一批白鼠分成两组：一组白鼠每天都被喂得饱饱的，它们吃完了就睡，睡醒了再吃；另一组白鼠每天只喂半饱，因为吃不饱，这组白鼠只能到处寻觅食物，东奔西跑。半年后，科学家看到的是：每天吃得饱饱的白鼠不是得病了，就是死掉了，而那些到处寻觅食物的白鼠却很健康地活着。原因不言而喻，没有吃饱的白鼠在寻觅食物的过程中，既锻炼了身体，又增强了自己的适应能力、提高了免疫力，所以拥有了健康和活力。很多为人父母者，出于对子女的过分爱护和关心，也正在把孩子当做喂饱的熊或白鼠对待。现在的很多学生，从小到大，除了会读书，此外一无所能，既没有独立思考的能力，也没有独立行动的能力，一旦被放到陌生的环境中就完全不知所措，变得茫然而无助。究其原因，多是因为从小被溺爱。很多父母完全不明白，对于孩子一生的成功和幸福而言，到底什么是最重要的。他们为孩子把一切都准备好：做饭、洗衣、打扫房间、接送上学，甚至帮着孩子把铅笔都削好了，就是忘了最重要的东西：如何把孩子培养成一个拥有独立思考和独立行动能力的人，一个今后在社会上能够勇敢地打拼并取得成功的人。亲爱的为人父母者，请不要把你们的孩子养成被喂得饱饱的熊或白鼠，这样做只会把他们送上失败的人生道路。让我们保留一点动物的本能，只有给他们更多的机会自理，才能有日后他们更坚强的自立。说到底，强壮的体魄、健全的人格、不断提高的生存能力，才是立足社会不可或缺的基本素质，而这些是“喂”不出来也是不能被给予的。[①]

六、为孩子的“异想天开”喝彩

儿童的记忆力最强，所以想象特别生动，因为想象不过是扩大的或复合的记忆。

——维柯

想象力是人们在感知、记忆的基础上，对已有的知识、经验进行重新组合，创造出新形象的能力，是智力活动的一部分。

“儿童的好奇心，只是一种追求知识的欲望，所以应该加以鼓励，不独因为它是一个好现象，而且因为这是自然给他们预备的一个好工具，他们可以用以除去生来的无知。他们如果不好问，无知就会使他们变成一种愚蠢无用的动物。”[②]孩子常常借助想象对类似事物进行推断，从而帮助自己认识事物，发展创造力。孩子们的小脑瓜里有五彩缤纷的世界和千奇百怪的念头，他们常常想飞上天空，想潜入蚁穴。这种丰富的想象力不仅是打开知识宝库的钥匙，而且对提高孩子的艺术修养意义重大。一些成年人由于岁月的磨砺，丧失了不少想象的空间，而孩子无拘无束，充满幻想，凡事要问个为什么。

---

① 俞敏洪：《想象力答案》，《新东方英语》，2006(1)。

② 约翰·洛克：《教育漫话》，傅任敢译，教育科学出版社，1999年，第102页。

爱迪生幼年时对一切事物都充满了强烈的好奇心，在他的脑袋里，装满了无数个为什么，而且总问一些稀奇古怪的问题，人们都认为小爱迪生的脑袋有点怪。一天，爱迪生像发现了天大的稀罕事似的，一溜烟跑回家问："妈妈，那只鸡把蛋放在身体底下干什么呀？"

母亲连忙放下手中的活，告诉他："那是在孵小鸡。"

"什么叫孵小鸡？"

"孵小鸡就是让鸡娃娃从蛋壳里钻出来。那些像毛绒球一样的鸡娃娃，全是他们的妈妈用自己的身体孵出来的。"

爱迪生似懂非懂地点点头说："把鸡蛋暖和暖和，小鸡就会出来了。"

一天早饭后，爱迪生在父亲的仓库里做了个"窝"，放上鸡蛋，认真地蹲在上面孵起小鸡来。他居然饿着肚子整整孵了一天，直到晚上父亲才在仓库里找到他。这一接近荒唐的行为并未受到父母的嘲笑与责难，相反，他们认为孩子身上有一种难能可贵的探索精神。

家长要保护和支持孩子的这种想象，尤其是一些孩子的"异想天开"，家长们更应该支持。这是一百多年前发生在国外一个律师家的故事：一个小孩，跟父母一起逛公园时，问道："树为什么朝天上长呀？""蚂蚁会不会说话呀？"做律师的父亲马上意识到这孩子对自然科学感兴趣，便经常领他去听科学讲座。一天，父亲让他画一个插满秋菊的花瓶。儿子满纸画的都是几何图形：花瓶是梯形，菊花成了大大小小的圆，还有大小不同的三角形。父亲一看，大笑起来，夸赞儿子想象独特，并觉得儿子有数学天赋。从此，引导孩子学几何和代数。这小孩就是詹姆斯·克拉克·麦克斯韦，后来成为英国著名的物理学家，是电磁理论的奠基人。麦克斯韦的父亲能从儿子提出的幼稚问题和近乎可笑的绘画中,及时发现孩子的兴趣特长并进行科学的教育,尽可能给其发展创造条件,为他的成功奠定了基础。

有些家长认为,孩子的想象只不过是不着边际的空想。其实,这是认识上的误区。孩子的想象力需要大人的培养,需要正确的引导,家长要给孩子创设激发想象力的家庭氛围,要给孩子自由创造的机会,要培养孩子对周围事物的新奇感和敏锐的观察力。而我们的家长过分重视孩子的学习成绩,对孩子的好奇心、想象力却忽视不管。一项对全国31个省、自治区、直辖市的近1.6万名大中学生和香港特区3000名大中学生进行的“全国青少年创造能力培养系列社会调查”结果显示:其一,当代青年的创造观念和创造行为构成矛盾。大多数被调查者在认为创造发明对社会、个人有极重要的意义的同时,认为自己有好奇心、富有创造力、有自信心、意志力较强的人仅为4.7%。其二,面向新世纪的新能力严重缺乏。仅有14.9%的人认为自己正在培养被公认为新世纪必备的探究能力、对新事物的想象力和收集信息的能力。其三,青少年科技动手能力差。参加过“小发明”等活动的青少年仅占33%。其四,思维模式传统,思维定势太强,过于尊崇权威。①

多年前,一位穷苦的牧羊人带着两个年幼的儿子替别人放羊以维持生计。一天,他们赶着羊群来到一个山坡,这时,一群大雁鸣叫着从他们的头顶飞过,并很快消失在远方。小儿子问他的父亲:“大雁要往哪里飞?”父亲回答说:“它们要去一个温暖的地方,在那里安家,度过寒冷的冬天。”他的大儿子眨着眼睛羡慕地说:“要是我们也能像大雁一样飞起来就好了。”小儿子也对父亲说:“做个会飞的大雁多好啊!”

---

① 仲松义:《中国孩子敢向新世界发问吗?》,《燕赵都市报》,1999-04-23。

牧羊人沉默了一下，然后对两个儿子说：“只要你们想，你们也能飞起来。”

两个儿子试了试，并没有飞起来，他们用怀疑的眼光看着父亲。牧羊人说：“让我飞给你们看。”于是他飞了两下，也没有飞起来。牧羊人肯定地说：“我是因为年纪大了才飞不起来，你们还小，只要不断努力，就一定能飞起来，到任何想去的地方。”父亲的话使两个儿子产生了飞起来的梦想，并坚持不懈地努力。一天，牧羊人带回一个小玩具，用橡皮筋作动力，使它飞向空中。两个儿子觉得很好玩儿，照着仿制了几个，都能成功地飞起来。他们因此兴致倍增，并产生了造能飞的机器的想法，经过反复实验，世界第一架飞机诞生了。

他们就是莱特兄弟。[①]

七、叫停“孩子是父母梦想的实践者”

父亲们一个普遍的缺点，就是要孩子替他们争气。

——罗素

据调查，不少家庭在确立对孩子的教育目标时，很大程度上取决于父母的意志，他们总是根据自己的经验和喜好作为依据，而很少考虑孩子的实际能力水平以及社会的需求，很少考虑现实的可能性。

“我们的错误往往会落在儿童身上，并给他们带来不可磨灭的痕迹。我们终将死去，但儿童却要承受因我们的错误造成的后果。”[②]目前，我国爷爷奶奶一辈大都受过“文革”之苦，有的因

① 卢勤：《告诉孩子，你真棒》，武汉，长江文艺出版社，2004年，第92页。

② 蒙台梭利：《童年的秘密》，单中惠译，京华出版社，2002年，第5页。

家庭贫困，失去了求学和立业的黄金时机，从而把自己未能实现的理想寄厚望于子女和孙子、孙女，千方百计让他们接受最好的教育。于是，有的节衣缩食买来乐器，有的为他们请家教开小灶……

西谚说：“你可以把马拉到河边，却无法迫使它饮水。”强调的是激发学生学习兴趣、动机，唤醒学生学习愿望的重要性。萌菲夫妇是一对音乐发烧友，可惜两人小时候家境都不好，没能受到系统规范的教育和培养。他们非常相信遗传的力量，所以，他们把希望全寄托在了宝贝女儿身上，又买钢琴又请家教，自己还时不时亲自上阵指导，目的是圆自己的音乐梦。偏偏女儿好动，不太喜欢音乐，总是坐不住，就像钢琴凳子上长了钉子，一会儿要上厕所，一会儿要喝水，一会儿要拍皮球、要抱洋娃娃。萌菲夫妇为了能使女儿专心练琴软硬兼施，可没少费工夫，甚至动用拳头，但一切无济于事，女儿一听练琴就噘嘴，甚至到了夜里有时候被梦吓醒，仍喊着：“我不要练琴，我不要练琴！”萌菲夫妇很不能理解，自己小时候做梦想拥有的东西，女儿竟丝毫不感兴趣。这实际上是大人将自己的爱好强加于孩子身上的典型事例，没有从幼小的孩子角度出发，忽视了孩子也是有自己的兴趣和爱好的，忽视了孩子是用自己的思维去考虑问题的。

华东师范大学心理学教授桑标指出：我国家庭中成人围着孩子转的“小太阳”现象，其实只能是独生子女教育的表面现象；在教育方面，父母将自己的意志和愿望强加于孩子身上的“大太阳”现象，似乎更普遍。[①] 这种“大太阳”现象主要表现在：忽视孩子成长的环境，漠视孩子的成长规律，不考虑孩子的兴趣特长，一厢情愿地要求孩子做什么样的人，干什么样的事，考什么样的学。在日常生活中，总是习惯拿成人标准要求孩子做事、待人，对孩子的成长喜欢进行横向比较，而忽略纵向比较。

① 桑标：《父母“任性”给孩子的心理伤害》，《家庭教育》，2005(06)。

有一篇风靡全美国的文章《不体贴的父亲》，作者是李文斯登·劳奈德。他用忏悔的语言写出了自己对孩子的过分期待与责难。文章写道：

听着，我儿，在你睡着的时候我要说一些话。你躺在床上，小手掌枕在你面颊下，金黄色的鬈发湿湿地贴在你微汗的前额上。我刚刚悄悄地一个人走进你的房间。几分钟之前我在书房里看报纸的时候，一阵懊悔的浪潮淹没了我，使我喘不过气来。带着愧疚的心，我来到你的床边。

我想到了太多的事情了。我儿，我对你太凶戾了。在你穿衣服上学的时候我责骂你，因为你只用毛巾在脸上抹了一下。你没有擦干净你的鞋子，我又对你大发脾气。你把你的东西丢在地上，我又对你大声怒吼。

在吃早饭的时候，我又找到了你的错处。你把东西泼在桌上。你吃东西狼吞虎咽。你把手肘放在桌子上。你在面包上涂的牛油太厚。在你出去玩而我去赶火车的时候，你转过身来向我挥手，大声地说："再见，爸爸！"而我则蹙起眉头对你说："挺起胸来！"

晚上，一切又重新开始。我在路上就看到你跪在地上玩弹珠。你的长袜子上破了好几个洞，我在你朋友面前押着你回家，使你受到羞辱。"袜子是要花钱买的——如果你自己花钱买，你就会多注意一点了！"你想，我儿，做父亲的居然说这种话！

您还记得吗？过了一会儿，我在书房里看报，你怯怯地走进来，眼睛里带着委屈的样子。我从报纸上面看到了你，对你的打扰感到不耐烦。你在门口犹豫着。"你要干什么？"我凶凶地说。

你没有说话，但是突然跑过来，抱住我的脖子亲吻我，并且带着上帝赐予你的心，而我的忽视也不能使之萎缩的爱，用你的小手臂又紧抱了我一下。然后你走开了，脚步快速地轻踏楼梯上楼去了。

我儿,你离开了以后很久,报纸从我手中滑到了地上,一阵使我难过的强烈的恐惧涌上了我的心头。习惯真是害我不浅。吹毛求疵的申斥的习惯——这是我对你作为一名男孩的报偿。这不是我不爱你,而是对年轻人期望太高了。我以我自己年龄的尺度来衡量你。

而你的本性却有那么多的真善美。你的小小的心犹如包含并照亮群山的晨曦——你跑进来并亲吻我晚安的自发性冲动显示了这一切。今天晚上其他一切都显得不重要了。我儿,我在黑暗中来到你的床边,跪在这儿,心里充满着愧疚。

这只是个没有太大效用的赎罪。我知道如果我在你醒着的时候告诉你这一切,你也不会明白,但是从明天起,我要做一名真正的爸爸。我要做你的好朋友,你受苦难的时候我也受苦难,你欢笑的时候我也欢笑。我会把不耐烦的话忍住。我会像在一个典礼中一样不停地庄严地说:“他只是一个男孩——一个小男孩!”

我想我以前是把你当做一名大人来看,但是我儿,我现在看你,蜷缩着疲倦地睡在小床上,我看到你仍然是一名婴孩。你在你的母亲的怀里,头靠在双肩上,还只是昨天的事。我以前要求得太多了,太多了。①

八、为培养孩子的动手能力而“懒惰”

溺爱孩子的双亲应该记住:每件事都替孩子做,不希望孩子做什么事,这对他们是有害的,孩子通常不需要娇养,他们要能

① 戴尔·卡耐基:《人性的弱点》,于川译,中国文联出版社,1995年,第162页。

尽职负责的双亲，过度的溺爱与娇养只会给他们的人生带来侮辱。

——利斯

美国哈佛大学的学者威特伦花费了40年时间，追踪观察了256名波士顿少年，结论是：从小爱劳动、能干事的孩子成年后，与各种人保持良好关系的比例比不爱劳动的孩子多两倍，收入多5倍，失业为十六份之一，健康状况也好得多，生活过得美满充实。

中国的传统是前30年看父敬子，后30年看子敬父。孩提时代，许多家长围着"小皇帝""小公主""小太阳"转，从穿衣脱鞋到吃饭睡觉全程包办，不但不让孩子动手，反而剥夺了孩子锻炼的机会。现在的一些孩子从小"两耳不闻窗外事，一心专读圣贤书"。他们在家里的唯一任务就是努力学好功课，一切与此无关的都算是"闲事"，享受着"衣来伸手，饭来张口"的生活。他们对生活的体验像张白纸，全身心地投到升学、上重点学校的努力中去。

在《中国现代科学家的故事》一书中有一段大科学家张香桐教授在招收研究生时和应考学生进行的一段对话。

"你的手表坏了，找谁修？"

"到钟表店去修。"

"你家的桌子坏了，找谁修？"

"爸爸会木工，爸爸修。"

"那你桌上的台灯坏了，找谁修？"

"找电工修。"①

……

虽然这名学生各科成绩都非常出色，但这段对话之后，张教授非常失望。他感慨地说，不愿动手的人，是无法进行科学研究的。

---

① 艾丹青：《有趣好玩的科学等着你来玩》，《浙江日报》，2007-04-17。

“教育的最高目标就是激发主动性，培养独立性。从广义上讲，这就是一切教育的最终目的。”[①]做家长的给孩子最大的礼物，莫过于培养孩子自觉独立的动手能力。首先要教育孩子在生活上能自理，要尽早让孩子学会自己吃饭、穿衣、洗脸、洗脚，自己洗手绢和袜子，自己整理和保管玩具，收拾自己的床铺。尽管孩子开始会洒一身饭或汤，会系错纽扣，会洗不干净让大人返工，但仍要坚持放手让孩子亲自去做、去尝试、去练习，千万不要替他做。做得越多，孩子的依赖性就越大，越无法照顾自己。生活上早独立的孩子，学习上也有计划，一般不需要别人的监督、督促，自己就能完成。

常听人说，手巧的妈妈往往养出笨孩子，手快的妈妈养出慢孩子。说的都是家长的过分包办使得孩子的锻炼机会遭到剥夺，从而能力下降。

德国人的动手能力很强，这与德国人的家庭教育内容有很大关系。在德国，孩子的劳动义务明明白白地写进了法律：6岁以上的孩子必须帮助父母干家务。家庭生活中一项主要工作是家务劳动。以往，要求孩子做家务被认为是极其正常的事情，但现在的孩子却越来越缺少这种锻炼了。帮父母做家务与其说是为了减轻父母的劳动量，还不如说是为孩子提供一个锻炼动手能力的机会。家务事细细碎碎，多种多样，有些重复太多显得单调无趣，家长要注意引导。培养孩子的动手能力，最简单的是从干家务杂活开始，让孩子学会擦桌、扫地、洗水果、洗碗筷。随着年龄的增长，要让他参与一切家务活动，要让他树立一种观念，那就是，家中的每个成员，都应分担一份家务，这是一种责任，也是一种义务。这样不但有助于提高孩子的做事能力，增强其成人意识，而且还会使孩子学会尊重父母为家庭所做的每一分努力；不但能使劳动与学习有效结合起来形成劳逸结合的好习惯，

① 第斯多惠：《德国教师培养指南》，袁一安译，人民教育出版社，1990年，第85页。

还能使孩子在劳动过程中创造性地发现一些劳动技巧，掌握一些劳动技能；不仅能够使孩子有一种主人翁的责任感，还使得孩子在父母的夸奖之下产生自信心，是培养孩子良好品质的重要途径。

印度著名诗人泰戈尔说过："鸟翼系上了黄金，这鸟便永远不能在天上翱翔了。"[①]家长要鼓励孩子多动手，为了孩子有动手的机会，不妨让自己"懒"一下。

九、为培养孩子的节俭意识而"吝啬"

谁在平日节衣缩食，在穷困时就容易渡过难关；谁在富足时豪华奢侈，在穷困时就会死于饥寒。

——萨迪

勤俭节约是中华民族的良好品德。任何资源都是有限的，如果一味奢侈浪费，不加珍惜，就会耗尽资源，甚至威胁到人类的生存。

对孩子从小进行节俭意识的培养，进行艰苦朴素品德的教育，是十分必要和重要的。这不仅仅是因为节约可以使家庭生活富足，而且是因为节约能培养孩子终身受益的精神和品德。如果孩子从小就养成了铺张浪费的习惯，学会了骄奢淫逸、挥金如土，那么长大后，他就会以逸待劳，就不知道尊重别人的劳动成果，就体会不到劳动的价值，就无法想象生活的艰辛，就不能面对任何挫折，就不能在社会中游刃有余地生存。因此，从小培养孩子的节俭意识显得异常重要。

英国有句谚语："节约便士，英镑自来。"美国的中学生有句口号："要花钱，自己挣！"美国的青少年从小时候起，不管其家

① 泰戈尔：《飞鸟集》，徐翰林译，天津人民出版社，2010年，第88页。

里多么富有,从12岁起就开始自己挣零花钱。男孩子要么给邻居修剪草坪,要么送报纸,女孩子则会选择去做保姆挣零用钱。父母从不让他们养成奢侈浪费的习惯。

培养孩子的节俭意识,做父母的首先要学会节俭。法国18世纪伟大的哲学家霍尔巴赫说过:"一个邪恶的父亲只能造就堕落的儿女;一个腐败的社会所能提供的榜样只适于腐化心灵和精神。"[①]现代社会,一些年轻的父母自己终年穿着工作服,却把孩子打扮得花枝招展;自己早晨吃咸菜泡饭,啃凉馒头,把牛奶面包全留给孩子。但令人不解的是,父母节俭,孩子不仅不领情,而且还产生了非分的要求。毛泽东同志对子女要求很严,期望也很高,他对子女的教育很有特点。毛岸英、毛岸青小时吃饭将饭粒掉在桌上,毛泽东立即让孩子捡起来吃掉,并时常给他们朗诵"锄禾日当午,汗滴禾下土。谁知盘中餐,粒粒皆辛苦",以这首古诗教育孩子从小养成勤俭节约的好习惯。世界船王包玉刚对自己的四个女儿说过:一个人有一双鞋就够了。这句话包含着他深刻的期望,希望孩子们认识到节俭的重要性。两次获得诺贝尔奖的居里夫人是俭朴生活的典范,被人笑称为"总像一个匆忙的贫穷妇人"。她和皮埃尔·居里结婚的新房子里只有两把椅子,正好一人一把。居里觉得两把椅子未免太少,建议多添几把,为的是来了客人好让人家坐一坐,居里夫人却说:"有椅子是好,可是,客人坐下就不起来啦。为了多点时间搞科研,还是一把不添吧!"她的毛料旅行衣,竟穿了二十年之久。

孩子们不节俭,除了父母疏于教育孩子之外,一个重要的原因是受社会上攀比风气的影响。现在的孩子爱攀比,已成了不争的事实。如果孩子们能把"攀比"运用在学习和做人上,那是一件天大的好事;如果把攀比的重点放在吃穿打扮上,做家长的

---

① 伍义林:《霍尔巴特伦理思想体系初探》,《郑州大学学报(哲学社会科学版)》,1990(5)。

可一定得当心。

一些教育专家指出，现在的孩子，“食品消费，向广告看齐；人情消费，向大人看齐；服装消费，向名牌看齐；美容消费，向明星看齐”。可以说，总结得恰如其分。对于孩子们的这种攀比心理，家长要因势引导，而不能一味纵容和满足。一组调查显示，67%的家长对孩子的要求是有所求必满足。家长的这种做法，造成孩子的索取欲和虚荣心极度膨胀，使孩子们渐渐远离了亲情，变得贪婪与自私。为了孩子们的身心健康发育，家长们既不要过分溺爱，有求必应，也不要显阔露富，让孩子做家庭富裕的标签；既不要攀比消费，喜新厌旧，也不要存补偿心，通过满足孩子的种种要求来弥补自己当年穷苦生活的缺憾。

微软总裁比尔·盖茨虽然贵为世界首富，但他在如何合理花费方面却给自己的孩子们树立了典范。有一句话叫“豪门出败子”，盖茨深切认识到金钱可能给孩子带来的负面影响甚至是伤害，宁可将大笔的钱捐献给社会慈善机构，也不愿多给孩子们一分钱让其随意挥霍。盖茨和妻子向社会捐款十分大方，对子女却十分“吝啬”。他曾多次公开宣称：“我不会给我的继承人留下很多钱，因为我认为这对他们没有好处。”在他的家教影响下，盖茨的孩子虽然出身豪门，但自幼养成节俭的作风，他们懂得：一切只能靠个人奋斗去赢得。不仅如此，盖茨还通过言传身教，给孩子们树立了一个生活极其朴素、不奢靡浪费的父亲形象。一次，盖茨和一位朋友驱车同往希尔顿饭店开会，由于去迟了找不到车位，朋友建议就把车停在饭店的贵宾车位，盖茨却极力反对：“这可不是个好价钱，要花12美元呢。”对于身为微软总裁的盖茨来说，12美元真正是无足挂齿的，但这位天才的商人却深深懂得，哪怕只是很少的几元钱甚至几分钱，也要让它对社会发挥最大的效用。盖茨的行为昭示我们，一个人只有用好了自己的每一分钱，才能做到事业有成，生活幸福。也只有受过这种教育的孩子,长大后才能真正独立地挑起生活、奋斗的重担。

反观我们现在的家庭教育,有许多是与盖茨的教子原则大相径庭的。我们的许多父母,对于视为掌上明珠的独生子女,唯恐生活上吃苦受累;或者自己当年确实历经了磨难,如今想在孩子身上寻求补偿,于是在孩子面前出手无比大方:孩子对金钱的要求几乎是有求必应,新年压岁钱一给就是几百上千元,他们常不离口的一句话就是:“老爸的这些财富将来还不都是你的!”这样无形中给孩子灌输了一种观念:自己将来无须怎样努力,照样可以过得很好。于是,一幕幕悲剧由此上演:由自幼挥霍金钱始,以步入歧途、违法犯罪终。正所谓“成由勤俭败由奢”,如此的父爱、母爱,是爱之愈切,害之愈深。

为了孩子将来的健康成长,在如何教孩子花钱问题上实在含糊不得,请多学学比尔·盖茨的“吝啬”。①

十、为孩子的成长注入赏识的“糖分”

教人者,成人之长,去人之短也。唯尽知己之所短而后能去人之短,唯不恃己之所长而后能收人之长。

——魏源

现在绝大多数家庭只有一个孩子,于是父母怕孩子将来发展不好,使得眼光一直盯在孩子的缺点上,产生一种输不起的心态。心理学上有一种“确认放大原理”,家长目光盯在孩子哪一方面,就会把这一方面的特点放大。如果家长老是盯着孩子的缺点不放,就会放大缺点,发现不了孩子身上的任何优点,以至于在责难中导致孩子教育的失败。如果一个孩子生活在宽容和融洽之中,他就学会了理解和合作。如果你爱他,那么你首先要

① 鹤静静:《学学盖茨的“吝啬”》,鹤静静老师新浪博客,2012-06-13。

学会赞赏他。

教育家威廉·詹姆士说过："每个人最深层次的渴望，就是得到赏识、尊重，得到重视！"教育学、心理学研究表明，人的潜能开发充其量不足10%，每个孩子的生命都存在巨大的可能性。所以，哪怕天下所有的人看不起你的孩子，做父母的也要眼含热泪地拥抱他、亲吻他、赞美他，为自己创造的生命喝彩！实践证明，激励与赏识能培养孩子的自信，而自信是能力的催化剂，信心能把人的一切潜能调动起来。发现孩子的优点，并适时地给予激励和赞美，便可使丧失信心的孩子恢复自信，使努力奋进的孩子更有力量，使表现不好的孩子改过自我，使自卑自闭的孩子重扬新生的风帆。

罗杰·罗尔斯是纽约历史上第一位黑人州长，他出生在纽约声名狼藉的大沙头贫民窟。在他就职的记者招待会上，罗尔斯对自己的奋斗史只字不提，他仅说了一个非常陌生的名字——皮尔·保罗。

1961年，皮尔·保罗被聘为诺必塔小学的董事兼校长。当时正值美国嬉皮士文化流行的时代，他走进大沙头诺必塔小学的时候，发现这儿的穷孩子比"迷惘的一代"还要无所事事，他们旷课、斗殴，甚至砸烂教室的黑板。当罗尔斯从窗台上跳下，伸着小手走向讲台时，皮尔·保罗说，我一看你修长的小拇指就知道，将来你是纽约州的州长。当时，罗尔斯大吃一惊，因为长这么大，只有他奶奶让他振奋过一次，说他可以成为5吨重小船的船长。他记下了这句话，并且相信了它。从那天起，纽约州州长就像一面旗帜。他的衣服不再沾满泥土，他说话时也不再夹杂污言秽语，他开始挺直腰杆走路，并成了班长。在以后的四十多年间，他没有一天不按州长的身份要求自己。52岁那年，他真的成了州长。[①]

---

① 杜悦：《是什么让穷孩子成为州长》，《家庭文摘报》，2004-08-02。

赏识孩子,除了在嘴上常说“你真棒”,在手上常竖大拇指外,必要的奖励是不可缺少的。作为孩子的家长,当孩子做了一件好事,学习上取得一些成绩时,该如何奖励呢?选择适当的方式,给孩子适当的奖励,有利于促进孩子继续提高成绩,发扬乐于助人、爱学习、爱劳动、爱钻研的品德。但一定要注意,不宜使用不切实际的赞美语言,不要使用不当的奖励手段。

与此同时,家长一定要意识到,一味地夸奖赞扬孩子并不是什么好事,应该找一些机会锻炼他们的心理承受能力。“积极的鼓励比消极的刺激来得好,但是鼓励法也不可用得太滥,滥恐失其效用;刺激法若使用得当,也是很好的,不过只可偶一为之而已。”[①]现在的独生子女家庭因为只有一个小孩,常常是所有的人都夸他、疼他、说他好、赞他棒,时间一长,孩子的心里就会有种优越感,总是不切实际地觉得自己什么都好、都对,受不得半点委屈。日本的家长鼓励孩子时,往往只是说:“加油啊!好好干!”至于如何做,一般只字不提。对于平时成绩不错,一次考试中成绩不理想的孩子来说,自己的失利已经使他很丧气,心里一定会很难受,如果这时家长再对孩子提出批评的话,会使他更加难过,这样做的结果会适得其反。这时,正确的做法是对孩子进行耐心的鼓励,不妨以朋友的口气说:“谁都会有失败。不要灰心泄气,下次努力,你会考得很好!”同时帮助孩子分析这次没考好的原因,让他自己对出现的错误和失误进行反省。

一些家长总喜欢对孩子进行奖励,但对孩子进行语言和物质上的奖励要把握好以下几个原则。

首先,明确奖励的目的是要有利于孩子积极上进。少年儿童对世界充满好奇,求知欲强,好问、勤学、善思,家长要针对儿童的这些特点施行奖励,如为其购买连环画册、少儿文学、科普读物等,多增加智力投资,使他们心中学有榜样,引导他们探索

---

① 陈鹤琴:《陈鹤琴教育文集》上卷,北京出版社,1985年,第613页。

知识,更加勤奋学习。

其次,奖励要有利于孩子特长的发展。家长应该了解孩子的特长,并帮助孩子发展其特长。如孩子擅长绘画,不妨将奖励的重点放到与绘画有关的用具、活动上。

再次,奖励孩子要切忌奖吃、奖穿、奖钱。商品经济的发展,使人们更加认识到金钱的重要性,社会上拜金主义思想多少会对孩子有些影响。如果家长再以钱、吃、穿作为对孩子的奖励,势必激发孩子对金钱的追求欲和占有欲。

总之,奖励应成为孩子积极向上的动力,这才是奖励本身的意义。

十一、为孩子的不当言行来点苦涩的惩罚

犯了错误应当受到惩罚。但是他们之所以应受到惩罚,并非因为他们犯了错,而是要使他们日后不再犯相同的错误。

——夸美纽斯

世界上没有哪个孩子不犯错误。孩子做错了事,家长要适时进行批评。但批评孩子要讲艺术性,而不是打击他,贬低他,损伤他的自尊心,因为简单、粗暴的批评不仅不能使孩子意识到自己的错误,相反会使他产生逆反心理。尤其要禁止使用威胁、辱骂、体罚、冷嘲热讽、强迫、关禁闭等过激行为。首先,大人在批评孩子时,要保持冷静的态度,要将所要讲的道理想清楚,要将事实的来龙去脉搞清楚,不要一遇孩子犯错,就暴跳如雷,就歇斯底里,就大吼大叫。其次,批评孩子要适时、适度。适时、适度,就是指批评孩子时要看准时机,把握分寸,孩子犯了错误,通常是要及时批评的,但不能操之过急,要根据孩子的个性、年龄、犯错的动机、错误的程度和性质等进行适时、适度的批评。

一次问卷调查中有这样一道题:“孩子犯错误时,您对孩子说的第一句话是什么?”接受调查问卷的53%的父母回答是:“你看某某多好,你有他(她)一半,我就知足了。”[①]从中可以看出,父母对孩子的评价往往采取的是与其他孩子的横向比较,而不是孩子本身前后的纵向比较,这种比法,往往会挫伤孩子的自尊心。一个孩子从小到大,要经历无数次的、各种各样的评价,其中父母的评价是最为关键的。

有句话说:“小树不修剪,长大木弯弯。”教育家斯特娜夫人是美国宾夕法尼亚州匹兹堡大学的教师,她对女儿进行品德教育时,借助美丽、公正的“仙女”娃娃来奖励或惩罚女儿。女儿维尼夫雷特如果做了好事,第二天早上醒来时,她的枕头旁边就会放着“仙女”给她的各种各样好吃的东西。假如她做了错事、坏事,第二天早上起来时什么也得不到。如果女儿晚上睡觉时把衣服叠放整齐,“仙女”会时不时给她换套新的漂亮衣服;如果女儿把玩具随便乱扔没去收拾好,“仙女”就把这些玩具藏起来,使她几天内不能玩这些玩具。为了使女儿养成良好的品行,她给女儿绘制了品行表,一周一张。内容主要有13项:服从、礼节、宽大、亲切、勇敢、忍耐、真实、快活、清洁、勤奋、克己、好学、善行。每当女儿做了符合这些项目的事情,她就在那一栏贴上一颗金星;反之,她就贴上一颗黑星。

批评是要讲究艺术的。批评过于严厉,可能使孩子自卑畏缩,也可能引起孩子的反抗和不满情绪;不闻不问,放任自流,又会使孩子随心所欲,缺乏自制力,将来难以适应社会生活。正确的批评,应该是使孩子明白为什么错了,并不再犯类似的错误。要注意批评的内容应涵盖思想道德、安全教育、基本生活习惯等方面。日本教育家多湖辉曾回忆他在上中学时一次挨批评的经历,很有启发意义。他说,他曾因为不满当时学校的严格管理,

---

① 卢勤:《过多的指责,带来孩子的无措》,《三湘都市报》,2004-07-17。

便约了几个伙伴偷偷破坏了学校的部分财产。因为当时的学校制度非常严格，所以事发后他已经做好了退学的思想准备。而校长却把他们叫到校长室，流着眼泪说了一段话："太令人遗憾了。我现在什么也不说，想必你们也在反省自己吧？希望你们能再一次反思一下自己所做的事情。"[①]校长宽容的批评，深深刺激了当时的他们。为此事，他们进行了深刻的反省。

不能当众训子。生活中有所谓"当面教子，背后教妻"，但这种说法并不可取。现在孩子自我意识非常强，非常看重"面子"，如果当众给他批评，他会担心自己在同学面前丧失尊严。批评自尊心强的孩子最好是单独进行，不要让孩子当众丢脸，不要伤害他幼小的心灵。批评前，先说说他的优点，这样，孩子对大人的批评会心悦诚服，乐于接受。批评的重点只对事不对人，不要过分强调孩子的过失，重点应放在如何改正上。父母批评孩子时态度要和善，切勿居高临下咄咄逼人，使孩子产生反抗心理。批评时切不可啰嗦，应简单扼要，对准错误的要害，严肃认真地进行教育，孩子一旦有错，要立即批评纠正，如果错误发生已久，再进行批评，孩子会莫名其妙。同一错误，绝不可因父母情绪的关系，时而批评，时而放任，这样会使孩子难辨是非。不要以为一次批评孩子就会彻底改正，如有重犯还要坚持耐心说服。只要孩子领会了批评的意思而有悔改之意，就要原谅他，终止这次批评。每次批评都应以爱护孩子、培养孩子良好的品行为出发点，并充分相信孩子能改正错误。

再次，批评孩子时要注意方式方法，不要火上浇油，不能不问青红皂白，不能讽刺挖苦。批评的方式要以批评的效果为目的。古人云："数子十过，不如奖子一长。"有时可以用以奖代罚的方式对待孩子的过错。

---

① 庐隐：《中学时代生活的回忆》，《英语世界》，2011(5)。

陶行知先生在育才学校当校长时，发生过这样一件事。一天，他在校园里看到男生王友用泥块砸班上的其他男生，陶行知当即喝止了他，并让他放学后到校长室去。

放学后，王友早早站在校长室门口准备挨训。陶行知走过来，一见面却掏出一块糖果送给王友，并说：“这是奖给你的，因为你按时来到这里，而我却迟到了。”

王友惊愕地接过糖果。随后，陶行知又掏出一块糖果放到他手里，说：“这第二块糖果也是奖给你的，因为当我不让你再打人时，你立即就住手了，这说明你很尊重我，我应该奖你。”

王友更惊愕了，他眼睛瞪得大大的，不知道校长想干什么。

陶行知掏出第三块糖果放到王友手里：“我调查过了，你用泥块砸那些男生，是因为他们不守游戏规则，欺负女生；你砸他们，证明你很正直善良，且有跟坏人做斗争的勇气，应该奖励你啊！”

王友感动极了，他流着泪后悔地喊道：“陶……陶校长，你打我两下吧！我砸的不是坏人，而是自己的同学啊……”

陶行知满意地笑了，他随即掏出第四块糖果递给王友，说：“为你能正确认识错误，我再奖励给你一块糖果，只可惜我只有这一块糖果了。我的糖果奖完了，我看我们的谈话也该完了吧！”

多么高明的校长！他用以奖代罚的方法触动了孩子的心灵。你会给犯错误的孩子四块糖吗？[①]

如果孩子蛮横任性，不讲道理，打架骂人，对人无礼，破坏物品，就要对他进行惩罚。不过，父母尽量不要打骂、吓唬和体罚孩子。可采用以下几种惩罚办法。

---

① 章剑和：《从四块糖谈批评的艺术》，《内蒙古教育》，2007(7)。

1. 剥夺机会。如果孩子随便乱扔乱砸玩具，不听劝阻，父母就应把玩具藏起来，使他在一段时间内失去这件玩具。又如游戏时孩子欺侮了同伴，父母可以禁止他与同伴游戏，直到他觉得寂寞并请求允许他和小朋友一起玩。如果孩子说脏话，屡教不改，父母可以剥夺他的快乐——不让他看电视，假日不带他出去玩，不和他游戏，不给他讲故事，不买已答应好给买的玩具和图书等，以示惩罚。

2. 态度语言暗示。父母的态度和语言也可用来对孩子进行责罚。孩子会从父母的语气、音调、表情、态度中觉察出对他行为的不满、伤心和失望。

不要光听孩子口头的认错就很快饶恕孩子，而要他用行动改正。因为，只要有一两次很快饶恕了他，他就会一件错事还未了结，又大胆地去干另一件错事。

十二、正确对待孩子在家中的“地位”

家庭关系紧张，父母专制，不尊重孩子的人格，不讲民主等因素直接影响孩子的学习与人生。

——爱德华

著名社会学家费孝通认为，夫、妻、子女三点在家庭中构成了一个三角，它可使家庭处在“三角稳定”中，因此有孩子的家庭不易破裂。

家庭教育是双向的，因为在家庭教育过程中，未成年人个体不是消极的、被动的接受者，他们可能很好地接受来自父母或其他年长者的教育影响，也可能对这种教育影响无动于衷，甚至想方设法加以抵制。这是因为他们也是独立的个体，是家庭成员中不可或缺的主体，因此，他们希望得到属于他们的“地位”。

“在一个管束型的家庭里，儿童没有任何权利；在一个溺爱型的家庭里，儿童拥有一切权利；一个健全的家庭则属于这样一种类型，即儿童和家长享有平等的权利。”①如果一家人总是围着孩子转，孩子并不会意识到这是家长对他的爱护，相反以为这是理所当然的，如果父母没有及时满足他的要求，他就很不满意。长期下去，孩子会意识到自己是长辈的宠儿，好吃、好喝、好玩都得归他，劳累的事都由别人代办，心目中只有自己。

相反，如果家庭里孩子一直被忽视，父母认为孩子年龄小，不应参与家庭事务等，就会让孩子产生不公平心理。美国社会学者甘斯经过调查分析，把亲子关系分为三种类型：一是以成人为中心的家庭，这类家庭表现出父母的意愿占的比重大，而子女应适应家长的要求，表现出比较专制的特点。实际上，家长专制式教育会扼杀儿童的创造力。瑞士洛桑大学研究人员说，他们的最新研究显示，过分严厉的专制式教育会扼杀儿童的创造力，导致他们学业失败。二是以子女为中心，这类教育的特点是父母会照顾孩子的自主性，但处理不当会形成溺爱。三是成年人指导下的家庭，家中的责权都比较明晰，是比较开明的家教模式。研究人员在调查500名12岁至15岁学生及一些教师和家长后发现，撇开家庭的社会地位和经济水平不谈，家长的教育风格对子女的发展和学习起着决定性作用。学习成绩优秀的学生往往和家长关系良好，甚至参与家庭事务的决策；成绩差的学生则几乎都是在管教严厉的家庭中成长起来的，而且家长的教育方式较为粗暴。②

美国费城一所幼儿园的教师不像中国的教师偏向吼骂方式，他们责备小孩子时一定会蹲下身子，使自己的眼睛与小孩子

---

① 尼尔：《萨默希尔——一种激进的儿童教育方法》，杨汉麟译，华中师大出版社，1960年，第107页。

② 冉云飞：《父母专制教育扼杀儿童创造力》，中国家庭教育网，2006-07-28。

的眼睛处于同一个高度，然后握住孩子的手，轻轻地和他们说话。无论哪位老师，无论任何事情，都采取这种方式。他们认为，视线接近孩子，会拉近与孩子间的距离，会使孩子觉得平等。

孩子们会因种种原因，显示出他们的差异：要么胆小怕事，要么聪明伶俐，要么在以后职业显赫，要么长大后职业平凡。作为家长，要一视同仁，要尊重每一个个体的正当权益，要让他们在家庭中感受到平等。杜鲁门当选美国总统后，熟人来看望他的母亲时说：有杜鲁门这样的儿子，您一定感到自豪吧！可杜鲁门的母亲却说：是的，不过我还有个儿子，同样让我自豪，他正在地里挖土豆。这位母亲的平等观让人敬重，她不因为儿子当总统而洋洋自得，也不因为儿子挖土豆而感到惭愧。

家长对那些生来就带有残疾的孩子，更要有一颗公平的心，也要对他们的成长倾注自己的热心、爱心和恒心。

肯尼出生时，只有半截身子。肯尼的爸爸妈妈心里像被雪水泼过，凉得彻底。哭过之后，肯尼的爸爸擦干眼泪："别哭了，希望还在。"

虽然他们自己也不知道，这希望具体是什么。不过，他们开始向着希望前进了。他们最初希望，肯尼能够活下来。为此，他们带肯尼走访了许多医院，虽然医生们的诊断都不是很乐观，但肯尼的爸爸认真记录了医生的建议，细心地为肯尼进行护理。肯尼在父母的照顾下，终于活了下来。肯尼一岁半之后，医生为他做了第二次手术，虽然手术并不十分成功，但肯尼的生命至少保存了下来。之后，肯尼的爸爸妈妈希望肯尼能够自己照顾自己。这是件比较困难的事，因为肯尼腰以下的神经都没有任何知觉，普通孩子轻而易举做到的事情，他要付出百倍的努力。不过，在父母的教导下，肯尼学会了双手走路。

肯尼慢慢长大了，要上学了。为此，爸爸妈妈为他装了假肢。肯尼的父母希望他能成为一个快乐的孩子。肯尼迷上了摄影,爸爸妈妈给他买了部照相机。在他成长的过程中,他曾经接受过许多人的帮助,所以,他也非常爱身边的人。他会把身边的一切都拍摄下来,他深情地热爱身边的一切。

肯尼会帮妈妈做家务,也会洗车、剪草坪。肯尼说:“我生活中的困难和别人是一样的,重要的是找出解决问题的办法。”

肯尼的父母很欣慰,他们对肯尼的希望,肯尼全部达到了:保住肯尼,让他学会自立,让他懂得爱别人,让他快乐,让他热爱生命……其实,这也就是所有家长的希望。

对孩子的希望是加法。就像上楼梯,到了二楼,再去想三楼的事情,别一门心思地光想着顶层。没有人可以一跃而上。①

十三、正确对待不同孩子的气质差异

樱花有樱花的美,梅花有梅花的香,桃花有桃花的色彩,李花有李花的风味。百花争妍,才会有花园的美丽。

——池田大作

古语云:“甘瓜苦蒂,物不完美。”正如世界上没有完全相同的两片树叶一样,也别指望世界上会有完全相同的两个孩子。

气质是一个人在心理活动的强度、速度和灵活性方面表现出的典型的、稳定的心理特征。孩子的气质有多种类型,表现在孩子身上就有多种性格和品质。在教育孩子的过程中,要特别注意观察和了解孩子的气质类型的不同特点,然后有针对性地

---

① 理蓉:《希望就是加法》,《孩子》,2005(11)。

进行教育和引导，绝不能一视同仁，拿同龄孩子做比较。不能要求，别的孩子怎样做的，自己的孩子就一定得这样去做。清代顾嗣协曾写过："骏马能历险，犁田不如牛。坚车能载重，渡河不如舟。舍长以就短，智者难为谋。生材贵适用，慎勿多苛求。"这段话辩证地阐明了事物各有所长、各有所短的道理。

美国成功学家A.罗宾曾经在《唤醒心中的巨人》一书中非常诚恳地说过："每个个体都是不同的。每个人身上都蕴藏着一份特殊的才能。那份才能犹如一位熟睡的巨人，等待着我们去唤醒他……上天不会亏待任何一个人，他给我们每个人以无穷的机会去充分发挥特长……我们每个人身上都藏着可以'立即'支取的能力，借这个能力我们完全可以改变自己的人生。只要下决心改变，那么，长久以来的美梦便可以实现。"①

心理学将少年儿童的气质分为四种类型："兴奋型"，也叫多血质，这类气质的孩子性情暴躁，易激动，好发火，容易形成粗犷、冒失等性格；"活泼型"，也叫胆汁质，这类气质的孩子活泼好动，热情直率，精力旺盛，性情急躁，善感易变，做事有始无终，好见异思迁，有时显得鲁莽；"安静型"，也叫黏液质，这类气质的孩子性情不外露，安静、稳重，反应迟钝，沉默寡言，很少发脾气，但对人冷淡、固执，办事欠利落，性格内向；"抑制型"，也叫抑郁质，这类气质的孩子胆小怕事，言行迟缓，多愁善感，心细胆小，不爱出头露面，但心胸狭窄，神经过敏严重。正因为孩子的气质存在着较大的差异，家长在教育孩子方面应因人而异，对症下药，注意判断孩子的气质类型，分别予以正确的引导。要发现他们之间的差异，并且欣赏他们的特质。把每个孩子身上的特质和性格列出来，然后一一告诉每个孩子，他们的父母是多么欣赏他们。让他们感觉自己不能代替别人，别人也无法取代他们。不要动不动就说某个孩子是"低能儿""傻子"，因为有些孩子的智

---

①　姜筱黎：《读〈教育智慧从哪里来〉心得》，新浪博客，2012-10-09。

力潜能确实显露得较晚，或者只是生活中的事物还没能吸引他们的目光、激发他们的兴趣罢了。一旦他发现了新奇的事物，大脑立刻就会快速地转动起来。

爱因斯坦于1879年3月14日出生在德国多瑙河畔的一个犹太家庭。父亲海尔曼·爱因斯坦是一个电气工程师，母亲玻琳温文尔雅，非常喜欢音乐，弹得一手好钢琴。爱因斯坦不好动，性情孤僻，直到3岁还不会说话。他只喜欢独自静静地坐在客厅里，歪着脑袋认真倾听母亲弹奏的优美音乐。母亲看着他那聚精会神的样子，开心地笑道：“瞧你一本正经的模样，简直像个教授！嗨，我的小宝贝，你怎么不说话呀?”爱因斯坦的父亲经常带着全家人到野外去游玩，爱因斯坦也很喜欢郊游这种活动。一次，在伊萨尔河岸野餐时，其他孩子都在欢闹玩耍，爱因斯坦却独自呆呆地坐着，盯着河对岸。一位亲戚说：“小爱因斯坦太严肃，是不是有什么问题?”爱因斯坦的母亲为自己的孩子辩解道：“他是沉静的，因为他常常在思索。等着吧，总有一天他会成为教授。”从爱因斯坦的母亲对待孩子的态度上我们可以看出，作为家长，不要拿一种僵化的、片面的眼光去衡量孩子，不要对一些智力发展较慢、气质不同的孩子过早贴上不好的标签，要用发展的眼光来对待孩子。

蔡元培先生说得好：“因而知教育者，与其守成法，毋宁尚自然；与其求划一，毋宁展个性。”①

① 蔡元培：《蔡元培教育文选》，人民教育出版社，1980年，第49页。

十四、重视兴趣的力量

如果这孩子的兴趣和热情一开始就得到顺利发展的话，大多数孩子将会成为英才或天才，这就是早期教育。

——木村久一

兴趣能产生巨大的力量。兴趣是人的精神对特定对象的喜爱与趋向。诺贝尔物理学奖得主丁肇中说过："成为一个杰出的科学家最重要的，第一是要对科学有兴趣，认为从事的科学是你一辈子唯一的乐趣，其他的都是次要的。假如你没有这个信心的话，你就不应该从事科学研究而应该做别的事。"①

兴趣是一个人对客体的选择性态度，是在需要的基础上形成的。人的需要有生理方面的和心理方面的，当需要得到满足时，就产生情绪的快感，这种选择性态度即为兴趣。兴趣会随年龄的增长而有所变化。兴趣是儿童成才的动力。要使儿童适应环境，对生活充满热情，就要善于培养儿童的兴趣。广泛而稳定的兴趣，能开阔眼界，使人知识丰富、精神生活充实、精神愉悦，并能开发智力，应付多变的环境。长期稳定的兴趣，能促使人勇于探索，战胜前进路上的挫折和阻碍，使人爆发出创造性的智慧。据说，有一次爱因斯坦上物理实验课时，不慎弄伤了右手。教授看到后叹口气说：唉，你为什么非要学物理呢？为什么不去学医学、法律或语言呢？爱因斯坦回答说：我觉得自己对物理学有一种特别的爱好和才能。

兴趣对幼儿的学习活动更为重要。幼儿的理想、信念尚未形成，因而学习的动力多靠已形成的兴趣来提供。兴趣多是直

---

① 薛志彬：《浅析物理自学能力的培养》，道客巴巴在线文稿，2013-01-05。

接的,如看电影后学习英雄的美德,模仿其言行等。发展积极兴趣,对提高学习效率十分重要。教育学家乌申斯基说:"没有兴趣的强制性学习,将会扼杀学生探求真理的欲望。"兴趣是一个人走向成功的开始,有人总结世界上数百名诺贝尔奖获得者的成功因素,其中之一就是他们对所研究的科学事业充满浓厚的兴趣。

"我们不要忘记儿童的兴趣,它绝不同于成人的兴趣。我们如果想利用儿童的兴趣,就必须认识儿童。要引起儿童的兴趣,首先必须了解儿童的精神状态,认识儿童的心理内容;其次,必须准备必要的材料。"[①]无论是谁,持久地从事一项无兴趣的活动,不仅难成功,而且有损身心健康。首先,利用直接兴趣培养间接兴趣,是培养孩子兴趣的有效途径。如孩子喜欢玩"开汽车"游戏,我们可利用他们对汽车的好奇心理,培养他们对汽车的兴趣并学习有关汽车方面的知识。培养广泛的兴趣,让孩子掌握多方面的知识,才能有效地发展智力。其次,要培养孩子兴趣的持久性,这是掌握知识、开发智力的必要条件。孩子只有培养了学习兴趣,才能不断积累知识,才能促进智力发展。兴趣分为积极兴趣和消极兴趣。消极兴趣是学习的障碍,能腐蚀孩子的意志。而积极兴趣才是促进孩子勤奋向上、健康成长的有利因素。

十五、重视榜样的力量

世界上最有力的论证莫如实际行动,最有效的教育莫如以身作则。

——傅雷

人们常说:"孩子是看着父母的背影长大的。"榜样是一种示

---

① 德克乐利:《比利时德克乐利的新教育法》,崔戴阳译,中华书局,1932年,第26页。

范教育。孔子说："其身正，不令则行；其身不正，虽令不行。"在家庭教育中，父母在孩子心目中的榜样形象是很重要的，这是家庭中最权威的教育手段，它比只用言语教育孩子更有力。"有人以为家庭不过是吃饭、睡觉的处所，与儿童教育没有关系。其实家庭是造人的基本工厂，要想制造有学问、有道德的好人，需看家长是否是有学问、有道德的好人……"[①]

孩子的眼睛是摄像机，孩子的耳朵是录音机，孩子的心灵是空磁盘，随时随地记录着家长的言行。宋代思想家张载说过："勿谓小儿无记性，所历事皆能不忘。"[②]对小孩子来说，他们的行为举止大多是模仿来的。为此，父母要特别注意自己的一言一行、一举一动，力争以身作则。应时时留心自己的所作所为，严格要求自己，防止成为不良的榜样影响孩子。生活中，父母的言行都在潜移默化地影响着幼儿，在不知不觉中，孩子已经学会了父母本不想让他们知道的和不想让他们学习的东西。教育家洛克说过："务必接受一个毋庸置疑的真理，无论给孩子什么样的教训，无论给孩子什么样聪明而文雅的训练，对他们的行为发生最大影响的很显然是他周围的同伴，是他看护人的榜样。"[③]

贝贝在幼儿园特别不爱吃青菜，尤其是芹菜。老师与贝贝的妈妈沟通时才知道，贝贝的妈妈自己就不爱吃这些有"异味"的青菜，家中也从不买这类菜吃。其实，家长总埋怨孩子挑食，却往往忽视了症结是源于自己。

榜样的力量是无穷的。古谚说："有其父必有其子。"家长的形象，在幼小孩子的心目中是最崇高的。张老师带着孩子上街时，孩子随手将雪糕纸扔在大街上。张老师没有言语，当着孩子的面默默地把自己吃的雪糕纸扔进果皮箱，孩子见了，忙捡起他

---

① 晏阳初：《晏阳初教育论著选》，人民教育出版社，1993年，第36页。

② 孟宪承：《中国古代教育文选》，人民教育出版社，1983年，第255页。

③ 卢勤：《给孩子做个好样子》，"知心姐姐卢勤的博客"，2007-07-30。

扔的那块雪糕纸，投入了果皮箱。这类无声的身教远远胜过责骂与批评。家长所从事的职业，更是让孩子感到骄傲。他们会不自觉地加以模仿，甚至以此为荣，从小立下大志。

古语道："父母耕读子孙贤。""老子偷瓜盗果，儿子杀人放火。"足见在家庭教育中，耳濡目染的巨大作用。父母的言行举动都将在儿童洁白无瑕的心灵上铭刻下难以泯灭的痕迹。

美国著名心理学家杰拉尔德·帕蒂森，通过多年的研究发现，不称职的父母一般有以下八大特征：家中缺少明确的规则；命令含糊不清；没有时间观念；不考虑后果；以威吓为手段；忽略孩子的好行为；缺乏与孩子共享欢乐的意识；婚姻不和。[①] 父母的种种不称职行为，常常会在潜移默化中影响孩子。

一些父母常以为孩子小，不懂事，在孩子面前做了许多错误的示范，殊不知孩子看在眼里，记在心上，不声不响地把许多坏毛病都学了，当长大了有自己的价值观时，便开始看不起父母，行为叛逆起来。"如果教育者个人有很多的缺点，那么，任何的方法都是没有用的。"[②]

作家北野写过一篇文章，说他到英国一个朋友家去做客。这位朋友有个3岁的孩子，非要跟北野一起洗澡。北野就搪塞敷衍说，你先洗，我一会儿就去和你洗澡。阿姨给孩子洗完澡后，北野没去，孩子就哭了，说北野欺骗他。孩子的妈妈当即就跟北野急了，责问他既然答应和孩子一块儿洗澡，怎么能欺骗孩子呢？这件事使得北野当时很没面子，也使他真正知道了在外国人眼里，父母应该如何给孩子做榜样。

---

① 吴明：《不称职的父母》，《父母必读》，1992(12)。

② 马卡连柯：《马卡连柯选集》，第4卷，吴式颖译，人民教育出版社，1975年，第400页。

在当今社会，光用拳头棍棒管教孩子已经行不通了，父母必须以身作则，首先赢得孩子尊敬，继而让孩子产生信赖与崇拜，让他们去模仿，最后达到教育的目的。

我是一个爱“唠叨”的妈妈，可随着孩子年龄的增长，我的唠叨不起作用了。

北京申奥成功后，青岛办起了迎奥运的英语学习班。我和儿子同时报名参加了英语学习。刚开始，因为学习内容比较简单，英语课上儿子还能发言。但随着课程的加深，碰到的困难多了，儿子就不发言了。我看在眼里，急在心里，就不断督促他举手。谁知儿子竟没好气地说：“你老叫我发言？人家大人也有发言的，你也在这儿上课，有本事你发言让我看看！”

说实在的，我参加英语学习班纯粹是为了陪儿子，自己只想当个配角，而且我的英语基础很差。但是，儿子的话却时时在我的耳边响起。是啊，为了儿子，也为了自己的尊严，我应该给孩子做个样子！于是，我平时认真预习，记单词练发音。晚上夜深人静的时候，清晨孩子还在甜睡的时候，我都在背英语单词，读句子、短文，直到能够背诵。一段时间后，我终于战胜了自己。课堂上，我勇敢地站起来回答问题，并能和老师交谈。我发现，在我发言的时候，儿子的小眼睛一直紧紧地盯着我。在激动、兴奋的同时，他自豪地笑了！而且，我还发现，我的行动真的带动了他，他比以前更认真地预习英语了。终于有一天，他也大胆地站了起来。我想，这就是做母亲的身教魅力所在吧！①

① 蠹木：《喊破嗓子，不如做出样子》，《时代教育》，2005(33)。

十六、谨防“智力厌食症”

孩子来自于你的身体，但并不属于你，你可以给他们爱，但不能塑造他们的思想。

——纪伯伦

所谓“智力厌食症”，就是在智力培养中，过多的智力刺激会减弱孩子的求知兴趣，妨碍他们智力的正常发展。

智力是各种认识能力的总和。一般来说，5岁以前是幼儿智力发展最迅速的时期，也是进行早期智力开发的最佳时期，如果家长在这个时期实施良好的家庭教育，孩子早期智力将得到长足的发展。

开发孩子智力无疑是父母最关心的事，智力不是“教”出来的，而是靠孩子自身的力量获得的。玩具启蒙、图书启蒙、益智故事开导等都是开发智力的好手段，但在开发孩子智力时要注意智力刺激的数量和程度。有些家长毫无选择地大量购买玩具、图书，有些家长不择时机地给孩子讲故事、灌输道理，有些家长甚至在孩子吃东西时都要孩子背单词、诵唐诗、哼歌谣乃至回答一个问题。凡事过犹不及，上述种种做法不但不能更好地促进孩子的智力发展，还会导致“智力厌食症”。

由于片面的教育影响，许多儿童原本和谐的天赋秉性受到人为的破坏，各方面发展不平衡，这主要表现为脑力活动大大地多于体力活动，在脑力活动中，认知因素的负荷大大超过非认知因素的负荷，机械记忆的承受力压倒非记忆因素的承受力。

19世纪德国著名教育家福禄贝尔曾以园丁修剪葡萄藤作比喻，要求孩子的成长不要被过分干扰。他说：“葡萄藤确实应当修剪，但修剪本身不会给葡萄藤带来葡萄。相反地，不管主观意愿有多良好，如果园丁在工作中不是十分耐心地、小心地顺应植物本身的话，葡萄藤可能由于修剪而被彻底毁灭，至少它的肥力和结果能力被破坏。”①

王医生是祖传名中医，他们家三代靠行医为生，而且医术精湛，受到大家的尊敬和认可。王医生的儿子出生后，王医生便按照祖上的经验，早早将孩子带到药房，给他指认药材，并适时讲授药理知识。虽说王医生讲得极富耐心，可儿子就是不感兴趣，而且流露出无所谓的态度。起初王医生认为孩子小，可坚持了两年，王医生觉得不来点硬的不行。于是，他每天强行将孩子带到药房，一边给别人看病，一边教儿子学些医术理论，而孩子对王医生的举动却置若罔闻，这让王医生十分不满。为了逼儿子就范，他将小孩关进储药室，房间里各种中草药的味道相互交错，异味扑鼻而来，孩子本来就小，加之害怕，味道过敏，不一会儿便呕吐不止……让王医生大为伤感的是，被放出门的儿子不但没有喜欢上中医，而且从此以后再也不踏进药房半步。

此事例充分说明，小孩的智力发展是要遵循一定科学规律的，是要考虑到孩子兴趣等非智力因素的。教育专家指出，儿童需要那些与他们年龄、兴趣及能力相适宜的图书、玩具，喜欢绝妙的谜语、生动的笑话、有趣的典故等。

十七、谨防孩子的自私心理

自私自利之心，是立人达人之障。

——吕坤

2岁以后，幼儿的自我意识开始萌芽，幼儿会有反抗、“自私”

---

① 志行天下：《福禄贝尔与人的教育》，新浪博客，2012-09-16。

的行为出现，也会抢着为父母或为自己做事。对于前者，父母千万不要以为是幼儿的退步而加以训斥，而应该采用“以退为进”的手法来化解幼儿的反抗行为，用耐心、形象的讲解来减少幼儿的“自私”表现，否则会使幼儿真的养成与人对立、自私自利的不良品质。

20世纪70年代，我国开始推行独生子女政策。自古道：“独子难教。”心理学家王树茂说，不少家长有教子之心，无教子之方，一味溺爱、娇宠，给孩子心理上带来一系列影响。这些影响突出表现在：不少孩子对人缺乏感激之情，有的孩子即使对父母也存在情感障碍。一位下岗女工，知道孩子喜欢吃虾，咬咬牙从菜市场买虾回来，做好后端上来，看着孩子津津有味地吃着，自己舍不得动一筷子。眼看孩子吃完了，妈妈忍不住想去尝一下剩下的虾。“别动！”她13岁的儿子说，“那是我的！”儿子的举动让做母亲的很伤心、很无奈。

一些父母总想方设法满足孩子的一切需要，使孩子认为什么都来得容易，对物件不爱惜，破坏起来毫不心疼。有的孩子对自己不克制，随心所欲，缺乏自制力。冰心老人曾说：“从小要培养孩子不自私的好品质，有东西与别的孩子一起享用，那样才好。我早说过，凡是自私的孩子，到学校不会是好学生，到社会上不会是好公民。一个人最怕自私。”①

许多家庭从祖辈到父辈都寄希望于孩子身上，以至于有的家长娇惯、溺爱孩子过度；有些家长畸形溺爱，无原则地满足孩子，造成孩子以自我为中心，养成骄横、任性、自私的性格。许多家庭把独生子女当做自家传宗接代的命根子，百般宠爱，可又不懂得什么叫爱、怎样去爱，认为全家围着一个孩子转，让他由着性子来，就是最疼爱了。还有些家长说，我们这一代没享受到的幸福，都得让孩子享受享受。这些都是造成孩子任性自私的

---

① 孙云晓：《让孩子像野花一样自然生长》，新浪博客，2012-02-28。

因素。

一个12岁的女孩问妈妈：为什么在屋里走动时，总像怕踩地雷似的？妈妈笑了，说楼下不是也住着一户人家吗？女孩虽然明白妈妈的意思，但她还是觉得在家里该轻松地生活。妈妈挺认真地接着说，咱们家的地板是楼下张爷爷家的天棚，走的声音大了，爷爷奶奶受不了。女孩噘着小嘴，那为什么咱家的楼上那家不这样想，他们总是把声音弄得很响？妈妈说，楼上有一个3岁的小弟弟，他要长大，蹦呀跳呀的需要运动。女孩的小嘴噘得更高了：那委屈的就该是咱家了？妈妈告诉她，能为别人着想，是天下第一等学问。

十八、谨防"高楼孤独症"

孩子健康心理的培养比对孩子身体的关心更为重要，孩子只有具备了健康的心理，才能挑战未来，走向成功。

——鲁尔·卡特

近年来，因住进高楼，缺乏心理沟通和感情交流，引起焦虑、抑郁等症状的少年儿童明显增多，这种心理疾病医学上称为"高楼孤独症"。"高楼孤独症"正成为大城市的常见现象，应引起人们的关注。

"高楼孤独症"在孩子小时候常常表现为失眠、抑郁等症状，长大后，这种"孤独症"有可能导致孩子性格上的缺陷，比如自闭、自私、过于功利等。

6岁的小武家住某高档住宅小区，父亲做生意，母亲是医生。由于父母工作忙碌，平时小武能见到父母的时间并不多，在家一般只有保姆陪着他。保姆初到城市，不敢带小武出去玩，也不敢随便放他自己下楼玩。小武每天放学后，经常一个人待四五个小时，做完作业后就看电视。久而久之，小武的母亲发现孩子开始变得胆小，怕见生人，对任何事情都很冷漠，而且动不动就发脾气。

与小武的无聊不同，8岁的小琴放学后还要忙着学画画、学跳舞、学弹琴。但不上课的时候，她总是一个人趴在28楼的窗口，或望着天空，或对着楼下的花园发呆。有时一坐就是一两个小时，性格越来越孤僻，脸色也越来越苍白。

“高楼孤独症”多发于14岁以下的少年儿童，由于高楼限制了孩子的活动范围，孩子找不到玩伴，找不到快乐，久而久之产生了心理孤独。本来就没有兄弟姐妹的独生子女在住进高楼后，只能从电视、电脑和各种玩具中寻找乐趣，或者通过电话和网络与同龄人进行不见面的交流。对此，有关专家认为，少年儿童处于渴望交往的年龄，同伴对孩子的成长是不可或缺的，也是不能替代的。这种没有肢体语言的交流毕竟是有限的，孩子在这个过程中体验不到追逐、打闹以及解决各种矛盾冲突的乐趣。

据南京市小学生心理信息采集与分析中心对该市一千多名小学生进行的一项调查发现：将近一半的孩子没有玩伴，玩伴危机正影响着孩子的健康。几乎所有被调查的孩子都说，同伴的参与会使他们的玩耍更加精彩，会使他们更加快乐。调查发现：一般情况下，43.7％的学生放学后经常和同学或邻居家的小朋友玩；节假日里，37.9％的家长会让自己的孩子和小伙伴玩；但也有46.7％的孩子经常一个人玩，他们缺乏玩伴。[①]

---

① 李延英：《“伙伴危机”影响孩子心理健康》，《家庭与家教》，2006(9)。

预防高楼孤独症，父母的作用十分重要。“一个没有时间照顾自己的孩子，没有时间让孩子在初生的几年中享受最普通的母爱的母亲，一个很少能见到自己的孩子的母亲，是不能称其为孩子的母亲的。”[①]让孩子走出孤独，关键还是在于父母的态度与做法。专家认为，家长应该多关注孩子的心理状况，有意识地为子女提供与同伴交往的条件，创造交往机会。比如，鼓励孩子带同伴或同学来家中玩，或者在周末与有同龄孩子的家庭搞一些聚会，让孩子自己去体验和感受与同伴交流的快乐。在这些活动中，让孩子自由自在地与家人、小伙伴一起玩，虽然没有什么明确的目的，但却是孩子学习和生活的重要内容。在玩中，孩子逐渐学会认识他人，认识自己，学会彼此照顾和分享。

十九、谨防“隔代教育”的弊端

教育上的错误比别的错误更不可轻犯。教育上的错误正和错配了药一样，第一次弄错了，绝不能错第二次、第三次，它们的影响是终身洗刷不掉的。

——洛克

南京师范大学教育系学前教育专家卢乐珍指出：“将三代同堂家庭的孩子与二代家庭的孩子比较，从总体上看，前者的合群性、交往能力比后者好，但在独立生活能力、自制能力、敢为性、行为习惯等方面不如后者。”[②]

据调查，中国有近一半孩子是跟着祖父母、外祖父母长大的。隔代教育确实减轻了年轻父母身上的负担，弥补了他们育

---

① 恩格斯：《英国工人阶级的状况》，《马克思恩格斯全集》，第 2 卷，人民出版社，1995 年，第 430 页。

② 胡玉：《“隔代教育”引人关注》，《扬子晚报》，1991-05-29。

儿经验的不足。老人带孩子，父母可以毫无后顾之忧地参与社会工作，这对年轻父母来说如同雪中送炭。但老人带孩子，也可能出现种种弊端。不少隔辈人看不得孩子被批评、训斥，更别说挨打了。我们不提倡打孩子，但是适度的批评和约束不可少，然而在老人的干涉下，父母往往难以管束孩子。受到过分宽容和保护的孩子，更容易养成顽劣、冷漠的性格，缺乏爱心，不懂体贴，任意胡为，不守规则。

海淀区人民法院少年法庭法官尚秀云认为，隔代教育不当也会引发未成年人犯罪，其中溺爱成为隔代教育的最大隐患。她强调，犯罪孩子的共同特点就是非常自私，没有社会责任感，这与有些孩子从小跟着隔代人生活，受到过分溺爱，家庭中缺乏约束和挫折教育有关。

尚秀云说：“在我经手办过的案子里，有一例是一名中学生因为踢球与同学发生口角，结果他回去拿了刀子把同学扎死了。当我问他为什么会犯罪的时候，这个孩子就说，从小的时候跟着姥姥，姥姥说咱在外边不能吃亏，谁要骂你，你就骂他，谁要打你，你就打他。所以他从小就不吃亏，不知道去谦让和爱护别的同学，最后酿成这种不该发生的悲剧。要追究起来，这个孩子最后的失足，都和早期教育、姥姥的教育不当有很大的关系。”①

把孩子扔给隔辈人，最后可能还会把麻烦留给自己。因为老人喜静不喜动，而且，老人的身体在一天天衰老，动作、思维越来越慢，思想不断固化，行为不断模式化，往往表现出固执、偏激、怪异的想法与言行。孩子与老人相处久了，活动节奏也跟着变得缓慢，造成心理行为和人格的偏离。小孩子长期处于这种较为封闭的生活空间和氛围中，视野会越来越狭小。有些老人怕孩子出问题，磕了、摔了不能向儿女交代，为了不出意外，严格

① 茜茜：《解决隔代教育问题刻不容缓》，老人坊网站，2007-03-28。

控制孩子的行动，不让孩子跑、跳，结果束缚了孩子的手脚，延缓了孩子的发育，甚至阻碍了孩子的认知。

正常的孩子两岁前没有归属感，两岁后逐渐才有归属感，并且越来越强烈。谁与孩子最亲近，孩子的归属感就会落在谁的身上。孩子的心一旦完全系在隔辈人身上，本应该建立在父母身上的深厚感情就淡漠了，因为隔辈人无意间夺走了子女对父母的亲情。因此，父母不管有多忙，都要尽可能多地与孩子接触，肌肤的接触、拥抱，说话时关注的眼光，都是孩子的需要。

心理学研究表明，孩子对亲生父母的情感需要，是其他任何感情都不能取代的——即使是祖父母无微不至的关爱也不能取代。在日常生活中，父母要努力减少老人带孩子的副作用，关键做到亲近孩子，多创造父母单独带孩子的环境。遇到过分保护孩子的老人，可以从两方面做工作：背着孩子提醒老人，请求老人配合；选老人不在的时候教育孩子，用算后账的形式教育孩子。老年人运动不便，父母要多带孩子外出锻炼，防止孩子动作协调性训练不足等问题。孩子将来进入幼儿园、小学，思维要和其他孩子同步，因此要注意经常对孩子进行思维训练，减少孩子将来发生心理问题的概率。

请记住：成功的家长管三代。

二十、不良社会文化环境会诱导人

把美德、善行传给你的孩子们，而不是留下财富。只有这样才能给他们带来幸福，这是我的经验之谈。

——贝多芬

调研发现，对不少孩子而言，五天学校的德育成果还来不及巩固，就可能在周末的两天或节假日中因外来不良影响而消失殆尽。虽然学校教育还有待加强，但造成“5＋2＝0”更重要的原因，是家庭教育的严重缺位和不良社会文化环境的诱导。

美国人的家教几乎与读书、学习、成绩、升学无关，而是注重“做人”，注重道德教育。相比之下，我国不少家庭中的德育常常缺失。当今一些家长要么整天酗酒、打麻将，对孩子放任自流，不闻不问；要么要求孩子出人头地，当孩子的所作所为不符合自己要求时，动辄恶言相骂，棍棒相加。父母是孩子最好的老师，他们这个样子，就无法培养出德才兼备的孩子。

李强是一名初三学生，每到周六、周日，他都会和几个同学一起去网吧“畅游”虚拟世界。他感言：“感觉自己像个英雄，没人是我的对手。可从网吧出来，又还原成普通人，面对令人发晕的书本，总是不自觉地在10分钟之后就睡着了。”“我爸妈文化水平不高，做生意又特别忙，没时间管我，每次成绩下来，他们都会发火，可就是没有办法。我也想改变，但抵抗不住那个英雄世界的诱惑。”

如何让年龄较小的孩子过好双休日，如何引导孩子自觉安排时间，让他们健康成长，是每个家长应尽的责任和义务。尤其是同样处于休息时间的家长，一方面“做父母的十分检束自己的行为，凡不许儿女做的，父母不做，且禁止家庭中任何人做”①，身先士卒，科学安排休闲、学习和生活的关系；另一方面要适时观察孩子的言行举止，对他们做得好的方面给予赏识，对他们身上的缺点和恶习要及早发现，及时矫正。

① 黄炎培：《黄炎培教育文选》，上海教育出版社，1985年，第256页。

中国共产党的创始人之一李大钊为中国革命事业做出了巨大的贡献，童年时期的李大钊却差一点走上“歧路”。

李大钊七八岁的时候正在庄西头的私塾里读书，一天中午，李老先生像往常一样，来到大门口等孙子回家吃饭。左等不来，右等不来，爷爷急坏了。原来他家对面有一座庙，经常聚集着一群人赌博。爷爷怕孩子沾染上坏习惯，曾一再警告李大钊不准到那儿去。这会儿，孙子会不会上那儿去呢？

爷爷忐忑不安地向吵吵嚷嚷的大庙走去，果然，小孙子夹在一群孩子中，正在看热闹。老人家看到眼前这一幕气得胡子发抖，扭头就回家去了。

“爷爷！”大钊终于回来了。但爷爷连看都不看孙子一眼，板着脸说：“吃饭去吧！”大钊看到爷爷的脸色，一声不吭地坐在桌旁吃饭，后悔去看了赌博。吃过饭，爷爷把他喊来，阴沉着脸问道：“你今天怎么回来得这么晚？”

“我刚才看‘扔玩儿’(一种赌博)的来着。”大钊如实说了。

“看‘扔玩儿’热闹不热闹？”爷爷又问。

“热闹。”李大钊低声回答。

爷爷点点头说：“是呀，比在家里坐着不动光念书，要热闹得多啊！可我嘱咐你的话全忘了吗？那些人空着一双手，不干活，满手铜臭味。不让你往那里去，你偏去，现在该不该罚？”

罚什么呢？爷爷望着屋外七月如火的大地，沉思了一会儿，慢慢地说道：“认错就去翻麻！”

大钊冒着烈日登上房顶，吃力地翻起麻来。屋顶上的麻，又密又厚的一大片，李大钊翻着翻着，很快就汗流浃背了。

爷爷很疼爱自己的孙子，但这疼爱并不能等于对孙子点滴过错的姑息迁就。此时此刻，当他看着孙子细瘦的胳膊举着沉重的木杈，在烈日下干着力不胜任的庄稼活，不禁心疼起来，不过他还是把握住了自己。过了一会儿，大钊的表姑来说情了，爷爷才赶忙答应说：“嗯，够时候了，快下来吧！”李大钊气喘吁吁地从房上爬下来，爷爷问道：“热不热？”“热！”李大钊回答。

爷爷心疼地叹了口气，说道：“去喝点水。歇歇吧，以后可要好好念书啦！再不要挤到那群人里去看热闹，要是学会赌博，你这一辈子就完了！”老人又给李大钊讲述了许多因为赌钱而误入歧途的例子，大钊听后，深受教育。从此，李大钊再也没有到大庙去看赌博。①

二十一、家庭教育不能只重分数

家庭是父亲的王国，母亲的世界，儿童的乐园。

——爱默生

“教育有大小两种。小的一种是学校提供的；大的一种，即具有决定性影响力的教育是各种实际生活条件提供的，特别是家庭和周围环境的条件。”②

在当今的家庭教育中，存在着严重的学校化倾向，许多望子成龙、望女成凤的家长提前向尚未入学的孩子灌输抽象的理论知识；一些对孩子寄予厚望的家长利用一切机会充当学校第二教师，使得孩子在家庭里与在学校里的生活相差无几。

教育专家指出，家庭教育学校化的倾向增加了孩子的学习负担，加重了精神压力，很容易使孩子厌学，产生逆反心理。家长的“伴读”“陪练”犹如拐棍，使孩子缺乏自觉性、独立性和主动性。在我国，家庭教育实际上已成为学校教育的延续和延伸。

① 傅科：《严也是一种爱》，中国物资出版社，2005年，第80页。

② 张晶：《杜威的教育思想》，中国大学网，2011-10-25。

做父母的把大部分精力、财力用在子女的学习辅导上，以期考出高分，考入重点小学、重点中学、重点大学并顺利出国留学。其他内容，诸如如何做人，包括诚实、勤劳等品格的培养，如何做家务，如何做到生活自理……统统要为升学让路。于是，我们不难看到这样的现象：有的孩子仅仅学习好，其他方面则全部“不合格”；有的孩子甚至暴露出极端的自私、狂妄、贪婪、毫无爱心等缺点和道德滑坡的倾向。凡此种种，无疑是由我国一些家庭在家庭教育中只重视“分数”所造成的。

有一位家长，事业有成，忙于工作，为了孩子的成长，他为孩子精心挑选了一位老师，让孩子寄宿在老师家里，和老师共同生活了6年。孩子品学兼优，当了班长，但是这位家长还是觉得很郁闷，他说有两点很糟糕：一是孩子没有任何兴趣爱好，做完作业后宁愿坐着发呆，也不愿意出去和同伴玩，说玩那些没意思。但什么东西有意思呢？没有！另外，就是孩子不敢负责任。如果成人以后也是不敢说不敢做，这样的人有什么用？

家庭教育不是学校教学的延续和延伸，家庭教育的核心应该是教孩子如何做人，即从德、智、体、劳各方面加以引导、启迪、培养、教育，使孩子得到健康成长。但愿家长能走出目前家庭教育的误区，让孩子在良好的家庭教育中得到健康的成长。当然，我们也期待应试教育能彻底改革。

二十二、培养孩子的良好习惯

知识之丰富与否，思想之发展与否，良好习惯之养成与否，家庭教育实应负完全的责任。

——陈鹤琴

一个人的品行与习惯有很大的关系，在谈到这一点时，俄国教育家乌申斯基说得好：“良好的习惯乃是人在其神经系统中存放的资本，这个资本在不断地增值，而人在其整个一生中就享受着它的利息。”而坏习惯则“是道德上的无法偿清的债务，这种债务能够用不断增长的利息去折磨人，去麻痹他最好的创举，并使他达到道德破产的地步”。[①] 从这个意义上说，习惯决定人生。

从心理学的观点来看，习惯是条件反射长期积累、强化以致成为一种“动力定型”的结果。英国哲学家培根说过：“习惯真是一种顽强而巨大的力量，它可以主宰人生。”每个人能从自己的好习惯中受益，也会因坏习惯而深受其害。中国古代的教育家们，凡是提到良好习惯的培养问题，都特别强调一个“小”字，如“少小若成性，习惯成自然”的说法就是如此。这里的“小”，实际上有两层意思：一是指年龄小，一是指从小事抓起。

习惯一经形成，就具有使动作自动化的作用。有这样一个哲理故事，一个小和尚总是丢三落四，马马虎虎，看到师兄师弟们都学得一技之长，他也嚷嚷着要学艺。师傅看到他的马虎已经成为习惯，而且屡教不改，今天吩咐的事情，明天一定就会忘；师傅思来想去，决定教他学理发，这也可以成为他以后谋生的一条路子。师傅给他讲授了理发的要领之后，就叫他拿冬瓜模拟人头练习理发技巧。

有一天，师傅惊奇地发现，小和尚在冬瓜上练习理发时，一旦有人喊他，他就会顺势将剃头刀插在冬瓜上，师傅惊出了一身冷汗。他把小和尚叫来，狠狠批评了一顿，而且再三叮嘱，以后即使有人喊你，你也要把剃头刀放在桌子上，千万不能往冬瓜

---

① 乌申斯基：《乌申斯基教育史选》，郑文樾译，人民教育出版社，1991年，第172页。

上插。可以后的日子里，小和尚依旧我行我素，中途有事，仍随手将剃头刀往冬瓜上一插。师傅多次提醒，他总是敷衍说这是冬瓜，又不是人头。小和尚离开寺庙前夕，师傅语重心长地说，你以后可一定要改掉插剃头刀的习惯呀，小和尚满口答应了。可习惯已经成了自然，他最终还是酿出了大祸，把刀插在了别人的脑瓜上！

“家庭是习惯的学校，家长是习惯的老师”。培养孩子良好的习惯，是教育尤其是家庭教育中的当务之急。当前，我国一部分独生子女身上或轻或重、或多或少地存在着一些不好的“小作风”问题，如霸道、马虎、懒散、倔犟、嘴馋、拖拉、自私等。家长应该认识到这不是孩子的品质问题，而是习惯问题。

由中国青少年研究中心完成的课题“少年儿童良好习惯的调查研究”的结果显示：当今少年儿童有八大良好习惯，七大不良习惯。八大良好习惯是指：勇于表现自己；生活比较有序；待人有礼貌；喜欢交往；做事遵守规则；爱护环境；敢于提问题并敢于发表见解，喜欢新事物。七大不良习惯则是：喜欢依赖别人；任性、做事经常以自我为中心；害怕承担责任；在交往中容易伤害别人；不爱劳动；在消费中盲目攀比、炫耀；学习不爱刻苦钻研、常常被动学习。

中国青少年研究中心少年儿童研究所所长孙宏艳总结了当前少年儿童习惯发展的三大特点。一是传统性习惯好，时代性习惯不足。如孩子在“上课专心听讲、不做小动作”等传统性习惯上做得比较好，而在自主学习、探究学习、创新学习等现代性习惯上不足。二是强调动作性习惯，忽视智慧性习惯。三是重视私人性习惯，轻视公共性习惯。[①]

---

① 孙云晓：《当今少年儿童八大良好习惯与七大不良习惯》，《家庭与家教》，2005-01-01。

习惯的内容比较宽泛,如文明礼貌的习惯、学习习惯、劳动习惯、卫生习惯、语言习惯、思维习惯等。习惯要从小培养。在生长发育期,人的可塑性最大,容易受引导,因此,良好习惯的培养越早越有效。研究发现,人的行为习惯的主要养成期是在幼儿园和小学阶段(3～12岁)。这时孩子的认知和活动范围逐渐扩大,求知长能的欲望强烈,孩子也比较听话,好好训练的话,容易养成好习惯。因此,这是培养好习惯的最佳时期。刚开始培养习惯,要以严为主,等孩子长大了,进入青春期,独立意识增强了,就要以宽为主。教育的最高境界是“不教而教”,就是让受教育者在一种和谐、自然的气氛中自然地、不知不觉地接受教育,培养习惯更是如此。

二十三、培养孩子的自卫能力

莫把心爱的儿子留在你身边,放他出外锻炼才会名满天下。

——泰国谚语

现在的家庭大多只有一个独苗,孩子的人身安全是父母最为担心的。上学放学亲自接送,回家后不许独自外出与小朋友玩,家用电器不许碰,生怕发生意外。实际上,有效的办法是教会孩子自己保护自己,提高自卫能力。

一些父母为了让孩子在日常生活中懂得自我保护,总是告诫他们一些“安全法则”,诸如“不要与陌生人说话”,遇到危险只能向警察求救,等等。然而,世界时刻在变化,许多原来看起来安全的法则有的已经不再适用。如“不要与陌生人说话”的教导就暗示孩子,陌生人都是坏人,意味着危险,而认识的人都是好人,意味着安全,这种暗示会给居心不良的“熟人”以可乘之机。如果孩子在公共场所走失,向陌生人求助极可能是孩子唯一的选择，而这一能力必须在平时与陌生人或陌生环境接触后才能获得。因此，家长可有的放矢，平时做些训练，教孩子掌握与陌生人交往的方法。

由于孩子年龄小，又好动，外出很容易被骗，又缺乏常识和防护知识，因此非常危险。父母要给孩子灌输一些保护自身安全的知识。以孩子上学为例，可以为他选择上学的最佳路线，沿途查明哪些地方可以寻求帮助和庇护；选定了的路线就要孩子坚持走，并告诉他，父母会经常检查，看他是否遵守这一规则；必要时暗中跟随孩子。国外对孩子的教育，非常重视为孩子灌输安全常识，提高自卫能力。

谢尔比·弗兰德是一名7岁的小学生，家住美国犹他州盐湖城。有一天，她正和小伙伴们走在放学回家的路上，忽然一辆红色汽车在她身边停了下来。一名陌生男子打开车门后神色慌张地告诉谢尔比，她妈妈不幸半路遇上了车祸，情况十分危急，希望能够见她一面。说罢，陌生男子拿出五颜六色的糖果哄谢尔比上车。别看谢尔比只有7岁，却是一个有主见的机灵姑娘，见对方贼头贼脑的样子，心中不免起了疑问，想起平时爸爸妈妈总教导她不要随便跟陌生人说话，于是便问了一句："你知道我的'家庭密码'吗?"陌生男子被问得一头雾水，顿时张口结舌。谢尔比见状马上大喊一声"不"，扭头就跑，朝已走到前面的小伙伴们追去。陌生男子眼瞅着自己苦心经营的一套鬼把戏竟被识破，但也只好作罢。据弗兰德先生介绍，他们家的孩子从小就被灌输安全观念，父母和孩子之间事先约定了一个被称作"家庭密码"的安全口令。[①]

要告诉孩子，有危险警示标志的地方不能去。当孩子一人

① 李杜娟：《增强孩子的自卫能力》，《家庭与家教》，2005(2)。

在家时,父母要紧锁厨房和阳台的门,不要让犯罪分子有可乘之机。让孩子知道,如果有陌生人敲门,千万不要把门打开,即使对方声称是修煤气、查水电的,或者自称是父母的亲戚朋友,甚至能叫出孩子的名字,也不要开门。告诉孩子走路要远离危房,不要在高压线底下玩耍。在马路上骑车要注意安全,遇到火情或同伴溺水不要贸然抢救。要教会孩子懂得一些基本的医学常识,如急救止血的方法。万一被人强行拐带走,要懂得找机会向当地公安机关、政府部门等寻求帮助。

留学美国耶鲁大学的朱先生,把儿子也带到国外学习。一天,由于7岁的儿子太淘气,他终于忍无可忍,扇了儿子两个巴掌。儿子马上拿起电话拨通了“911”,朱先生一看,急忙夺下儿子手中的电话筒,但信息已经传到了警察局。

警察发现报警者没有开口说话,以为发生了凶杀案,迅速派出警力赶到他家。他们动用了最完备的抓凶手段。两名警察荷枪实弹,当他们摸到朱先生家时,才发现虚惊一场。

警察坚持要带走朱先生,理由一是朱先生打孩子本身犯法,二是阻止孩子报警也是犯法。朱先生几经周折最终未被警察带走,虽然起初他觉得被儿子报警很是懊丧,可后来他也为儿子保护自我的意识所折服。

女孩的安全最令父母操心,要教她“自护”的知识和本事。“知心姐姐”卢勤在一本书里指出:

对儿童期的女孩,要告诉她“八个不要”:1. 不要贪小便宜,不要随便接受别人的东西;2. 不要跟陌生人走,自己的下身和乳房是不准异性触摸的;3. 不要把家里的钥匙挂在脖子上,要把钥匙藏好,不让别人看到;4. 放学回家不要走偏僻的地方,最好结伴而行;5. 路上发生任何事情(如受到威胁、侵害等)都要告诉父母,不要瞒着;6. 独自一人在家里要锁门,有陌生人叫门不要开；7. 遇到坏人拦截要大喊“救命”，不要怕；8. 有人在半路追你，你要往人多的地方跑，不要慌。她同时指出，对青春期的女孩，要教她“四个学会”：1. 学会防卫他人对你身体的侵害；2. 学会拒绝不良的性诱惑；3. 学会辨别不良的性引导；4. 学会抑制自己的性冲动。[①]

二十四、为孩子入小学打好预防针

我相信，不论孩子将来从事哪一种职业，都应当从小做起。真不知道有多少父母能够认识到他们给予孩子们的所谓“教育”，只会陷子女于平庸，剥夺他们创造美好事物的任何机会。

——《邓肯自传》

孩子们进入小学学习，被众多家长认为是开始了真正的学校生活，所以家长们都非常重视。

每年的七八月份，大班孩子就要离开幼儿园进入小学了，这时候也是家长们忙碌焦虑的时候。虽然从幼儿园到小学在时间上仅是延伸，但在本质上还是有所区别的。幼儿园生活在活动形式、生活环境、师生关系、教育方法等方面都和小学有着很大的不同，为了能使孩子跟上小学教学的步伐，一些家长紧锣密鼓地开始提前教孩子文化课。实际上，孩子们入学前最应该培养的是心理习惯和生活习惯。

孩子即将入小学的时候，家长们首先应给孩子的心灵减负。拿未来吓唬孩子，似乎是中国家长的通病。“如果你不学乖，就把你送到学校去！”“如果你不好好学习，将来就会像大街上的乞丐。”一些家长有意无意地把学校当做惩罚孩子的机构，动不动说

---

① 卢勤：《告诉孩子，你真棒》，长江文艺出版社，2004年，第11页。

“你不听话,就把你送学校老师管”“你还贪睡,看你们老师怎么收拾你”等,这样的话无形中给孩子造成巨大的心理压力,认为小学就是惩罚人的地方,不但不会有快乐,反而会提前对学校产生逆反心理。学前儿童心理承受能力弱,从幼儿园到小学又是孩子成长的一个“坎儿”,家长为孩子做入学前准备的方式方法如果不当,就容易造成孩子情绪异常,引发“入学恐慌症”,并由此引起连锁的生理反应,甚至会导致孩子出现失眠、神经性胃痛等成年人疾病。正确的做法是不断引导和鼓励,让孩子对小学产生向往心理,对上小学产生期待。

其次是要备齐必需的学习用品。可以帮他们选备橡皮、尺子、削笔刀、铅笔盒等文具,选买轻便、合适、能装下课本的书包以及其他一些学习用具等。

再次,家长要提前培养孩子上学的各种良好习惯。一是让孩子养成早睡早起的好习惯。不少幼儿比较贪睡,加之幼儿园作息时间相对自由,家长就需要结合小学的作息时间给幼儿进行必要的训练,要让孩子养成一日三餐的习惯,遵守“坐得住”的要求等。二是要培养孩子自己收拾书本文具的习惯。第二天上课,头天晚上要收拾好必要的书本文具。

彤彤入学初就遇到了一个小问题:上课时她老是想上洗手间,老师分析这可能是因为在幼儿园里上课时间短,而且比较自由,而小学一堂课就是40分钟,孩子一下课又光顾着玩,就忘上洗手间了。

我们当时也没有注意提前帮她调整一下生活习惯,结果一开学,就出现了这么一个小插曲。所以,我觉得,为孩子入学做准备,这些孩子生活自理方面的细节家长千万不能忽略。另外,在开学的第一天早晨,学校会破例让家长陪孩子进学校、进教室,当家长要离开教室时,不要刻意地去叮嘱什么,只要和平时一样跟孩子说“再见”就行了，不然孩子可能会因此产生别扭情绪，拖着你的裤管大哭大闹呢。[①]

曾任新浪亲子频道主编的艾樱是这样做的：提前几个月，带女儿去学校看看教室、操场，告诉她：幼儿园是小孩子待的地方，小学可以像大人一样学习了，多棒、多有意思啊！你应该像大人一样，应该这样做……艾樱的诀窍是先给孩子打心理战，因而孩子上学很顺利。

① 杨杨：《快快乐乐上小学》，《现代育儿报》，2005-08-11。

第三章

“罗森塔尔效应”
——童年期（6、7~11、12岁）

这是一个充满梦幻与瑰丽的人生阶段，他们充满了对未来的美妙遐想，同情心、责任感、自尊意识、勇敢品质……这些人类的特质如春天的生命，已在冰雪消融的原野里萌芽。给你的孩子一缕春风或一丝雨露吧，鼓励他们，培养他们的自信。赞扬你的孩子，保护他们的自尊，今天的幼苗就会长成参天大树。

——笔者手记

在教育学和心理学上有一个著名的实验,这个实验是由美国著名的心理学家罗森塔尔教授设计完成的。

他把一群小白鼠随机地分成两组:A组和B组,并且告诉A组的饲养员说,这一组的老鼠非常聪明;同时又告诉B组的饲养员说,你这一组的老鼠智力一般。几个月后,教授对两组的老鼠进行穿越迷宫的测试,发现A组的老鼠竟然真的比B组的老鼠聪明,它们能够先走出迷宫并找到食物。

于是罗森塔尔教授得到了启发,他想,这种效应会不会也出现在人的身上呢?他又来到了一所普通中学,在一个班里随便地走了一趟,然后就在学生名单上圈了几个名字,告诉他们的老师说,这几个学生智商很高,很聪明。过了一段时间,教授又来到这所中学,奇迹又发生了:那几个被他选出的学生现在真的成为班上的佼佼者。罗森塔尔教授这时才对他们的老师说,自己对这几个学生一点也不了解,这让老师们感到意外。

为什么会出现这种现象呢?是“期望”这一神奇的魔力在发挥作用。罗森塔尔教授是著名的心理学家,在人们心中有很高的权威,老师们对他的话都深信不疑,因此对他指出的那几个学生产生了积极的期望,像对待聪明孩子那样对待他们;而这几个学生也感受到了这种期望,也认为自己是聪明的,从而提高了自信心,提高了对自己的要求标准,最终他们真的成为优秀的学生。这就是著名的“罗森塔尔效应”。

“罗森塔尔效应”在家庭教育中的启示是:鼓励你的孩子,培养他们的自信,尽早激发起孩子自我完善的意向,你的期望将在很大程度上决定孩子的未来。

儿童期是人的心理形成和发展的重要时期。遗传、疾病、社会环境的不同和教育方法的不当,很容易使儿童形成不良的行为习惯甚至引发身心疾病。这个时期的孩子心理发展的基本特征是:好奇心强,求知欲旺,可塑性强,好模仿,情绪波动大,意志力差。儿童期是智力发展的最佳期。

一、自尊,孩子纯洁心灵的保护神

儿童一旦懂得尊重和羞辱的意义之后,尊重与羞辱对于他的心理便是最有力量的一种刺激。

——洛克

俗话说,"树怕伤根,人怕伤心"。对人来说,保护好自尊心是十分重要的。尊重是人类最基本的社会性需求之一,尊重的需要包括受人尊重、尊重别人和自我尊重三个相互关联的方面。自我尊重即自尊心,是相互尊重在自我意识中的反映,是对自己人格的肯定性的评价和积极的态度,是激励孩子积极向上的一种不可忽视的内在动力。它表现为充分地肯定自己的长处和成就,是一种积极的心理品质。

苏联著名教育家马卡连柯说:"我的基本原则永远是尽量多地要求一个人,也要尽可能地尊重一个人。"①强烈的自尊心可以促使人们严格要求自己,自觉约束自己,以取得他人的尊重与信任。孩子的个性与气质千差万别,理想的教育就是让每个孩子都能感受到自己的自信和尊严,让每个孩子与生俱来的个性潜能都尽可能得到发展。家长不能以大一统的僵硬模式去对待每个孩子,否则,孩子的个性势必遭受戕害。我国儿童心理学家、教育家陈鹤琴先生,有一次发现其长子一鸣披上又脏又破的布做游戏。他刚想发火训斥,就意识到发火解决不了问题,便想帮助孩子找一块干净布;但转念一想,又决定培养孩子爱干净的习惯,于是让孩子主动想办法换去了脏布。这种做法不但没有伤

① 马卡连柯:《马卡连柯选集》第4卷,吴式颖译,人民教育出版社,1975年,第274页。

害到孩子的自尊,相反,使他克服了缺点,调动了自觉性。

斯大林曾说过:“必须小心翼翼地培养人,就像园丁栽培心爱的果木一样。”[①]众所周知,青少年时期是整个生命中最光辉灿烂的一页,同时也是曲折纷繁的生活道路的转折点。他们对未来的美妙遐想,对异性的渴慕之情,对生活的忧郁,对老师的爱憎等全部情感不愿向外界张扬。

怎样保护孩子的自尊心,如何培养孩子的自尊感,是每一位父母都应当十分重视的问题。随着年龄的增长,孩子日渐懂事,也就不断需要得到家长的尊重和信任。满足了孩子的这种精神需求,他在家里就会产生欢快、喜悦的心情,就能够悦纳父母的教育,就能够以积极的心态去面对学习和生活。在这种耳濡目染的交流中,他的自尊感也会逐渐培养起来。

建立孩子的自尊要先从尊重孩子开始。史丹利·库柏·史密斯博士曾做过一项完整的自尊心研究,他的结论是:孩子对自己的看法深受母亲的影响。父母可以帮助孩子建立自信来抵挡社会压力,也可以使孩子毫无招架能力,其中的差别就在于亲子之间的互动品质。[②] 孩子若相信父母爱他、尊重他,就会容易形成自信。小孩虽然不成熟,但也是一个完整的生命个体,和大人一样有感觉,需要被尊重。尊重表示看重对方的价值。每个孩子都是具有独特天赋、气质与个性的个体。许多父母对孩子的缺点或缺陷有看法,但依然尽量小心地将这些想法隐藏起来,以免伤害孩子的自尊心,因为孩子的心是单纯的,他们总是希望得到父母和成年人的肯定,以此获得一种成功的喜悦感。心理学告诉我们,这种成功的心理感受能给人带来一种奋勇前进的勇气和力量。正如苏联教育家苏霍姆林斯基所说的:“教育的明智就在于保护受教育者,不降低他的人格,不应当使他感到自

---

① 黄建英:《既当“保姆”还要当好“医生”》,《福建劳动和社会保障》,2003(6)。

② 秦陆峰:《建立孩子的自尊心》,中国经济网,2005-03-07。

己是听凭命运摆布的一颗无能为力的尘埃。”[①]也有些家长对孩子的缺陷毫不顾及，随意指责和谩骂，严重伤害了孩子的自尊心和自信心。一个人只有怀有极强的自尊心，才会有羞耻感和强大的进取心，才会在日后的工作和学习中取得巨大的成就。因此，家庭教育要做到尊重孩子的自尊心，不得随意伤害它。

一些父母至今仍信奉“打是亲，骂是爱”的思想，他们认为，孩子是自己生的，打和骂是爱的表现，等孩子长大了，迟早会明白自己的做法和苦心的。于是，一些家长经常对孩子的不足与缺陷狠加指责，很少顾及孩子的尊严。

某报曾报道了一名中学生自杀的新闻。这名中学生天生愚钝，长得不那么好看，性格也比较倔强，而他的弟弟则聪明伶俐，长得可爱。兄弟俩在一个学校念书，哥哥比弟弟高两个年级，后来因为哥哥的功课一直赶不上去，三年内降了两级，与弟弟同班学习。

长得难看，学习又不如人，因而母亲对他是左看不顺眼，右看不喜欢，非常厌烦。母亲有时候也情不自禁地对他唠叨：“我怎么会生出你这么一个又蠢又丑的笨蛋呢？我不知道前世做了什么孽？”这些话听得多了，加之学习赶不上去，这名中学生自尊心受到严重的伤害，于是产生了强烈的自卑与自闭，直至完全丧失了生活的信心，选择了吃安眠药自杀。

儿童的心理发展随着年龄的增长而分为几个阶段，只有在每一个阶段心理发展到一定程度，才能成功进入下一个阶段，否则就会在某一环节上停滞，导致小孩成人后心理出现缺陷。而导致这种缺陷的原因之一很可能就是自尊心受到伤害。作为家长，一定要注意自己的言行，尤其是当孩子有了缺陷或者是自己

① 吴建琛：《从苏霍姆林斯基的成长看教育家的成长》，《教育论坛》，2010(4)。

心情不愉快时千万不要对孩子妄加指责。当孩子知道自己被尊重后，他也会自觉地尊重别人。孩子一旦自尊，他就会自爱，就会珍惜自己的身体，珍惜自己的生活，珍惜自己的家庭。

二、勇敢，孩子大步前行的盾牌

你若失去财产，你只失去一点。你若失去荣誉，你失掉了许多。你若失掉了勇敢，你就把一切都失掉了。

——歌德

诺贝尔物理学奖获得者杨振宁教授在国内讲学时，一位记者问道："您在国外大学教书多年，在您看来，中国留学生与外国学生有哪些不同?"杨教授回答："中国的学生胆子小，老师没讲过的不敢想，老师没教过的不敢做。"[①]

"勇敢减轻了命运的打击"，这是古希腊哲学家德漠克利特的名言。而人生常常遇到许多难题，做一个勇敢的人便不是一件易事。勇敢不能遗传，人并非天生就具备勇敢的品质，它需要培养，需要锻炼，是在生活的基础上一点一点积累起来的。

缺乏勇气的人最大的心理障碍在于自卑，做事开头总是抱有"我不行""我恐怕干不了""如果弄糟了多丢人"的思想包袱，结果无数次错过良机。其实，世界上没有生下来样样都行的神童。路都是人走出来的，人的才能都是在社会实践中干出来的，勇敢的品质也是在行动中培养出来的。克服自卑的最好训练方法就是用实际的示范说明客观事物的真相，并通过反复实践认识真相，解除主观作用的不利影响。幼儿的许多胆怯行为是因为缺乏自信心，而自信心又是建立在必要的知识和技能之上的。

---

① 郑莹莹：《诺贝尔物理学奖获得者杨振宁昨来蓉对话成都大学生》，《成都日报》，2010-09-11。

例如：孩子平时对雷电现象感到恐惧，那是因为他们缺乏相应的知识和应对能力，当老师教给他们有关雷电的自然知识，让他们掌握了“雷雨天气不能在树下避雨，否则会被雷电击倒”“不能拿金属的物品”等常识后，孩子们对雷电的恐惧心理就不那么强烈了。他们还会把这些知识告诉父母，而这更加增强了他们的自信心。

一位8岁的小女孩去教士家学刺绣，每当她走到教士家门口时，便会有一只凶猛的雄鹅朝她扑来，好几次还啄了她。女孩吓得号啕大哭，再也不肯去学刺绣。她的母亲千方百计地劝她，但她说如果没有人给她做伴，她是再不肯去学的。女孩的父亲于是找了根长长的棍子交给他5岁的儿子，说：“希望你的胆子比你姐姐大。”并告诉他如果雄鹅来了，你尽管大胆向它走去，然后用棍子狠狠打它，它就会跑掉。

小男孩跟着姐姐来到教士家，刚推开院门，那只凶猛的雄鹅便高高地伸着颈项，发出可怕的叫声向他们冲过来，男孩的姐姐尖叫着转身就跑。小男孩也想跟着姐姐跑，但他想起了父亲的话，于是闭上眼，颤抖地伸出手中的棍子在周围一通乱打，雄鹅终于害怕起来，大叫着回到鹅群中间去了。

这个小男孩后来成为德国著名的电器发明家，他的名字叫西门子。七十多年后，他在《西门子传》中说：“因为童年的一点启示，而使我终生受用，不知不觉地给了我无数次的鼓励：遇到危险不要回避，要大胆迎上去，加以痛击。”①

对孩子来说，勇敢的品质不是一天、一月、一年能获得的，需要经过不懈的努力，历经困难、挫折甚至失败才能得到。坚强的意志是成功的保证，一个勇敢的人，同时也是一个意志坚强的

① 张书玉：《西门子的启示》，《年轻人》，2002(12)。

人。他们在困难面前不后退、不低头，而是挺胸抬头，坚持向前走。日本的真锅先生是“独自旅行教育”的提出者，他产生这一理念缘于一个发现。他看到一个3岁的孩子要到外面去，因为担心孩子的安全，他本能地想去阻止孩子。可就在这一刹那，他突然想知道这个孩子究竟掌握了多少保护自我的常识与方法。于是，他看到这个孩子在确认周围是安全的情况下，从容地穿过了马路。真锅先生由此受到启发，开始了他“独自旅行教育”的研究。经过实践证明，那些被大胆放手去独立外出完成任务的孩子，会变得非常坚强和勇敢。一个在小学一年级就接受了该训练的孩子，等到他四年级的时候，就能够自己买车票，自己预订宾馆，甚至独自一个人去外国旅行。由此足以说明，孩子勇敢的品质不是先天带来的。

童年是孩子性格形成的关键时期，勇敢品质的培养绝不能采取粗暴方式，否则就会事倍功半，得不偿失。敢于承认并改正错误也是勇敢品质的一种表现。有的孩子在生活中自理能力强，很独立，在体育活动中也表现得勇敢，可是一旦犯了错误，就不愿承认，不愿接受，甚至任性、哭闹。家长要善于引导，当他改正了错误时及时表扬他，让他真正体会到，做错了事情要敢于承认并改正，这样，才是一个勇敢的好孩子。

近几年来，有报纸报道，一些家长为了锻炼孩子的胆量和勇敢精神，要么选择一些恐怖的片子让孩子看，要么让女孩亲手杀死小鸡，踩死小猫、小兔。作为家长要特别注意，不可滥用“恐怖教育”练胆量！因为恐怖的事物对人的刺激在经过一定数量达到饱和之后会有一个临界点，让人产生适应性心理，于是不觉得像当初那样害怕了；而一旦过度，就会让孩子失去对生命应有的敬畏感，使他们变得残忍、自私，甚至形成暴力心理。

培养孩子的勇敢品格，需要引导孩子正确看待生活中的困难，坚持从我做起，从一点一滴的小事做起。对于孩子而言，每一次遇到新的生活技能挑战，每一次出远门，接触到每一项新的运动竞技，都是培养孩子勇敢品质的好机会。家长要让他们敢于迎接挑战，正视困难，敢于改正自己的错误并承担起相应的责任，这样，孩子才能真正地勇敢起来。

三、正视失误，家长要善于发现孩子的优点

儿童乃是生命之花。但要使花成为好花，只有及时地用剪刀剪去那些枯枝。

——马卡连柯

古人云："人非圣贤，孰能无过；知过能改，善莫大焉。"

孩子犯错误在所难免，作为家长一定要善于发现，孩子的失败与过错是什么原因引起的，以便让孩子正视和纠正。家长应该明白，正确的东西往往是在不断总结错误中获得的。孩子的教育也一样，要允许孩子有适当的错误和失败，而家长的职责是尽量减少孩子犯错和失败的机会。

有些家长容不得孩子失败和犯错，把严格要求混同于无休止的批评和责骂，使孩子整天生活在恐慌中。

教育孩子需要耐心，需要艺术，不是等到生气时才去教育孩子。现在孩子的各种竞赛和考试非常多，而凡是有人成功的比赛，肯定就有人失败，家长要善于引导孩子转化委屈心理，让他们重拾自信，告诉他们，失败并不可怕，可怕的是跌倒了自己不勇敢地爬起来。

每个孩子身上都有闪光点，即使在他失败和有过错时，作为家长要善于发现，同时，要正视孩子的失败和过错，尽量给孩子反思与改正的机会。

前任联合国秘书长安南先生讲述过他中学老师的一则启发式教学,它曾使好多的学生从中受到教诲。它也告诉现在的家长,要尽可能地去发现孩子身上的优点,哪怕是一点,都不要放过,而不要一味去追究他的缺点。故事如下:

在非洲加纳的一所寄宿制中学里,一位老师走进教室,他先拿出一张白纸,上面有一个黑点,问学生:“孩子们,你们看到了什么?”学生们盯住黑点,齐声喊道:“一个黑点。”

老师非常沮丧:“难道你们谁也没有看到这张白纸吗?眼光集中在黑点上,黑点会越来越大。生活中你们可不要这样啊!”

教室里鸦雀无声。老师又拿出一张黑纸,中间有一个白点。他问他的学生:“孩子们,你们又看到了什么?”

“一个白点!”学生们齐声回答。

“太好了,孩子们,无限美好的未来在等着你们!”①

实际上,有些错误并不是孩子本身造成的,他的失败与过错与家庭、家长的教育方式有很大的关系,家长要多从自己身上找原因,以求更好的弥补教育效果。

江某出生在湖北省一个偏僻的小山村,大学毕业后进了县委机关做文秘,几年后被提拔为副县长,这让江某的儿子小鹏觉得自己很威风。

读初中时,小鹏成了学校最有名的“不良”学生,同学都怕他,老师也不敢对他进行管教。逃学、打架闹事、欺负同学、违反校规等,成为小鹏的家常便饭。

想到儿子的未来,江某顿感痛心失望。他对妻子说:“儿子

---

① 卢勤:《告诉孩子,你真棒》,长江文艺出版社,2004年,第264页。

变成现在这个样子，很重要的一个原因就是我这个副县长职务给闹的，他心里就是仗着势呀。所以，我想辞职，让他回归普通人家的生活，这样也许能让他转变过来。”

江某正式向市里和县里提交了辞职报告。江某想与儿子进行一次沟通，但是儿子对他的辞职非常不满，气冲冲地与他顶撞。见儿子这般样子，妻子担心江某作出的牺牲得不到回报。江某宽慰她说：“不要担心，他在外面受到打击后就会回头的。”

不出江某所料，在之后的一个多星期里，儿子开始遭受从没有过的挫折。过去跟在他屁股后面的那帮调皮学生不听他使唤了，一次和同学打架后，校方将小鹏开除了。

在家补习一段时间后，孩子变得听话懂事了，但一个新的问题出现了，江某担心这样下去儿子心理会不健康，于是和妻子郑重商量，决定带着儿子去外地打工，给儿子换一个新的学习和生活环境。

江某在武汉市某房地产开发公司打工。儿子到武汉市某中学重新读初一。有一天，江某下班途中淋了一场雨，晚上发起了高烧。夜深了，外面药店都关门了。惊慌的儿子忙前忙后，坐在床边不停地给江某换额头上的湿毛巾。看见儿子焦急的样子，江某感到很安慰。他对儿子说：“过去爸爸要是这样病了，你知道，身边会有多少人吗？”小鹏心情沉重地说：“爸爸，对不起，你是为了我才这样的。”江某拉着儿子的手说：“爸爸不是怀念过去的生活。对爸爸来说，你变好了，才是最重要的。”小鹏望着他，深深地点头。自此，小鹏开始心疼父亲了。每天下午放学回家后，看见爸爸还没回来，知道父亲又在公司加班，小鹏就主动把饭煮好，还学着炒菜，然后一边做作业一边等父亲。这让江某十分欣慰，儿子开始懂事了。

一个周六的晚上，江某参加了学校的家长会。坐在儿子的课桌前，翻看儿子各科的作业都是优秀，成绩居全班前列。不久前，小鹏被学校授予“十佳少年”的光荣称号。表彰那天，江某去了学校。看着儿子走上主席台，从校长手中接过鲜红的证书，他的眼睛模糊了。他想：如果当初不毅然作出辞官的决定，儿子此刻是不是还在和那些“纨绔子弟”一起惹是生非呢？他认为自己作出的牺牲值得。[①]

四、正视说谎，家长该树的旗子不能为孩子倾斜

生命不可能从谎言中开出灿烂的鲜花。

——海涅

家长和老师最不能容忍的行为，便是孩子说谎。

谎言是人类的公害，谎言带给人类的危害很难用语言表达。“说谎是一种极坏的品质，是许多恶德的根源和庇护者。”[②]虽说说谎是一种不良行为，但这种现象在生活中又普遍存在。据美国心理学家迈克尔·路易斯的统计，全美国有三分之二的孩子在3岁前就学会不说实话，而到了7岁，98%的孩子都已说过谎。如此之高的撒谎率，确实令人震惊。

诚实是美德，是做人的基准。《公民道德实施纲要》中明确的一条就是“明礼诚信”。一个人有信誉才能被大家认可，才能立足社会。现在，国内外用人单位都把诚信作为考核人才的一个重要标准。一次，一家很大的外资公司在中国招聘雇员，薪金很高但条件很苛刻，前往应聘者都拥有高学历。当第一位应聘

---

① 黄兆轶：《副县长辞官教子》，《家庭周末报》，2006-06-04。

② 洛克：《教育漫话》，傅任敢译，人民教育出版社，1963年，第118页。

者走进房间时，主管的美国人立即露出兴奋之色，像他乡遇故人一样热情地说：“你不是哈佛大学某某专业的研究生吗？我比你高一届，你不记得我了吗？”年轻人心里一震：“他认错人了。”在此时，承认自己有哈佛的学历对应聘者绝对有好处，但这个青年认为，诚实做人比什么都重要。于是，他冷静而客气地说：“先生，你可能记错人了，我没到哈佛学习过，我只在中国读过大学。”他说这话时不卑不亢，同时做好了不被录取的心理准备。

没想到，主考的美国人又一次露出惊喜之色，他说：“你很诚实，刚才就是我们考试的第一道题。现在，你已经通过第一关。我们进行第二关的业务水平测试……”最终，这位青年被录取了。如果这个应聘者耍小聪明，后果则可想而知。可见，诚实做人乃人之本分，虽然有时候难免吃点小亏，但终究会使人受益。大人教孩子诚实，一要讲诚信；二要让孩子在实践中养成诚实的习惯；三要学会辨别谎言，因为小孩子常被人欺骗，就会不相信别人。正如阿拉伯谚语说的，“既要相信安拉，又要绑好自己的骆驼。”

心理学家们的研究发现，孩子撒谎的目的与成人撒谎的目的不同。面对孩子的说谎，家长不要一概而论，而是要具体问题具体分析。孩子说谎不要一味斥责为道德败坏，而应想一想，孩子为什么要说谎。

孩子说谎的原因主要有两种。一种是孩子想得到他得不到的东西。例如孩子想得到别人的称赞或爱抚，而自己又没有可以获得称赞的事情，于是孩子会假想一个出来试试，如果成功下次再来。现在大多数家长和老师对孩子的期望值过高，对孩子的优点又是表扬又是奖励，特别是当孩子取得了较好的学习成绩时；而对孩子的缺点和不足，多数不管原因，不是责备就是惩罚，甚至体罚。孩子为了追求奖励逃避惩罚，就有可能使出说谎这一“全招”。以下两个例子充分说明了这一点。

有一个初中女生学习成绩一直不太理想，经常遭到家长和老师的批评。不久前，这位女生拿回家的成绩单，各门功课的考分却出奇地高。家长见到成绩单后，高兴之余，不禁生出疑问。来到学校一问老师，才知女儿的成绩比上次考试并没有好到哪儿去。原来，这位女生为了避免父母责骂，花钱在街上找人伪造了一份成绩单。

有一个学生逃学了一天，无法面对班主任的责怪和班上同学的羞辱，冥思苦想后，计上心来，他买了盒痱子粉扑在脸上，装出一副弱不禁风的样子，来到班主任面前要求补假。班主任追问其故，他说在医院打点滴，刚刚拔掉针头。班主任不相信地皱起眉头，他索性使出“绝招”，从口袋里抓出一大把事先准备好的药片。望着学生“苍白”的脸和一大把药，班主任不无怜爱地点了点头。[①]

另一种是孩子善于幻想，以自己为主角，任意编造情节，以满足现实生活中得不到的东西。

小覃在班上的学习成绩名列前茅，唯一让她自卑和不安的是，她的父母是卖菜的农民，而班上其他同学的家庭条件都非常优裕，这让她有一种无形的压力。好在她的学习成绩名列前茅，没有受到同学们的排挤。为了不使同学们歧视她，当班上同学问起她父母的情况时，她说父母都是当老师的。直到有一天同学们无意中发现她在帮父母推卖菜的三轮车时，谎言不揭自穿。

此外，孩子撒谎还可能是为了逃避惩罚。

---

① 张七精：《校园“撒谎族”说明了什么》，《家庭与家教》，2005(1)。

初中二年级学生小易迷恋上了网络，他对老师说了个“弥天大谎”：由于远在老家的奶奶得了重病，他们一家人都需要回老家去。之后，他又拿着数学作业纸，骗来了爸爸的签名，将请假条交给了老师。这以后，他每天向父母要5元早饭钱早早出门，下午5时左右到家。这样的日子过了一个多月，直到有一天父亲给老师打电话询问小易的学习成绩，才把谎话揭穿。

不可思议的是，随着时代的发展，在一些人看来，诚实竟变成了“傻”的代名词。作为家长，这种观念千万不能有。专家指出，“成人的榜样”是孩子形成说谎“恶习”的一个重要原因。家长们在注意分清孩子说谎原因的基础上，还要注意自己平时的言行对孩子的影响。生活中，我们有时不得不说一些善意的谎言，如对重症病人的安慰话语总是避重就轻，但对这种举动，家长要给孩子说明这是一种善意的谎言，同时要告诉孩子这种善意谎言的利害关系。

《中国青年报》一篇“信仰诚实”的文章指出：“我们正在吞咽欺骗和谎言种下的恶果：假名牌、假账、假文凭、假简历；头发做成的酱油、加入石灰的槟榔、用工业盐腌制的咸菜、劣质婴儿奶粉、‘四、六级’考试泄题事件……”文章强烈呼吁：“我们拿什么去教导孩子要诚实？从自己做起吧！在你想撒谎之前，先想想孩子那天真无邪的眼睛。”[①]德国诗人海涅曾说过：“生命不可能从谎言中开出灿烂的鲜花。”在中国，当小孩子刚能听懂话时，父母就会用最简单而又最古老的“狼来了”的故事教孩子学会诚实，不能撒谎。但可怕的是，现在的大人张嘴就是谎言，明明自己在家看电视，当有人打来电话时，却让孩子去对答，说大人不在家，或当着孩子的面称自己在外面。孩子说谎，父母会用“狼

---

① 李丽萍：《信仰诚实》，《中国青年报》，2005-01-17。

来了”的故事教诲他;父母说谎,就会失去孩子的信任。

曾参是孔子的弟子,关于曾参,有一个意味深长的故事。有一天,曾参的妻子要到集市上去,小儿子哭闹着要跟去。曾参的妻子哄儿子说:“别哭,你在家里等着,妈妈回来炒肉给你吃。”儿子听说有肉吃,便答应不随母亲去了。

曾参的妻子从街上回来,只见曾参正拿着绳子在捆猪,旁边还放着一把雪亮的尖刀,正在准备杀猪呢!

妻子一见慌了,赶快走过去阻止说:“我刚才是同孩子说着玩的,并不是真的要杀猪呀!你怎么当真了?”

曾参语重心长地对妻子说:“你要知道,孩子是不能欺骗的。孩子小,什么都不懂,只会学父母的样子,听父母的教训。今天你欺骗了孩子,就等于让他说假话去骗别人。再说,今天你欺骗了孩子,孩子觉得母亲的话不可靠,以后你再对他说什么,他就不会相信了,对孩子进行教育也就困难了。你说这猪该不该杀呀?”

曾妻很后悔不该与孩子开玩笑,更不该欺骗孩子。既答应杀猪给孩子吃,就该说到做到,取信于孩子。于是,她和丈夫一起动手磨刀杀猪,为孩子烧了一锅香喷喷的猪肉。儿子一边吃肉,一边向父母投去了信任和感激的目光。

父母的言行感染了孩子。一天晚上,曾参的小儿子刚睡下又突然起来,从枕头下拿起一把竹简向外跑,曾参问他干什么去,孩子说:“这是我从朋友那儿借来的书简,说好了今天还,再晚也要还人家,不能言而无信了!”

曾参笑着把儿子送出了家门。

五、阅读，孩子精神生活的常青树

阅读使人充实，会谈使人敏捷，写作与笔记使人精确……史鉴使人明智，诗歌使人巧慧，数学使人精细，博物使人深沉，伦理之学使人庄重，逻辑与修辞使人善辩。

——培根

英国戏剧家莎士比亚说过："书籍是全世界的营养品。生活里没有书籍，就好像世界失去了阳光；智慧里没有书籍，就好像鸟儿没有翅膀。"

阅读是扩大孩子知识面、增强孩子思维能力、让孩子获取经验的有效途径之一。随着影视、网络等高科技媒体形式的迅速发展，现在的孩子阅读书籍的时间越来越少，他们宁愿在游戏中泡上一个上午或整个晚上，也不愿意花一点时间去阅读书籍。

在世界众多民族中，犹太人可谓是酷爱读书的民族。由于热爱读书学习，犹太人接受高等教育的人口比例很高。一份资料显示：犹太人虽然只占世界人口的0.23%，但是20世纪645位诺贝尔获奖者中却有121位是犹太人，占了总人数的18.5%，高居世界各民族之首。为了培养孩子读书的习惯，在每一个犹太人的家中，当小孩稍微懂事时，母亲就会翻开《圣经》，滴一点蜂蜜在上面，让小孩去吻《圣经》上的蜂蜜，这仪式的用意不言而喻，就是让孩子从小就知道书本是甜的，读书会对人生大有裨益。①

家庭职能是家庭的生命。家庭的职能之一就是要营造一个良好的读书习惯。要当心新的"读书无用论"在家中悄然抬头，

① 周家高：《酷爱读书的犹太人》，《文摘周末》，2005-07-12。

有的学生家长津津乐道于自己小学未毕业却有几十万乃至几百万元的存款，认为这年头有钱就是真本事。提到和孩子一块阅读，很多家长就会想到陪孩子做作业，就会想到给孩子灌输教科书上没有的知识，或者提前认字。

对婴幼儿来说，阅读绝非是识字，只要与阅读相关的活动就算阅读。在孩子小的时候，家长的职责是让孩子对书有一个感性的认识，通过书的色彩、图画对孩子的视觉刺激，书的纸张软硬等的质地刺激，朗读时韵律、节奏给孩子的美感刺激，增加他们对书的亲近感。家长一定要注意这个过程应该是轻松的、游戏化的和快乐的，不要一开始就逼孩子背唐诗，不要逼孩子去认字、写字，否则会给孩子增加负担，造成负面效应。

德国慕尼黑大学医学研究所的一份报告指出，小孩子在儿时开始接触书本，不但有助于提高他们的听说和写作能力，而且也将大大减少他们在成长过程中的违法行为，降低青少年的犯罪率。

对于儿童来说，阅读已不单单是视觉的，也是听觉的、口语的乃至是触觉的。北京大学教授曹文轩说过：“道义感、美感、情感教育是儿童文学的三个重要维度。”[①]这就要求家长和孩子共同参与阅读，去分享阅读，把阅读当成快乐的事情。要尝试以故事引入阅读，可以让孩子把故事读给家庭中的其他成员听。著名儿童教育家陈鹤琴先生说：“讲故事使儿童引起愉快，引起读书的要求，模仿故事中的人物，改善本身的行为……”[②]这句话道出了故事对儿童多方面的教育意义。

德国著名诗人歌德25岁就发表了风靡欧洲的小说《少年维特之烦恼》。他有如此良好的文学功底，一个重要的原因是她母亲给他的故事启迪。歌德的母亲是法兰克福市长的女儿，不仅出身显赫，还是一位典型的贤妻良母。她爱好文学，平时喜欢给

---

① 杨咏梅：《中国人为什么拒绝感动》，《优秀作文评选(高中版)》，2006(2)。

② 陈鹤琴：《家庭教育》，中国青年出版社，2012年，第31页。

儿子讲故事。为了能使歌德养成多动脑筋勤思考的好习惯，每到关键处，小歌德正听得津津有味时，她故意停下来，要他自己设想下面发生的事情。如果歌德猜得不对，也不马上说出答案，而让他继续想，直到找出合理的答案为止。

六、同情心，孩子善良延伸的触角

野蛮产生野蛮，仁爱产生仁爱，这就是真理。待儿童没有同情，他们就变得没有同情；而以应有的友情对待他们，就是培养他们友情的一个手段。

——斯宾塞

"恻隐之心，人皆有之"。理解别人的感情，关注别人的冷暖与需要，富有同情心与正义感，都是良好道德情感的重要组成部分。

大街拐角处，一位少了一条腿的残疾人，对着话筒用嘶哑的嗓子唱着《爱的奉献》。他的身边放着拐杖，面前放着一个破铁碗，里面零零星星地散放着几张小面额的人民币。显然，他靠卖唱维持生计。这时候，一些放学回家的小学生三三两两走了过来，几个淘气的小家伙，你推我搡，一会儿拿走了残疾人的拐杖，一会儿挤眉弄眼，向破碗里扔废纸……在他们眼里，这个残疾人是可笑的，是可以被欺负的，他们完全没有一点同情心。

这是某报报道的发生在一个大城市的一幕。这现象很令人痛心，小小年纪，没有同情心，缺少善心，真不知长大后会怎么样。丰子恺先生曾说："顽童一脚踏死数百蚂蚁，我劝他不要。并非爱惜蚂蚁，或者供养蚂蚁，只恐这一点残忍心扩而充之，将来会变成侵略者，用飞机载了重磅炸弹去虐杀无辜的平民。"[①]

---

① 丰子恺：《护生画集选》，中华书局，1999年，第20页。

只有从小拥有同情心的人，才会以拯救天下苦难为己任，才能够心存天下大业。小时候的毛泽东、邓小平都对穷苦人很有同情心。有一次，毛泽东的父亲让他去赶回一头已经付钱买下的猪。等毛泽东到了这家之后，看到这家主人正哭得呼天抢地。原来，是这家主人发现自己贱卖了这头猪，而这头猪是他们一家人的经济命脉。毛泽东冒着被父亲责骂的风险，自己做主讨回了已付的钱，让他们再去找别人卖个好价钱。邓小平小时候，一次偷拿了家里的 5 块大洋，要知道当时的 5 块大洋可非常值钱。他父亲为此暴跳如雷，没问青红皂白就狠狠地打了邓小平一顿。后来，他得知邓小平是把钱拿去给一个穷苦同学病危的妹妹治病，立刻为孩子同情别人而做出的善举而欣慰。

1989 年，联合国教科文组织在北京召开“面向 21 世纪的教育”国际研讨会。会议对 21 世纪教育提出了一个总的指导思想，即“学会关心”——关心家庭、关心他人、关心社会和国家利益、关心民族前途、关心其他物种、关心地球生态环境、关心自己等。

社会是由人组成的，一个人要想得到他人的承认与尊敬，首先就要承认与尊重他人，就要容纳他人。在日常生活中，家长要教育孩子懂得换位思考，让他们知道，自己在获得大哥哥、大姐姐帮助呵护的同时，也是比自己还小的孩子的哥哥、姐姐。在自己过着优裕生活的同时，不忘还有不如自己的人群，他们同样有自尊，有人格。家长可别忘了，在平常的教育中，要引导和唤醒孩子的同情心。

爱斯基摩人打猎从不杀幼小的、有幼崽的或者有病的动物。因为他们的祖先留下了一张图，画的是一个手掌，手心却有一个窟窿。意思是说，打猎时要手下留情。[①]

---

① 卢勤：《告诉孩子，你真棒》，长江文艺出版社，2004 年，第 105 页。

美国《读者文摘》1988年第一期上曾发表过一个“第六枚戒指”的故事。故事讲的是：

在美国经济大萧条时期，就业相当困难。有位17岁的姑娘好不容易找到一份高级珠宝店售货员的工作，可想而知，她对这份工作是如何珍惜。在圣诞节前的一天，店里来了个30岁左右的贫民顾客，他衣着破旧，满脸哀愁，用一种非常渴盼但又无法企及的目光盯视着那些高级首饰。

就在这时，电话铃突然响了起来。姑娘要去接电话，一不小心把一个碟子碰翻了，六枚精美珍贵的钻石戒指落在地上。她慌忙捡起其中的五枚，可第六枚怎么也找不到。这时候，她看到刚才在店里张望的那个30岁左右的男子正向门口走去，她马上意识到戒指被这个人捡走了。当男子刚要触及门，打算跨出门槛时，她柔声叫道：“对不起，先生！”

那男子转过身来，两人相视无言，足有几十秒之久。

“什么事？”男人问，他脸上的肌肉在抽搐，再次问，“什么事？”

“先生，这是我头一回工作，现在找个工作非常难，想必你也深有体会，你说是吗？”姑娘神色黯然地缓缓说道。

男人久久地凝视着她，终于一丝微笑浮现在他的脸上。他说：“是的，确实如此。但是我能肯定，你在这里会干得不错。我可以为您祝福吗？”他向前一步，把手伸给姑娘。

“谢谢您的祝福。”姑娘立刻也伸出手，两只手紧紧握在一起，姑娘用十分柔和的声音说：“我也祝您好运！”

男人转过身，走向门口。姑娘目送他的身影消失在门外，转身走到柜台，把手中握着的第六枚戒指放回原处。

这位姑娘实在富有爱心，她用爱、用同情心避免了一场争吵、一场官司，而且巧妙地教育了这位偷窃者。

七、责任感,孩子立足社会的根基

责任感常常会纠正人的狭隘性。当我们徘徊于迷途的时候,它会成为可靠的向导。

——普列姆昌德

责任意识是一个人最基本的素质之一。当孩子有了责任感时,他就会为自己的言行负责,为自己的理想目标而努力奋斗。

培养孩子的责任感要根据孩子所处的年龄阶段进行。对于年龄较小的孩子,家长要不时地提醒孩子,在游戏和活动中,要遵守活动的准则,要保护弱小,要勇于承担自己的失误和过失,也要爱护活动场所里的设施,等等。对年龄较大的孩子来说,要引导他们遇事自立自强,不要有依赖之心;凡事要为别人着想,为集体着想,为国家着想;要让孩子知道,自己的言行和选择是与一定的社会责任和义务紧密联系在一起的。

培养责任感,需从小事到大事,循序渐进。要让孩子自理自立,凡是他自己力所能及的事,都要让他自己去做。让孩子们从小知道,要对自己的生活负责,为自己的前程负责;也要多为集体和他人负责,为自己的过失错误负责。培养责任感,就要让孩子多做事,多承担任务。1920年,有位11岁的美国男孩踢足球,不小心打碎了邻居家的玻璃,人家索赔12.5美元。12.5美元在当时可以买到125个鸡蛋。对于还未自立的男孩来说,这可是一个大数目。闯了大祸的男孩向父亲认错后,父亲让他对自己的过失负责。儿子为难地说:“我没钱赔人家。”父亲说:“这12.5美元我暂时可以借给你,但一年后你必须还给我。你应该知道,你是该为这件事负责的!”这位美国男孩从此开始了艰苦的打工生活。经过半年的努力,终于挣足了12.5美元,还给了父亲。这位男孩就是后来成为美国总统的里根。他在回忆这件事时说："通过自己的劳动来承担过失，使我懂得了什么叫责任。"[①]

一天，交通部门送来一位因车祸而生命垂危的人，实习护士被安排做外科手术专家——该院院长亨利教授的助手。复杂艰苦的手术从清晨进行到黄昏，眼看患者的伤口即将缝合，这位实习护士突然严肃地盯着院长说："亨利教授，我们用的是十二块纱布，可是你只取出了十一块。"

"我已经全部取出来了。一切顺利，立即缝合。"院长头也不抬，不屑一顾地回答。

"不，不行！"这位实习护士高声抗议道，"我记得清清楚楚，手术中我们用了十二块纱布。"院长没有理睬，命令道："听我的，准备缝合。"这位实习护士毫不示弱，她几乎大声叫起来："你是医生，你不能这样做。"直到这时，院长冷漠的脸上才露出欣慰的笑容。他举起左手心里握着的第十二块纱布，向所有的人宣布："她是我最合格的助手。"[②]

八、宽容，孩子赛场上的第二声枪响

爱迪生幼年的故事，给了我两个深刻的印象：一是科学要从小孩学起，二是科学的幼苗要像爱迪生的母亲一样爱护才能保全。

——陶行知

古人说："己所不欲，勿施于人。"

---

① 刘勇强：《12.5美元培养出来的美国总统》，《小学教学参考》，2004(3)。

② 夏风依旧博客：《三月的品格》，博客网，2010-10-09。

对他人的一份宽容，就是对自己的一份方便。被称为“欧洲的良心”的启蒙思想家伏尔泰，出身平民阶层，早年受尽了权贵显赫的凌辱，他死前的遗言是：“宽容是什么？它是人性的特点。让我们相互原谅彼此的愚蠢吧，这是自然的第一法则。”①

宽容的品性需要从小培养。当代家庭的结构特点，使得绝大多数青少年自小就少有宽容、谦让和理解他人的机会。现在的孩子能力很强，知识面很广，有许多的优点，但他们身上也有不少坏习惯。爱孩子，要懂得爱的艺术。寓言《铁棒与钥匙》讲的是：一把坚实的大锁挂在大门上，一根铁棒费了九牛二虎之力，还是无法将它撬开。钥匙来了，瘦小的身子钻进锁孔，只轻轻一转，大锁“啪”的一声打开了。铁棒奇怪地问：“为什么我费了那么大的力气也打不开，而你却轻而易举就把它打开了呢？”钥匙说：“因为我了解它的心。”这个寓言对教育孩子很有启发。生而为人，不可能不犯错误，不可能没有缺点与失误。对于孩子的不足与失误，家长要冷静，要给予足够的宽容，让孩子从心里感激你的宽容，进而产生自省心。

实践证明，宽容带给孩子的教育作用，远远大于责骂和强制改进的教育效果。宽容是一种美德，是亲子之间互赠的礼物。印度民族英雄甘地在回忆自己成长的经历时说过：“是父亲那崇高的宽容挽救了我。”原来，少年时期的甘地，由于好奇不慎染上了烟瘾，后来发展到偷兄长和家臣的钱买烟抽，而且越陷越深。渐渐地，他觉察到自己偷别人的钱，背着父母抽烟的行为太可耻了，他便把自己的整个堕落过程写在了笔记本上，鼓足了勇气，交给了父亲，渴望得到父亲严厉的批评、惩罚，以减轻内心的

① 严蕾：《近代法国知识分子的公共“介入”——从伏尔泰到左拉》，《湘潭大学学报(哲学社会科学版)》，2013(4)。

痛苦。

父亲看后，非常生气，心情十分沉痛，但并没有责备他，只是流下了伤心的泪水，久久地望着儿子。甘地看到父亲痛心的样子，受到极大的刺激。从此，他痛下决心，彻底改正了错误，走上了正路。这是一个靠宽容来教育子女的典型事例。在对待孩子宽容的同时，也要让孩子养成遇事宽容的品质。

当然，宽容的品性不是听出来、说出来的，是要在交往活动中培养出来的。家庭成员之间彼此友爱互相宽容，生活在其中的孩子会在潜移默化中受到影响，逐步形成宽容忍让的性格。但是，宽容是要讲原则的，是有一定度的，在家庭教育中我们一定要把宽容的效果落到实处。

在我小的时候，父亲对“棍棒底下出孝子”的说法深信不疑。后来，我也为人父了，发誓要一反父亲的教育观念，不打骂孩子。我经常赞扬儿子小萌，即使有时他犯了错误，我也很少批评，怕伤害他的自信心。

有一次，小萌从学校回来，气呼呼地说老师偏心眼，上课时同样是回答问题，老师表扬了别的同学，而没表扬他。他还吵着再也不想上这个老师的课了。我突然意识到，这本来是一件很正常的事，竟然引起小萌如此大的反感，他的思维方式出了问题，我的教育方法也出了问题。

我特意跟小萌的老师进行了交流，确认了我的想法。老师说现在的不少孩子在家听惯了表扬和赞赏，到了学校就听不进一丁点批评了，而长此以往，他们的心理承受能力会越来越低。老师要求我平时实事求是，对的就要表扬，错的就要批评，不能盲目迁就。

记得武侯祠里有一副对联：“能攻心，则反侧自消，自古知兵非好战；不审势，即宽严皆误，后人治蜀要深思。”我把它修改了一下，和大家分享：“能交心，则沟垒自消，自古成才非逼迫；不求实，即宽严皆误，后人教子要深思。”①

九、乐观，孩子笑对人生的“润滑剂”

如果你的思想乐观，你的生活必然充满快乐；如果你心存悲观，你就会认为事事悲惨。

——卡耐基

美国生理学家爱尔马为研究心理状态对人体健康的影响进行了一项实验，实验研究结果表明：当一个人心平气和时，他呼出的气变成水之后是澄澈透明、无杂无色的，而悲痛时水中有白色沉淀，生气时有紫色沉淀。爱尔马把生气时呼出的“生气水”注射在大白鼠身上，几分钟后，大白鼠死了。爱尔马分析认为，人在生气时会分泌毒素；人生气10分钟所消耗的人体精力相当于一次3000米的赛跑。因此，他认为动不动就生气的人很难健康。

所谓乐观，便是以宽容、接纳、愉悦和积极的心态去看待周边的现实世界。乐观的人生，关键在于有一颗欢畅、幸福、安详的心。人生幸福、快乐与否，往往不取决于现实的世界，而是取决于自己对世界的看法。一个人心灵的平静和生活的乐趣，并非取决于他拥有何物、有何地位，或置身于何种环境，它与个人外在的条件几乎无关，而是取决于个人的精神态度。美国宾夕法尼亚

① 沈桂林：《不求实，则宽严皆误》，《家长》，2005(7)。

大学心理学教授马丁认为，乐观是一个人成功的重要因素。乐观者失败后一般会认为失败的原因是自己不够努力，而不是一些注定无法克服的困难，所以他们会不断地努力，增强自信心。

托马斯·爱迪生试验了2000次以上才发明了电灯泡。有位记者问他失败了这么多次的感想，爱迪生幽默而乐观地说："我从未失败过一次。我发明了电灯泡，而那整个过程刚好有2000个步骤。"教育家杜威说过："孩子最有创造力的时候，就是他感到最轻松的时候。"每个父母都希望自己的子女将来在各个领域走向成功，而快乐就是成功之道，因为过大的压力会不利于孩子的成长。

童年是人一生中最快乐的时期，幸福的童年是人生的财富，但有许多孩子却没有这种感觉，因为他们没有自主选择的机会，失去了按照自己的意愿去做事的权利。为此，父母应尽可能减少家庭教育中不和谐的因素，不硬性将成人的喜好和需要强加到孩子头上，要努力给孩子提供一些能使他们快乐起来的选择机会，要引导孩子与人和睦相处，要教会孩子如何在情绪低落时尽快恢复自信与快乐，要培养孩子广泛的兴趣，最重要的是家长们要乐观，要给孩子创造一个快乐的家庭。

精神卫生专家提出，满足心理需求、减少情绪的困扰是儿童健康成长的重要步骤。当今家庭教育存在一些功利思想，认为孩子有了技能就是快乐，因此家长不惜一切代价让孩子学特长，把孩子搞得疲惫不堪，哪有时间去乐？有的家长认为放任自流就是快乐，这样孩子容易变得懒散、任性、没有时间观念；有的认为让孩子吃好喝好穿好就是快乐，这会使孩子失去自己探究、通过自己努力而获取快乐的机会。

宇宙间最大的力量如果是惯性的力量，那么，生命中最大的力量就应当是习惯力了，而每个人的性格又是决定习惯力的最主要因素。性格决定命运，性格决定孩子今后的成败，而学历与家庭背景已不再是最主要的决定因素了。

一次,小塞德兹拿起捉蝴蝶的网来到了田野。他举起网的杆子向一只蝴蝶挥了过去,一下子就将它网住了。若在平时,蝴蝶会在网子里飞跳不停,想要挣脱出去。可是这一次,那只蝴蝶却一动不动地停在那儿,他小心翼翼地翻开网子,想看看是怎么回事,又害怕它突然逃掉。

可是,当他把蝴蝶的翅膀捏在手上的时候,发现它已经死了。或许是他刚刚捕捉它的时候在无意中用杆子将它打死了。不知是什么原因,在看到死蝴蝶的那一瞬间,小塞德兹突然难过起来。他认为自己无缘无故地杀死了那只蝴蝶是一件有罪的事。突然之间,晴朗的天空和灿烂的阳光一下子就在他的心中消失得无影无踪,在他的心里只剩下了黑暗。一阵沉重的忧伤将他完全笼罩。在以后的好几天里,他一直被这种犯罪感折磨着,认为自己残酷地杀死了一个小生命。

“爸爸,你说我是一个坏孩子吗?我害死了一个生命,我是个罪人,一定会受到上帝的惩罚。”

“那只蝴蝶已经死了,这是一个无法挽回的事实,你自责也没有用,关键是要看你以后怎么做。只要你以后不再犯这样的错误,尽力去关心和保护小动物,不就行了吗?只要你以后不像坏孩子那样残酷地对待小动物,并关心和保护它们,我想上帝是会宽恕你的。”

“真的!”儿子兴奋地叫了起来。

第二天,他们一起到田野中散步。这一天天气好极了,天空像宝石那样蓝,几只美丽的蝴蝶在阳光中欢乐地飞舞着。塞德兹乘机告诫儿子:“你应该向这些快乐的蝴蝶学习,不要总是把什么事都往坏处想,你应生活在明媚的阳光之中。”①

① 陈大为:《培养杰出孩子的101个细节》,东方出版社,2005年,第132页。

十、成就感，孩子前行的“加油站”

骐骥一跃，不能十步；驽马十驾，功在不舍。锲而舍之，朽木不折；锲而不舍，金石可镂。

——荀况

孩子成就感往往源于困难和逆境的不断克服，以及不断成功之后获得的认同与肯定。对那些不断努力、奋发向上的孩子，家长应该采取积极的评价让他们获得成就感，并力求让成就感成为他们不断前行的“加油站”。

儿童心理学表明：每个孩子的成长离不开表扬和鼓励。家长经常表扬和鼓励孩子，孩子就会逐渐明确前进的方向，不断增强向上的动力和信心。每个孩子的内心都有一种深切的需求，那就是对被认可、被重视的渴望，希望自己的付出有所成就。当这种需求得到满足时，孩子就有了进一步行动的动力。

孩子成就感的获取渠道，除了一些活动组织者的奖励之外，更重要的在于父母的评价。一些父母常把“某某考了100分，你才考了95分”挂在嘴边，这样的评价对激发孩子的内驱力肯定不会有什么好的结果，因为科学的评价往往是非常注重过程而不是简单粗暴地看重结果。

英国科学家汤姆孙父子都是诺贝尔奖获得者，为什么这么高的荣誉能出现在同一个家庭呢？这与母亲对小汤姆孙的教育方法分不开。小汤姆孙14岁时，母亲对小汤姆孙说，你爸爸14岁时已经进入大学学习了，而你呢？这使得小汤姆孙从小有一种无形的力量鞭策他，直至走上成功的道路。

法国大文豪雨果出生在一个军官世家，祖祖辈辈好几代人都与文学无缘，而母亲索菲却一直坚持鼓励雨果地创作，使他在文学上一直有种成就感，乃至最终成名。

雨果的母亲索菲·特勒布谢没受过正规的教育，但喜欢读书，尤其爱好卢梭的言情小说。在小雨果刚刚4岁的时候，她就将他送进一所小学去读书。

由于多种原因，索菲同丈夫的关系越来越疏远，终于在雨果10岁那年分了手。此后，她将长子送到丈夫身边，自己带着雨果和比他年长2岁的哥哥一起生活。

索菲读书面非常广。她每次拿到新书，总是让孩子先试读。有位书店的老板同索菲很熟，他书店的地下室中藏有许多所谓“有伤风化”和“思想过于自由”的书籍。该老板不许孩子们接触这类书，而索菲却硬是向他要来了钥匙，让儿子们跑进去尽情地阅读。正是在那个地方，雨果第一次读了伏尔泰、卢梭和狄德罗等人的作品。

雨果12岁时对诗歌产生了极大的兴趣，甚至在上课时也写诗不辍。他对19世纪初法国文学大师夏多布里昂十分崇拜，并表示：“不成为夏多布里昂第二，我誓不为人！”

有一次，雨果在课堂上正聚精会神地偷看夏多布里昂的著作，突然被老师发现。一检查，竟发现他在书桌里有十几本练习簿，每本都密密麻麻地写满了诗。其中，有一本是他把古罗马诗人维吉尔的《田园吟》翻译成了法文。学校对他这种“不知天高地厚”的行为极其恼火，给他记了大过，并没收了他心爱的《田园吟》。

索菲得知这一情况后，除了叮嘱儿子应当在课堂上认真听讲外，一点儿也没有责怪他，而且还鼓励他继续写诗，并坚信“总有一天，他那横溢的才华会使他出人头地！”

1817年，法国最高学术研究机构法兰西研究院以“生活中，读书予以我们快乐”为题，向全国征诗。雨果在母亲的支持下，在一个月内就写了一首300多句的长诗，结果名列前10名。67岁的老院士纳多夫沙托非常欣赏那首诗，尤其得知作者竟是位15岁的孩子时，对他更加喜爱和器重，不但特地接见了他，还同他结成了忘年交。

第二年，雨果就读于巴黎大学法学院，但他对诗歌创作仍倾注了极大的热情。当时，有关部门又举办金百合花奖诗赛，题目是“亨利第四铜像光复颂”。因为雨果亲自参加了亨利四世的铜像光复盛典，所以对这首命题诗胸有成竹。

然而，索菲恰在这时患上了严重的肺炎。雨果听到母亲痛苦的呻吟声忧心如焚，从此日夜不离地守候在她的身边。

一天傍晚，躺在病榻上的索菲问儿子：“你那首诗呢，写好了没有？”

“还没写。”雨果如实地告诉了母亲。

“不行，你要得到那朵金百合，你明天就得写！”

“可是……明天就到期了！”

索菲一听，很不安，她挣扎着抬起头来，以坚定的口气说：“那么，你今晚就写，现在就写！”随后，又深情地表示：“你的诗写好了，我的病也会好的！”

雨果很感动，为宽慰和报答母亲，当即躲在一边写起来。经过一夜的努力，终于完成了诗作。第二天一早，他将诗稿读给母亲听，只见母亲听着听着，欣喜的面庞上挂满了热泪。

这首诞生于一夜之间的诗，受到评委们的一致好评，从而使雨果顺利地登上了金百合奖得主的宝座。[①]

---

① 李睿：《你一定会出人头地》，《扬起自信的风帆》，中国物资出版社，2005。

在培养孩子成就感的同时,也要警惕“成就焦虑”的发生。“成就焦虑”是一种因希望超过他人而担心被他人超过所引起的持续紧张和不安,带有恐惧性的情绪体验。克服“成就焦虑”最好的办法就是教育孩子“做好自己”。在人生的舞台上,有大大小小的各种角色,无论是主角、配角还是跑龙套的,他们对于整部戏都是不可或缺的,无需羡慕主角的风光 ,因为在这个舞台上,每个人最适合的角色就是自己,每个人最大的成功就是把自己的角色演好。

十一、让“神童”一直“神”下去

“神童”和“天才”,如果没有适当的环境和不断的努力,就不能成才,甚至堕落为庸人。

——维纳

没有教育不好的孩子,只有不会教育的老师和家长。每个孩子都有可能成为天才,关键在于他们能否遇到良好的教育,是否遇到适宜天才成长的土壤。现实生活中,各地陆续出现一些比别的同龄孩子聪明、具有超强理解记忆力的孩子,由于他们神奇的禀赋与众不同,人们习惯上称他们为“神童”。人们之所以觉得他们“神”,是因为人们忽视了这些孩子的这种素质也是遗传和后天教育的共同结果,而单纯地认为这是与生俱来的,是“神灵”的化身。

随着社会的日益进步和人们生活条件的日益改善,现代社会出现“神童”的频率越来越大,人们关注“神童”成长的话题也日益增加。

对于“神童”的成长,最常见的有两种观点:一种是以古语所说的“十岁神童,十五才子,过了二十是凡人”为代表,这种观点片面地认为“神童”出现是有一定的黄金期的，一过这个时期，“神童”就会与普通人没有两样；另一种观点认为，“神童”一出现就已经具备了成功的素质，就已经昭示着他将与众不同。一些人认为，如果这个孩子在文学方面有天赋，就一定会成为作家；如果他擅长音乐或绘画，就一定会成为艺术家；如果这个孩子对数字敏感，就一定是未来的科学家……实际上，以上两种观点，都是片面的，都忽视了“神童”成才最关键的因素不是智商的高低，而是品格、意志、生活习惯、自主意识等非智力因素的后天培养。教育家塞德兹根据自己育儿的经验和感悟，写成了《俗物与天才》一书。该书告诉人们，通过后天的良好教育，每一个孩子都可能会成为“神童”，而每一个“神童”如果后天的教育跟不上照样会夭折。

20世纪末，河南某高中从小学生中招收20名11周岁以下的“神童”，用4年时间完成中学6年的功课，进行快速培养人才试验。5年以后，这些孩子中，有几个例子非常值得深思。付某，9岁半入读少儿班，是少儿班最小的学生之一。她的智商是128，父母是普通工人，不能做什么家庭辅导，但对这个独生女从不娇惯，从小就让她干家务活，家庭气氛也很民主，经常进行辩论。付某的自控能力较强，生活非常有规律。她兴趣十分广泛。付某轻轻松松地以4年时间学完了6年的功课，并考上了大学。另有一个入学考试取得全班第一的学生，他自恃聪明，上课时不听不学，不做作业，出了校门就打电子游戏机。家长气得要命，跑到学校当着老师和同学的面打他，后来索性请假在学校盯着他读书。但他总有办法逃避，最后发展到骗家长去打游戏。他的学习一天不如一天，家长只好让他转学。还有一个学生是少儿班的第一任班长，家庭条件优越。上少儿班之前是市重点小学的中队长。望子成龙的祖母，退休后专门照顾他。

早上他没下床，就给端来爱吃的东西。天刚刮一点风，祖母就给他送衣服。一个月丢了两辆赛车，也毫不惋惜。他从小只能听好的，只能比别人强，但在少儿班的“神童”堆里，他被淹没了。他越来越急躁，越来越不耐烦，越来越失去信心，学习成绩逐渐从当初的前10名沦为下等生，班长职务也被罢免。到最后，他只得转学了。老师们痛惜地说，这个孩子毁于不当的家庭教育。①

古人说：“小时了了，大未必佳。”从一个侧面说的是高期待下的高失望。由于每个人渴望成功的强烈愿望，当一个“神童”出现在某个地方时，他不仅仅令亲生父母欣喜若狂，还往往会成为一个地区甚至一个时代的聚焦点。人们常常乐此不疲地去议论、评判、关注孩子的表现。实际上，每个时期的“神童”的成长都很艰辛，因为他们背负着家庭强烈的功利思想包袱，“神童”是他们的脸面，是他们成功的金字招牌，是他们可以介绍的经验。于是，“神童”的一举一动都被无数双挑剔的眼睛关注着，他们的成绩被罩上了神话的光环。就这样，一个个小神童就在众人的“呐喊”中夭折了。两岁半就能够背诵三十多首毛泽东诗词，当年家喻户晓的“科大少年班第一神童”宁某如今出家为僧；13岁考取湘潭大学，17岁考上中科院硕、博连读的魏某，于2003年8月被中科院以“不能适应研究生学习”为由劝退。

多年前，湖南安仁县军山乡军山村出了个“小神童”王某。12岁的王某能写会算，智力超人，才读完小学数算能力就已超过初中毕业生。当时新闻界竞相报道，可如今他却成了一名痴汉。

① 冯青：《不能输在家庭教育上》，《中国青年报》，1996-12-12。

他父母回忆说，王某初中毕业那年，因为讥笑同学受到班主任老师的批评，他竟暴跳如雷，当即撕毁课本、作业本，赌气回了家。父母见“小皇帝”脸色不好，就问了原委，父母说他不对，不料惹得他又哭又骂，并私自出走。事后，家长与老师又违心地向他赔不是。

上高中后，王某更是目无他人，经常讥笑老师、同学无能，并怀疑同学们抄他的作业、背后议论他，等等。很快，他思想错乱，情绪失常，学习成绩下降，最后只好休学治病。经医院诊断，他患了“综合多疑症”，至今仍没治好。

王某的父亲经常流着眼泪对人们说：“是我们过分的纵容、娇惯，没有加强品德教育，毁了儿子。”①

社会在进步，随着物质文明、精神文明的进一步推进，人们受教育的思想、环境都发生了巨大的变化，孕育“神童”的土壤更加肥沃。“神童”们也会越来越多，家长一定要正视“神童”现象。对待“神童”，不能迷信但也不能盲从，不能纵容也不能忽视个别教育，在注重发展孩子智力的同时，绝不能忽视非智力因素的培养，千万不要制造现代版的“伤仲永”。

专家说，我们可以发现神童，但却创造不了神童。我们只能给孩子提供一个好的生长环境，给他最适宜的教育，顺其自然地发挥他最大的潜能，并关注他的未来。

十二、让孩子自己安排时间

善于利用时间的人，永远能找得到富裕的时间。学会做时

① 吴仁：《神童何以变痴汉？》，《成都晚报》，1991-08-22。

间的主人,将会使你受益无穷。

——詹姆士·杜布森

“一寸光阴一寸金,寸金难买寸光阴。”这句惜时民谚经常被人们挂在嘴边,但真正把时间看做是珍品的孩子却并不多见。

珍惜时间是做人的良好品格,是通往成功之路不可或缺的素质。世界上大多数民族将早晨作为一天的开始,而犹太人的一天则是从太阳落山时开始的。他们说:“将黑暗作为开始的人,他的最后就是光明;而将光明作为开头,最后则是黑暗。”当孩子问现在是几点时,他们总是精确地告诉孩子几点几分几秒,从不说快九点半了、九点多钟。因此,犹太人的时间观念极强,他们对数字非常敏感。

家长要教育孩子养成计划和支配时间的习惯,不因其短而无所事事,不因其长而松弛懈怠。鲁迅先生说,时间就像海绵里的水,只要愿挤总会有的。美国科学家富兰克林说,“一个‘今天’胜过两个‘明天’”。

时间观念就是效益观念,这些年来流行的说法是“时间就是金钱”。对孩子来说,时间与金钱的等式是难以理解的,但树立时间观念,增强时间意识,适应现代社会的生活节奏则是必需的。著名诗人歌德为教育孩子珍惜时间,在他的诗歌里写下这样的句子:

我的产业是多么美,
多么广、多么宽!
时间是我的财产,
我的田地是时间。

著名生物学家赫胥黎曾经说过:“时间最不偏私,给任何人都是二十四小时。”究竟怎样利用这二十四小时呢?不同的人会有不同的选择。大凡有成就的科学家和伟人,都不会虚度年华,他们珍惜生命中的每一分钟。

美国的斯特娜夫人是个享有盛名的教育家。她在教育自己儿女的过程中，有这样一个故事：

有一天，孩子问斯特娜夫人："我想到朋友家里去玩，可以吗？"母亲说："可以，但必须要在十二点半以前回来。"可那天孩子超过了十分钟才到家。母亲见孩子回来了，什么也没说，只是指了一下墙上的钟。孩子知道回来迟了，马上抱歉地说："是我不对。"吃完饭，孩子赶快换了衣服，因为他们每到星期二就要去看戏或电影。这时，斯特娜夫人再让孩子看看钟，并说："今天时间来不及了，戏和电影是看不成了。"孩子难过地流下了眼泪。这位母亲并不就此止步，而是紧逼一步，说了这样一句十分惋惜的话："这真遗憾。"她别的手段都未采取，却使孩子知道，母亲的正确要求是必须照办的，失误了，要来一番痛苦的反省。

教孩子不浪费时间，最好的办法是帮助孩子合理地安排时间，科学地利用时间，将学习、劳动、休息等内容进行一番综合的考虑，然后做好安排。

十三、别做孩子打架的裁判

思而后行，以免做出蠢事。因为草率的动作和言语，均是卑劣的特征。

——毕达哥拉斯

生活中，好多家长会卷入孩子之间的纠纷，最终惹得双方家长互相埋怨，甚至引发家庭矛盾。作为家长，要理智地对待孩子之间的摩擦与矛盾，尤其要冷静客观地去对待孩子之间的打架问题。

孩子们小时候打架，有时候原因非常简单，远没有大人想的复杂，没有谁仗势欺人的问题，也没有谁报复谁的目的，往往难以说清楚谁是谁非。有的孩子生性好动，好恃强逞能，看不过眼的、听不顺耳的、想不通的都要抖抖小威风，两个孩子很快就会斗起来，可很快就会和好。有些孩子模仿电视剧里那些伸张正义的英雄，凭借自己结实的身子，爱管一下“闲事”，扮演“侠客”的角色，以为这就是见义勇为。有的则是就一件事情发生了冲突，由于年龄小，不怎么会处理，往往采取简单、粗暴的方式用打斗解决。

如果遇到孩子打架，做父母的首先要冷静劝架，不要过分干涉孩子之间的事情。因为孩子们之间的冲突与矛盾，并没有什么深仇大恨，也许刚才还一副势不两立的架势，没准一会儿就和好了。有大人一插手，孩子的纠纷就转化为大人的矛盾。大家都知道，小孩子之间一般是不记仇的，对那些偶然发生在孩子们身上的纠纷，大人不要太在意。华盛顿10岁那年，个头矮小，身体黑瘦，在学校常被同学打得鼻青脸肿，浑身是伤。母亲知道，华盛顿在学校调皮捣蛋是出了名的。这天，受到欺负的华盛顿一回到家后，就向妈妈告状，说某某欺负了他。母亲看了华盛顿一眼，大声说了句：“没人愿意踢一只死狗。”听了母亲的话，看到母亲根本没有加入这场纠纷的意思，华盛顿知趣地走开了。

有的家长担心孩子被别人打了，如果不去管的话会形成懦弱的性格，不适合竞争日益激烈的社会，因此教导孩子一点儿亏也不能吃，并振振有词地告诉孩子，别人如果打你你就要还手。也有一些家长一听说孩子打了架，就要找对方的大人理论理论。有的家长平常不注意自己的行为，喜欢用武力解决问题，孩子就会模仿。强强的爸爸接到班主任的电话，说儿子在学校把同学打伤了。儿子一回家，爸爸就把强强狠狠地揍了一顿。可是不久儿子又打了那个同学，老师问他：“你为什么又打人呢？”强强说:“爸爸打我,我就打他,因为是他让我挨打的。”孩子对暴力行为的模仿是很容易的,因此家长一定不要轻易使用暴力。

那么,对孩子打架,家长是不是就应该不闻不问、置之不理呢?当然不是。孩子打架,家长当然要管,但管的基本原则是分清事实,严己宽人,对症下药。家长肯定是有私心的,因为,谁不爱自己的孩子呢?可在对待孩子打架方面,即使孩子受了委屈也要坚持对他严格,如袒护、纵容孩子就会使孩子仗势欺人。家长们要尝试着不卷入孩子的争吵中去,尽量回避那些最常出现的“问题是由谁先引起来的”“你还手了吗”等问题,而要设法缓解孩子想得到大人的心理支持而去“报仇”的情绪,要尝试走入孩子的激动情绪中去回应他的委屈,但避免做孩子们冲突的“裁判”“法官”等角色。

小伟和邻居的孩子锁平一起在家中客厅里玩搭积木。忽然,小伟的妈妈在厨房里听到东西被推倒的声音,随后是争吵和互相指责的喊叫声。片刻之后,小伟跑进厨房,满脸紧张和怨气,一见到妈妈,就大声说道:“妈妈,锁平把我好不容易搭好的房子给碰倒了!我说他时他还把我推倒在地!”小伟的妈妈并没有说别的,只是蹲下身子面对小伟,声调平和而又充满同情心地说:“哦,是这样,搭一个那么好的房子肯定非常不容易,所以你一定特别生气,对吗?”“对!我就是很生气!”“那你再搭一个一样好的房子好吗?”小伟听了妈妈的话,又跑到客厅和锁平继续玩了起来。

当然,也不排除有的孩子可能确实存在着自私、粗暴的性格障碍,这就需要家长特别注意严格区分。

中国是礼仪之邦,向来倡导宽容、谦和、大度的美德。虽说市场经济时代倡导竞争,但要通过文明的手段和方式去解决竞争中可能发生的冲突。同时要教会孩子在遇到强暴时要学会保护自己,这也是一种适应社会的能力。

十四、孩子,还是穷点好

首先要有最崇高的思想,其次才是金钱;光有金钱而没有最崇高的思想的社会是会崩溃的。

——陀思妥耶夫斯基

澳大利亚属发达国家,人民的生活较为富裕。然而,富裕的澳大利亚人却信奉:再富也要“穷”孩子!他们的理由是,娇惯了的孩子缺乏自制力和独立生活的能力,长大以后难免吃大亏。我国古代的思想家孟子曾指出:“凶岁子弟多暴,富岁子弟多懒。”

金钱在孩子的教育过程中发挥着重要作用,这一点在孩子上幼儿园时就已经表现了出来。为了孩子的成长、成才,家长们毫不吝惜地花着大把的钞票。令人失望的是,有些钱用在孩子身上却不一定能起积极作用。因此,家长在孩子花钱的问题上一定要慎之又慎。一些媒体披露了个别家长为了给孩子调个好座位,甚至当着孩子的面给老师“好处费”。王晓春老师在《富裕时代的家庭教育》一书中写了这样一段精辟的话:“用金钱贿赂老师特殊照顾自己的孩子,只能说明你对自己的孩子没有信心。你心里明白他和同学站在同一起跑线上肯定赢不了,所以才贿赂老师,悄悄把他的起点往前挪一挪。这是没出息的做法。没出息的做法培养不出有出息的后代。”①

近几年来,随着社会的发展,人们的生活水平日益提高,日子也一天比一天过得好。一些家长认为,有了这么好的生活条

① 王晓春:《富裕时代的家庭教育》,中山大学出版社,2005年,第72页。

件，不多给孩子一些钱，似乎于情于理都说不过去。实际上，对尚未具备独立生活能力的孩子来说，要富的不能是钱包，而是要富孩子的精神、思维和能力。绝不能孩子一张口要钱，就马上给他；不能孩子要多少，家长不问理由就给多少。

今年60岁的沙克金祖籍俄罗斯，是哈尔滨一家汽车修配厂的老板，拥有近千万的资产。沙克金十分疼爱自己的一双儿女。

沙克金将学业优异的女儿自费送到日本留学。儿子小穆拉丁也从一个毛头小子，长成了英俊的小伙子。然而，由于从小娇生惯养，小穆拉丁身上渐渐出现了不肯吃苦、不愿独立的弱点。沙克金对此忧心忡忡，他认为，再富也要穷孩子，倘若无原则地一味满足孩子的欲望，无疑是害了孩子。

有一次，小穆拉丁和几个伙伴相约去太阳岛游玩，每人需出资一百多元钱。沙克金想，如果轻易地把钱给他，以后遇到花钱的事儿，他就会习惯地朝父母伸手要；若不给他，儿子在他的朋友面前会很没面子。于是他让小穆拉丁到自己的修配厂打几天工。当小穆拉丁拿着靠自己的汗水赚来的180元工钱时，不无感慨地说："爸，挣钱的确不容易。"沙克金抚摸着儿子手上的血泡，双目湿润了。

小穆拉丁高中毕业后，沙克金仍然把儿子安排到修配厂锻炼。但沙克金很快就发现，儿子到这里以后尽管变得肯吃苦了，却仍然心猿意马。此时的沙克金感觉到，做父亲的应该一鼓作气，进一步教导儿子学会独立创业。

有一天，下班后的沙克金回家时路过一个馅饼店，被里面飘出的香味吸引住了，看着络绎不绝的食客，他的眼睛一亮。回到家，沙克金兴冲冲地对儿子说："儿子，你就卖俄罗斯馅饼创业吧,老爸给你打工!”

经过一番努力,一块蓝白相间的“俄罗斯风味馅饼”的招牌终于出现在松花江畔一条胡同里。

如今,在父亲的言传身教下,小穆拉丁已经完全摈弃了依赖父母的不良习性,并把独立干出一番事业作为自己的首要目标。①

现在的孩子手里或多或少有些自己可以支配的钱财,父母应该指导孩子学会理财,并适当让孩子参与理财。在美国,理财教育被称为“从3岁开始实现的幸福人生计划”。天津市社会科学院研究员关颖说,明智的父母,绝不会让孩子把家庭的财富作为自己炫耀的资本。8岁左右,孩子已经学会加法和减法,而且可以四处跑动,愿意到商店买东西。让孩子参与理财,有利于儿童了解父母的辛苦,以及他们所负担的财务压力。

美国首富洛克菲勒是世界上第一个拥有10亿美元财产的大富翁。他家账本扉页上印着孩子零用钱的规定:7～8岁每周30美分;11～12岁每周1美元;12岁以上每周3美元。零用钱每周发放一次,并要求子女们事先做出预算并记清每一笔支出的用途,待下次领钱时交父亲检查。如果账目清楚,用途正当,下周增发5美分;反之减少。

王永庆是台湾塑胶大王,这是许多人都晓得的。但当他下班回家时,又是怎样做父亲的呢?且听王永庆的女儿谈家教。

在女儿王雪龄眼里,王永庆是一个很严肃的父亲,他家教很严,子女的起居生活不能颠三倒四,作息时间要固定,不可迟睡迟起。他平日没空检查孩子的功课,但成绩册他一定要看,并

① 叶子:《再富也要穷孩子》,《新民晚报》,2012-05-25。

“论功行赏”。

他一直相信：一个在富裕环境下长大的人很容易心生怠惰而不求上进；只有在困苦的环境里，才能激发人努力向上。他要求孩子学习吃苦，严格限制他们零用钱的花费。可是不管他如何努力，他的苦心总是被不忍心的母亲和奶奶“破坏”。于是，他把心一横，把当时年纪还小的子女送出国，刚上中学的王雪龄也在被“赶”的行列中。

王永庆把子女送到英国去接受严峻的考验。王雪龄就读的那所基督教会中学，离伦敦市区约两三小时的车程。这所学校没有暖气设备，学校又不准学生关窗入睡，每逢寒冷冬天，王雪龄常常冻得睡不好觉；学校的热水器数量也不足，洗澡得轮流进行，学生每周只能洗两次热水澡。

为了让孩子了解生活的不易，即使把孩子送出国外，王永庆也仍然对子女实行“经济制裁”，要求子女把每项花费详细记录在案，花一块钱也要详细交代。

王雪龄刚到英国时，人生地不熟又想家，一想到父亲这项刻意安排的磨炼，她心中难免有“错生豪门”的遗憾。不过，她现在回想起来却是由衷的感激。王雪龄说：“正是父亲的这项安排，现在要我住到哪里我都能适应，甚至到处流浪也无所谓。”

王永庆给子女绝对自由的婚姻选择权，但对子女却不轻易提供经济上的援助。王雪龄和她的丈夫是在美国念书时认识的，她的丈夫拿到电机电脑博士学位后，便决定与她共组小家庭。照说富豪之女出阁，身为父母的都会大事铺张一番的。但王永庆却没那么做。那时女儿和女婿刚踏出校门，没有经济基础，只好一切从简。他们选择在教堂结婚，以茶点招待亲友。为了省钱，王雪龄的结婚花束，也是她跑了几间花店，经过比价之后才买的。对于女儿这简单隆重的婚礼，王永庆却十分满意。王永庆曾对他的女儿说，给她们的嫁妆只有两件：一张能无限供应学费的凭证，一把好的剃须刀。王永庆严父式的管教，成就了女儿今天独立自主的性格，连她所选的夫婿，也一样是一个决心自食其力的人，他俩决心以自己在电机和电脑方面的专长，做自己感兴趣的事。

作为台湾第一大企业台塑集团的总裁，王永庆有丰富的企业管理经验，对于要自创天下的女儿和女婿，他是不吝赐教的。不过，他对儿女的要求自始至终都那么严格，作为他的女儿，王雪龄颇有压力。她说："跟他在一起时，总会不自觉地想把自己最好的一面呈现出来，他不喜欢看人懒懒散散、随随便便的样子。不管在日常生活或办公室里，我都会不由自主地提醒自己不得怠惰。"①

"压岁钱"是中华民族一个源远流长的传统，是长辈们发给晚辈的象征性礼物，主要是图个热闹、吉祥。清代人吴曼云曾写过一首《压岁钱》："百十钱穿彩线长，分来再枕自收藏。商量爆竹谈萧价，添得娇儿一夜忙。"该诗生动地再现了小孩子得到压岁钱后的欣喜与欢乐。每到新春佳节之际，长辈要送儿孙们压岁钱。近年来又扩展到亲朋好友也互赠对方孩子压岁钱。适当的压岁钱，表达了老辈对少辈的爱，传递着人间亲情，本无可非议。然而凡事皆有度，否则就会有亲情被金钱取代的危险。长辈给的压岁钱总会有多有少，以致在孩子们的心中谁给的压岁钱多谁最亲，给钱不多的是抠门儿，甚至成了"坏爷爷""坏阿姨"等。同时，还要当心钱多惹出不必要的麻烦。有时候压岁钱就像一针兴奋剂，节日期间孩子们出手大方，胡乱花钱很严重，他们可能上网吧、舞厅等。另外，身居要职的家长尤其要注意，一些人利用给孩子压岁

① 世界经理人：《台塑CEO王永庆的企业管理之魂》，《凤凰财经网》，2009-06-02。

钱的机会行贿，不但违法乱纪，还污染了孩子的心灵。

随着孩子的长大，孩子接触的社会生活面越来越大，他们所面对的消费诱惑也越来越多。当今儿童消费呈现出“讲究高档”的趋势，吃饱、穿暖已不能满足他们的需要，“食不厌精，脍不厌细”用在今天的孩子身上毫不过分。有专家指出：“娇生惯养的孩子，不是社会的叛徒，便是家庭的暴君。”这话虽说有点偏颇，但不无道理。

十五、孝敬长辈，光荣传统不能丢

我痛恨人们的忘恩，比痛恨说谎、虚荣、饶舌、酗酒，或是其他存在于脆弱的人心中的恶德还要厉害。

——莎士比亚

“百善孝为先。”孝敬父母，是做人的基准和最起码的素质。因为，父母的养育之恩是儿女一辈子无法偿清的感情债务。父母的爱是天底下最无私的爱，父母的胸怀是最博大的。《诗经》上说：“父兮生我，母兮鞠我。拊我畜我，长我育我，顾我复我，出入腹我。”[①]（“父亲生下我，母亲哺养我。给我爱护，育我长大，他们在家时照顾我，出门了挂念我，出门进门都抱着我。”）描述的是子女在回顾父母养育自己成长过程时的感激之情。

在一次空难中，飞机上百名乘客死亡。唯一的幸存者是一位躺在死去的母亲怀里的8个月大的女婴，这位母亲临死时，蜷缩着身子，将女婴护在怀里，自己摔死了，小女孩却安然无恙。这是多么伟大的母爱！

① 《诗经》，上海古籍出版社，1987年，第99页。

一位母亲，当她从菜市场买菜回家时，看到自己3岁的儿子正爬到没有栏杆的阳台上，儿子也惊喜地发现了她。她急忙朝儿子摆摆手，示意儿子赶紧爬下阳台。然而儿子毕竟才3岁，哪懂得妈妈的心思，他只认为妈妈要抱他，便做出一个拥抱的姿势向妈妈扑去。千钧一发之际这位母亲化作一阵黑色的旋风向孩子坠落的地方呼啸而去。此时，她正跌坐在地上，而她3岁的儿子正掉在她的怀里哇哇大哭。事后，消防队模拟孩子的重量抛下物体，让所有的消防队员逐个扮演母亲去接，没有一个消防队员能成功接到。在极短的时间里，只有母爱的力量才能让人跑得那么快。

国外一家刊物以“爸爸妈妈排名第几”为题对东西方中学生进行了一次调查，结果显示：父母在西方中学生的心目中形象崇高，在“最受尊敬的人物”排行榜中列入前三名之内，而在从幼儿园就会唱“世上只有妈妈好”的中国学生的答卷中，父母却未能挤进前十位。难道真的是中国父母的形象不崇高吗？北京市某区教委对初三和高三两个毕业年级的1.4万名学生进行调查，调查内容包括学生的心理抗压能力、睡眠时间、教辅和考试的效果及带来的压力、对自己帮助最大的人等多个方面。调查结果里所有和家长相关的部分中，家长得到的几乎都是最消极的评价。多数学生在问卷中回答，“让自己感觉压力最大的”“给自己学习、身心发展帮助最小的”“平时干扰自己学习最大的”“提供教辅材料的有效度最低的”都是自己的家长。①

现在的大学生一味享用着父母的血汗钱，很少想到父母的疾苦。一些报纸戏谑说，现在的大学生写给父母的家信只有三个字：“父，钱，儿。”究竟是什么原因使父母在子女心目中的形

① 艾文：《1.4万中学生调查：家长最让孩子感觉累》，光明网，2005-10-25。

象与地位都比较低呢？是孩子从小就不会爱别人吗？不，是父母的极度关爱、过分纵容滋长了孩子的自私心理，使孩子丧失了反哺的意识。西北某省，一位母亲含辛茹苦地把两个儿子养大并供他们念完大学，最后却饿死在街头。做县长的儿子和做中学教师的儿子，开着高级轿车，草草地将母亲火葬。面对记者的采访，这位县长竟昧着良心，厚颜无耻地声称，这不是他的母亲，而是他县里的一个孤寡老人。

没有一个父母不爱自己的孩子，可未必人人都知道爱子之道。邓颖超曾经语重心长地说过："母亲的心是仁慈的，但是仁慈的心要用得好，如果用不好的话，结果就会适得其反。"家长过分的庇护与溺爱，使得孩子从小学会了"理所当然"的享受，不知奉献，不知道关心别人，心中只有自己。在他们看来，父母与别人没有两样，亲情充其量是为他们提供服务的东西。看看下面几个例子：

某幼儿园一个6岁男童，因母亲把一辆玩具小汽车送给来客，就当着客人的面揪住妈妈的头发往墙上撞，嘴里说："我要教训教训你！"

小学的孩子是另一番情景：一位母亲因丈夫遭车祸住进医院，动用了她三年级的孩子230元的压岁钱。孩子发觉后，硬要妈妈偿还，说："凭什么用我的钱？"

中学生孝敬父母的状况如何？一位母亲把饭菜做好后到人工湖洗衣，初二的儿子回家见菜香可口，竟毫不犹豫地吃光。妈妈回家问为什么不等父母，儿子竟说："人不为己，天诛地灭。"

几年前某市某初一学生用刀捅伤父亲，民警问他："你捅伤亲生父亲心里不难过吗？"他理直气壮地回答："这是他批评我的下场。"

一女生在谈恋爱，因父母进行阻止，竟吃了近30片安眠药，并留下绝命书：“我的死是父母逼出来的。”①

孝敬父母是基本的道德品质，是人类独有的情感特质，只有对父母抱有纯真的情感，尊重父母的劳动，体谅父母的苦衷，承担孝敬父母、赡养父母的责任和义务，才有可能发展对人民、对祖国真挚的爱。韩国人从小就重视对儿童进行“孝道”的熏陶，每到寒暑假，孩子都会听“忠孝教育”讲座，接受“忠、孝、礼”等传统伦理道德的教育，因此韩国孩子从小就认为孝敬老人、赡养父母是一种神圣的义务。因此，父母要教会孩子学会“反哺”，让孩子知道没有父母就没有他们。如何培养子女的孝心？笔者认为：一是在孩子小时候就用故事滋养他们的心田，只有首先在他们的心里培植爱的土壤，孝心才会生根发芽；二是父母做好榜样，榜样的力量是无穷的，言传身教会潜移默化；三是加强责任教育，孝心源于责任，让孩子感受幸福来之不易；四是拓展“孝”的范畴，“老吾老，以及人之老”——“孝”这种优良品德不仅要表现在家中，还应该体现在社会交往之中；五是家庭与学校配合教育，做到“五要五不要”：要了解父母，要亲近父母，要关心父母，要尊重父母，要体贴父母，不要影响父母工作与休息，不要惹父母生气，不要顶撞父母，不要独占独享，不要攀比享受；六是让孩子尊重和珍惜父母的劳动成果，让孩子学会感恩。国外一些成功的教育经验表明，教会孩子孝敬父母，不仅会使孩子懂得什么叫真正的爱，而且还会增强孩子的责任感，让他们从小树立起正确的人生观、价值观。

① 彭文：《教育孩子、孝敬父母、尊重老人刻不容缓》，《现代家教》，1996(3)。

在巴西贝鲁的贫困区，曾有一个又黑又瘦的小男孩，他很小的时候，母亲就失业了。他钻到母亲的怀里说："妈妈，你不要担心，以后我靠踢足球养活你们。"在足球的王国巴西，有许许多多的人都在做着足球明星的梦，然而，靠踢足球能养活家人的人却是寥寥无几。可是，这个小男孩在14岁的时候，就被一家足球俱乐部相中。仅仅两年，他就成为克鲁赛罗足球俱乐部的明星。20岁的时候，他终于登上了世界足球之巅。这个小男孩就是罗纳尔多。有一次，记者问他："每个人的成功都有他成功的动力，你成功的动力是什么？"罗纳尔多的表情突然凝重起来："真的，我没想那么多，就想着我一定要把足球踢好，那样，我就能靠踢足球养活我的母亲了。"①

日本一名牌大学毕业生到一家大公司应聘。社长问道："你替父母擦过身吗？""从来没有过。"青年老实地回答说。"那么，你替父母捶过背吗？"青年想了想说："有过，那是我在读小学的时候，那次母亲还给了我10元钱。"青年临走时，社长突然对他说："明天这个时候，请再来一次，不过有个条件，明天来之前，希望你一定要为父母擦一次身。能做到吗？"青年一口答应。

这个青年虽大学毕业，但家境贫寒。他刚出生后不久父亲便去世，母亲为人做佣挣钱，供养他在东京一所名牌大学读书。这天青年回家时，母亲还在外帮佣。他想，母亲出门在外，脚一定很脏，决定替她洗一次脚。母亲回来后，见儿子要替她洗脚，感到很奇怪："脚，我还洗得动。"青年便将自己必须替母亲洗脚的原委说出，母亲于是坐下。儿子端来水盆，把母亲的脚放进盆

① 吴华生博客：《成功从卑微开始》，博客网，2007-10-11。

子里,当他左手握住母亲的脚时,发现母亲的一双脚已经像木棒一样僵硬,他不由得搂着母亲的脚泪流满面。在读书时,他心安理得地花着母亲送来的学费和零花钱,现在才得知这些钱是用什么换来的。次日,青年如约再去那家公司,对社长说:“您使我明白了在学校里没有学过的道理。如果不是您的指点,我还从来没有握过母亲的脚。谢谢社长,我要照顾好母亲,再不能让她受苦了。”社长点点头说:“你明天到公司上班吧!”①

十六、自信心,踏向成功不能缺

先相信自己,然后别人才会相信你。

——罗曼·罗兰

现代成功心理学研究表明,成功不仅有赖于智商,更有赖于情商。从20世纪20年代起,美国心理学家推孟和西尔斯进行了长达半个世纪的追踪研究。他们对1528名智商在130分以上的中小学生(男生857人,女生671人)进行跟踪调查,结果表明,早期智力超常并不能保证成年以后成为杰出的人才。150名最成功者和150名最不成功者之间的差异,并非在于智力方面,而是在于非智力因素方面。这些因素主要有:坚持力、自信心、情感、社会适应能力和实现目标的内驱力等。

自信是成功之母,自信心是指一个人对自己力量的充分估计,它是自我意识的重要组成部分。自信是一种积极的自我评价或自我意识,它表现为喜欢自己、肯定自己、相信自己。如果

① 吴兴人:《母亲的脚》,《教师博览》,1997(02)。

有自信心，就能在遇到困难的时候相信自己的智慧和能力，并最终想办法去战胜困难。与自信相反的是自卑。自卑是指一个人对自己的力量认识不足，看不到自己的力量，久而久之会形成一种心理定势，总认为自己不行，做不好事情，对工作和学习将会带来消极的影响。

心理学家指出：人类对自身的了解只有20%，还有80%的潜质不能被直接观察到。现代科学以及大量的事实证明，自信心是一个人的潜能源源不断地得以释放的精神源泉，是人们克服困难取得成功的重要保证。顽强的自信常常会产生奇迹，在当代美国动机激励教育领域享有盛誉的杰出人物鲍勃·摩尔对此深信不疑。他在《你能当总统》一书中列举的大量生动的事例证明，自信的力量是非常神奇的。他认为："只要你充满信心，认定目标，努力去使信念变成现实，你的信念就一定会成为现实！"①

现在有一种新的提法："成功乃成功之母。"究其原因在于，成功使人更加自信，勇于去追求更大成功。爱迪生曾说过："自信是成功的第一秘诀。"②心理学研究也表明，一个人的自信心与成功成正比。

造成孩子自信缺失的原因有很多，如过分在意外表的美观、智力发展上的差异、家庭经济条件差等，但这些因素充其量是外在的，而缺乏自信心的根本原因则来自于内心战胜不了自己。告诉孩子，如果外表上的某种缺陷成为心理上的缺陷就会影响到他的一生。因为人无法选择自己的长相，只有自信地面对自己的缺陷，才能真正地甩开包袱，尽情地发挥自己的长处和优点。

有时候也许我们并没有先天的优势可言，但坚定的追求和

---

① 何晓敏：《积累自信形成力量，强化合作实现共赢》，《教师成长》，1998(12)。

② 孙黛霞：《培养学生的自信心要做到"五多"》，《宁夏教育》，2014(1)。

超乎常人的付出，都将成为可贵的优势。每个人都有自己的特点，有自己的长处和短处，不能因为别人的嘲笑就妄自菲薄，要相信自己，肯定自己。法国教育家卢梭曾经说过：“自信心对于事业简直是一种奇迹，有了它，你的才干便可以取之不尽、用之不竭；一个没有自信心的人，无论他有多大的才能，也不会抓住一个机会。”①

美国著名心理学家基恩博士常跟别人讲起自己小时候经历过的一件触动心灵的事。一天，几个白人小孩正在公园里玩，一位卖氢气球的老人推着货车进了公园。白人小孩一窝蜂地跑了过去，每人买了一个，兴高采烈地追逐着放飞在天空中的色彩鲜艳的氢气球。

在公园的一个角落躺着一个黑人小孩，他羡慕地看着白人小孩在玩耍，他不敢过去和他们一起玩，因为自卑。

白人小孩的身影消失后，他才怯生生地走到老人的货车旁，用略带恳求的语气问道：“您可以卖一个气球给我吗?”老人用慈祥的目光打量了一下他，温和地说：“当然可以。你要一个什么颜色的?”小孩鼓足勇气回答说：“我要一个黑色的。”脸上写满沧桑的老人惊诧地看了看小孩，旋即给了他一个黑色的氢气球。

小孩开心地拿过气球，小手一松，黑气球在微风中冉冉升起，在蓝天白云的映衬下形成一道别样的风景。老人一边眯缝着眼睛看着气球上升，一边轻轻地拍了拍小孩的后脑勺，说：“记住气球能够升起，不是因为它的颜色、形状，而是气球内充满了氢气。一个人的成败不是因为种族、出身，关键是你的心中有没有自信。”那个黑人小孩就是基恩，他所经历的这件事影响了他的一生。②

---

① 杨帆：《将自信的种子深埋在孩子心中》，《惠州日报(现代教育版)》，2008-07-28。

② 吴敏：《自信》，精英家教网，2007-11-11。

自信心的获得需要家长注意自己的教导方式，一是要尽量发扬孩子的长处，其次要多表扬少批评，三是要引导孩子不断克服困难。

有一个生长在孤儿院中的小男孩，常常悲观地问院长："像我这样的没人要的孩子，活着究竟有什么意思呢？"院长总是笑而不答。

有一天，院长交给男孩一块石头说："明天早上，你拿这块石头到市场上去卖，但不是'真卖'。记住，无论别人出多少钱，绝对不能卖。"

第二天，男孩拿着石头蹲在市场的角落，意外地发现了不少人对他的石头感兴趣，而且价值愈出愈高。回到院内，男孩兴奋地向院长报告，院长笑笑，要他明天拿到黄金市场去卖。在黄金市场上，有人出比昨天高10倍的价钱来买这块石头。

最后，院长叫孩子把石头拿到宝石市场去展示。结果，石头的身价又涨了10倍，更由于男孩怎么都不卖，竟被传扬为"稀世之宝"。

男孩兴冲冲地捧着石头回到孤儿院，把一切告诉院长，并问为什么会这样。院长没有笑，望着孩子慢慢说道："生命的价值就像这块石头一样，在不同的环境下就会有不同的意义。一块不起眼的石头，由于你的珍惜、惜售而提升了它的价值，竟被传为稀世之宝。你难道不就像这块石头一样？只要自己看重自己，自我珍惜，生命就有意义，有价值。"①

为人父母者，有义务培养孩子的自信心。我们应该努力告诉孩子：生命的价值首先取决于你自己的态度。珍惜独一无二的你自己，世界才会认同你的价值。

---

① 石头：《石头的价值》，故事365网站，2008-11-26。

十七、“陪”孩子,要慎重

谁若游戏人生,他就一事无成;谁不主宰自己,永远是一个奴隶。

——歌德

在求学、就业压力日趋增大的今天,为了孩子的成长,家长们可谓费尽周折。为了让孩子能学有所成,好多家长牺牲了自己的爱好,牺牲了自己的追求与时间,苦苦守着孩子,陪吃、陪练,变着法子满足孩子的“陪”需求,让孩子完成各种既定的“成才”任务。

陪吃:现在的孩子,要么不按时吃饭,要么爱挑食。担心孩子的营养跟不上成了大人的一块心病,于是,不论自己有多忙,为了能让孩子吃饱吃好,家长总是想方设法陪孩子吃。一些家长省吃俭用,总是把有营养的、好吃的东西留给孩子吃,自己默默做着陪客,看着孩子旁若无人般地大肆咀嚼。

陪写:现在的不少家长尽管白天工作劳累了一天,晚上还要陪伴做作业,大人比孩子还要累。为了使孩子学习更上一层楼,家长们使出浑身解数,可以不看电视,可以不串门,可以不去参加聚会,但一定要陪孩子写作业。其用意显而易见:现代社会竞争这么激烈,谁不希望自己的孩子在未来竞争中成为佼佼者呢?

孩子正处在读书积累知识的阶段,家长们谁都想着督促孩子按时完成作业,若孩子遇到不懂的难题还可以在旁边予以辅导。小倩的妈妈是广大“陪写”族中的一员,孩子一放学就将孩子接到单位,坐在自己办公桌旁的角落,抽空督促孩子写作业。学校放暑假后也不得不把“陪写”形式从面对面改为遥控,每天都要向家里打数个电话督促孩子写作业，听到家里的音乐声、电视声，就会对着话筒发威："又在看电视是不是？关掉，我要检查你写的日记！"长此以往，小倩也养成了被督促、被关心的习惯，稍有难题就打电话过来："妈，这道题怎么做？""妈，我的数学作业本在哪儿？"她妈妈就在电话里给她解释、答复。有时候觉得自己答复得不好、不全面，过一会儿又给小倩把电话打过去做补充。

家长陪读的主观愿望是好的，但弊端也不容忽视。首先，陪读容易使孩子产生依赖心理。其次，家长的知识水平、施教技巧等与教师有一定差距，容易使孩子困惑；再次，为了补充知识，家长还得亲自钻研教材，给自己增添烦恼。

家长有条件陪读，就要注意方式方法。一是不要做监工，使孩子心情紧张。有的家长用严厉的目光盯住孩子，孩子稍微走点神，轻则大声呵斥，重则揪头发，拧耳朵，甚至连孩子上厕所都盯梢，弄得孩子提心吊胆，诚惶诚恐，自尊心受到伤害，反而无心学习。家长应该在培养孩子写作业的自觉性、积极性上下工夫，而不应该给孩子强迫感、压抑感。小孩子也有自尊心，如果家长在监督上下工夫，他会觉得自己的作业是给大人写的，于是会产生"偏不给你写"的逆反心理。二是不要有问必答，给孩子吃现成饭。有的家长辅导孩子不是点拨式，而是问什么答什么，把问题的答案直接全盘托出。这样做容易养成孩子的依赖习惯，懒得动脑筋自己寻找答案。甚至一些孩子遇到大人做不出题，他还会取笑家长，说家长连小孩子的作业都不会做。三是不要做"保姆"，递这递那，照顾过度。有的家长为了让孩子抓紧时间学习，一会儿削铅笔，一会儿递草稿纸，有的还替孩子翻字典。这样做，既干扰了孩子，又不利于孩子自主能力的养成。

当然，给孩子必要的辅导和点拨是应该的，也是很重要的，但不能搞代替、包办。

陪练：每到周末，家长们带着自己的孩子奔赴各种辅导班。他们守候在钢琴班、舞蹈班、书法班、绘画班、英语班、作文班的教室周围或干脆就待在教室里，一方面是督促孩子学习，另一方面也是自己记住老师所讲的内容，以便回去帮孩子巩固练习。

我出生在安徽省蚌埠市，从 4 岁开始，父亲规定我每天练小提琴。父亲小时候家里穷，让他当音乐家的梦想破灭了，于是他把梦想寄托在我身上。

为了培养我，父亲整天陪着我练琴，不允许我浪费一分一秒。只有他不在家的时候，我才能偷偷地寻找一点属于自己的快乐。但我的“偷懒”每次都会被父亲抓住，然后是一阵暴风骤雨般的打骂，无论我怎么求饶也不行。

9 岁那年，我考入上海音乐学院附小，父亲放弃了工作，跟我一起到了上海租房住下。2001 年，我被学校推荐参加当年的全国少儿小提琴大赛。一个周日，我想休整一下，就没练琴。父亲回来看我在“偷懒”，对我大打出手，木棒打在我的胳臂上，我疼得大哭不止，然而父亲并没有饶我，让我继续练。可我的胳臂动弹不得，而且渐渐肿起来，父亲这才急忙带我去医院检查。拍了 X 射线片，医生告知是骨折。我的胳臂打上了石膏，医生嘱咐我一个月之内不能运动。为了出成绩，父亲竟不到三个星期就带我去浴池，让热水把我胳臂上的石膏泡化。他说，小孩子骨头长得快，让我多活动胳臂，加紧练琴，以免影响比赛的水平。尽管我在这次比赛中获得了二等奖，但我们父子关系不断恶化，父子之间情感的裂痕已到了无法弥合的地步。就在这时，我的生活有了转机，有个电影剧组在我校选演员，我有幸被选中，饰演一个拉琴的孩子。2001 年 10 月，父亲随我一起走进了摄制组。在剧中，孩子在父亲的关爱下一步步走向成功。

而当我依偎在剧中父亲的怀抱里时,我觉得自己太可怜了!

我拍戏的时候,父亲就坐在下面看着。一次我拉琴时,出现了一点小小的疏忽,父亲又劈头盖脸地训斥我。当天晚上,剧组的负责人专门来劝导我父亲:“你把自己的儿子当成私有财产去管教,这太残忍了!你想想吧,为什么孩子从上六年级以后就不叫你爸爸了?”可能是剧组人的话提醒了父亲,此后,他对我的态度有所转变。2002年,我考入中央音乐学院附中,父亲让母亲做陪读。父亲说,这样可以给我一个自由的空间,以弥补他的过错。①

有的家长为了弥补自己由于繁忙而疏于管教孩子的遗憾,往往聘请保姆或家庭教师来照顾和陪伴孩子。这些人常常直接为孩子解惑答疑,孩子有了这个靠山,上课听不懂的问题就不再问教师,甚至上课不再认真听讲。这可是花钱给孩子买了一个坏习惯!现在中小学的学习负担已偏重,学生在完成老师布置的作业的同时,再去完成家庭教师布置的作业,更增加了学生的负担。加之这些人的责任心不是太强,孩子很容易被惯坏。

因此,家长要正确判断孩子的“陪”需求,做出适当合理的安排,不要一味扮演孩子走路和学习的“拐棍”。

十八、善待孩子的志向

无声无息地了却一生是平庸的。

——荷马

《读者》杂志曾载,上海一个11岁的男孩,当被问及“你最大

① 张楠:《琴梦难圆》,《湖南在线——家庭导报》,2004-12-29。

的愿望是什么”时，毫不犹豫地脱口而出：“中奖500万，周游全世界。剩下的钱，买个官做。”这位孩子的“雄心壮志”怎么也难以让人把他与他的年龄联系起来。由此不难发现，随着社会的转型，人们的思想也发生了巨大的转变，可悲的是这些思想却过早地影响到了孩子。

父母的境界、眼光、心胸和气度决定着孩子的前途与志向。人们常说，孩子是站在父母肩膀上的。确切地说，孩子是站在父母思想境界的肩膀上的。从小树立孩子们的雄心壮志，支持他们为祖国争光、为人类做贡献是家长义不容辞的责任。列宁说过：“鹰有时飞得比鸡低，但鸡永远不能飞得像鹰那样高。”如果一个孩子仅仅把自己考了几次高分作为沾沾自喜的资本，将来很难有大出息。现在一些家长不仅不鼓励孩子往远看，往远想，还会时不时打击孩子的向往与选择，总是拿“别想那么远、那么不现实的东西，提高眼前的成绩才是关键”来教导孩子，抹杀他们的想法，这种家教方法无疑会遏制孩子远大志向的建立。

1982年，12岁的谢军小学毕业时，遇到了两难抉择，是上重点高中呢，还是走下棋的道路呢？如果选择前者，小谢军有很好的学习基础，小学6年曾7次被评为“三好学生”，上重点高中几乎没有悬念。选择下棋吗？这也是她心仪已久的事情，她虽不知道自己将来会怎么样，但她有信心下好。究竟该走哪条路呢，她陷入了沉思，心里十分矛盾。于是她就去征求妈妈的意见。

妈妈尊重了女儿的选择。她用商量的口吻对女儿说：“谢军，抬起头来，看着妈妈的眼睛。你喜欢下棋，是不是？”

小谢军目光坚毅地盯着妈妈，严肃认真地对妈妈说：“我还是喜欢下棋。”

得到了女儿的表态，母亲神情严肃地说：“好，记住，下棋这条路是你自己选择的。既然你做出了这条选择，今后你就应该负起一个棋手的责任。”就是在这样的选择与支持下，“国际象棋皇后”诞生了。[①]

“立志，事之帅。”作为家长，要尽量帮助孩子树立远大志向，同时要做到善待孩子的志向选择。在孩子自己树立远大志向后不要嘲笑他，不要泼冷水。有些家长习惯贬低自己的孩子，甚至当面嘲笑孩子的伟大想法。这是用静止的观点来看问题，这种做法挫败了孩子的积极性，忽视了孩子也是一个发展的个体。马克思的小女儿艾琳娜说，她长大要做船长，问父亲是否能扮成个男孩子，并且“偷偷地逃走去租一艘军舰”。马克思悄悄告诉她：“这自然是可以的。不过在计划没有成熟之前，不能把这事告诉别人。”有的家长则作为“过来人”，自以为明白人情世故，认真而严肃地告诉孩子，哪些理想是实际的，哪些不是我们一般人干的。家长们的这些做法都是不对的。在家长看来，那些远大的理想盲目而不切实际，事实上，它有时极可能是一个孩子最正确的选择。

对一个人来说，远大的志向往往会形成一种信仰，而人的信仰往往会使人产生一种伟大的激情，这种伟大的激情就会使孩子产生伟大而神奇的动力。为纪念护士南丁格尔而设立的“护士节”，相信很多人都知道。南丁格尔出生在英国一个大地主家庭，从小富有同情心与爱心，她很小的时候就请牧师医治了一只奄奄一息的小狗。在当时，护士是一个很卑贱的职业，她的父母都反对她当护士，偏偏她小小年纪就渴望成为一名护士，认为她的职业“将使世界变得美好”。在战争中，由于她的卓著业绩，世人以“南丁格尔魅力”比喻一切救死扶伤的精神。英国人称南丁

---

① 谢军：《谢军教你下国际象棋》，中信出版社，2006年，第89页。

格尔是“最伟大的战地英雄”，奖给她15万美元，她用这笔钱开设了医院“南丁格尔护士之家”。她活了90岁，人们都认为她的一生是“辉煌的一生”。

《百万富翁的智慧》一书的作者托马斯·斯坦利对美国1300位百万富翁调研的结果是：“能力测验、学习成绩和经济成就这三者之间没有绝对的内在联系。百万富翁并非依赖他们的天生才华，而是选择了与其能力相配的职业。”[①]这方面，著名教育家黄炎培先生做得非常成功。在儿子年幼时，他发现儿子特别喜欢玩积木，常常用积木搭建成各种建筑。黄炎培先生觉察出其天性喜爱与工业相关的东西，于是便有意识地在这方面加强引导。在儿子上初中时，他常常带着儿子去郊游，或登上高处观看上海市景，指导他学习工科。后来儿子初中毕业，果然考入无锡实业学校学习工科，毕业后当了建筑监工员。尔后又考入唐山交通大学工程系，毕业后当了路督造桥工。不久，又考取公费赴美研究水利工程，获取博士学位。

十九、推迟满足感

应该强调，不严肃认真的教育，有许多隐患。父母使自己的子女享福太早，是不聪明的。

——雨果

心理学上有个概念叫“推迟满足感”，它意味着你不能贪图暂时的安逸，你得重新设置人生快乐与痛苦的次序：首先，面对问题并感受痛苦；然后，解决问题并享受更大的快乐，这是唯一可行的生活方式。

“推迟满足感”是一种非常有效的心理促进作用，因为只有

① 陈爽：《家庭幸福是最大财富》，《市场导报》，2004-07-27。

人们不满足时，才会通过劳动去达到满足，也就会因此而取得成功；而当一个人只看到眼前利益，很容易满足时，他就会缺乏动力，停滞不前。

“人的教育不能只是简单地、机械地接受训练，最重要的是要使儿童学会思考。”①有一个哲理性的故事，讲的是如何才能将一根长长的甘蔗吃完。按照一般人的习惯，一根长甘蔗一次是吃不完的。可有人还是提出了能使人吃完这根甘蔗的办法，他的逻辑就是调整吃甘蔗的顺序为先苦后甜。如果吃的人先从甘蔗的根部吃起，他一般不愿意吃完，因为甘蔗的根部很甜，往上甜味依次递减，越来越不好吃，人们往往会选择放弃；而当人们先从甘蔗的梢部吃起时，越往根部甘蔗就越甜，或许不经意间，这个甘蔗就被吃掉了。教育孩子也是一样，要教会孩子调整好先苦后甜的处事态度，让他们心存美好的愿望，让他们尝到艰辛付出后的香甜。只有这样，孩子才会树立勇往直前的信念与信心，才会不畏艰险努力向前。

布朗小姐是一位刚刚走上工作岗位的女教师，她长得非常漂亮，走到哪里，哪里就会投来欣赏的目光。她的学生，特别是男生，都希望得到她的喜爱和重视。为此，他们会在布朗小姐面前努力表现出自己的优秀。

布朗小姐十分喜欢自己班上一个名叫罗斯的小男孩，因为他学习成绩突出，而且很守纪律。她便安排他在毕业典礼上致辞，并且给了他一个美好的吻和一个美丽的祝愿，祝愿他走向成功之路。

可是，这一吻却引起了一位低年级小男孩的嫉妒，他觉得自己也应该赢得布朗小姐的吻。于是，他走上前对布朗小姐理直气壮地说：“我也要得到你的一个吻。”

① 康德：《康德论教育》，赵鹏、何兆武译，商务印书馆，1971年，第75页。

布朗小姐对小男孩的这一举动很是惊讶，问他为什么。

小男孩自信地说道：“我觉得我自己在各个方面并不比罗斯差。”

布朗小姐听了，微微地笑着，摸摸小男孩的头说：“可是，你要知道罗斯的成绩很好，而且很守纪律，他是同学们公认的模范生。”

“不过，”布朗小姐话锋一转，接着说道，“假如你以后和罗斯做得一样出色，我也会奖励你一个吻。”

小男孩立刻伸出手来与布朗小姐击掌约定：“那咱们一言为定。”

从此，小男孩为了能够得到布朗小姐的一个吻，开始发奋学习，迎头追赶，没过多久，他的学习成绩就有了很大的提高，而且德智体全面发展，成了一个很出色的学生。

此时，美丽的布朗小姐果然也遵守了那个承诺，给了小男孩一个充满鼓励的吻，这让小男孩欣喜若狂，更加努力学习。

这个小男孩，便是后来举世皆知的美国第33任总统杜鲁门。①

孩子的教育是一件十分漫长而艰巨的工程，因为每个孩子的情况千差万别，每个家庭的状况也是各不相同。为了孩子的健康成长，家长就要在平常的生活和教育中，让孩子明白能吃苦也是一种品德，要让他们学会先吃苦后享福，并为实现更大的理想和创造美好的生活而不断努力。

① 刘会岩：《给“差子”播种一颗希望的种子》，全国中小学教师继续教育网，2011-08-19。

二十、正确看待孩子的“节日情结”

人生当中最危险的一段时间是从出生到12岁。在这段时间还不采取手段摧毁种种错误和恶习的话，它们就会发芽滋长。等到以后采取手段去改的时候，它们已经是扎下了深根，以致永远也拔不掉了。

——卢梭

一年365天中会有各种各样的节日。在中国，除了一些重大的公益性节日如国庆节、教师节等之外，还有许多充满神话传说与民间传说色彩的纪念性节日，如春节、元宵节、端午节、七夕节等。中国人十分喜欢过这些传统节日，因为这些节日不仅代表着一个个神奇的传说故事，还蕴涵着丰富的人情魅力，寄托着人们对古人的惦念和对未来的憧憬。

对于孩子们来说，过节并不陌生。自打进幼儿园，孩子们就要庆贺属于自己的节日——儿童节。继而，随着年龄的增长，孩子们就学会了过各种各样的节日。这些年，随着社会的进一步开放，一些西方的节日逐渐走进了孩子们的世界。孩子们过节本是无可厚非的，家长们也可以利用这些节日，给孩子们进行恰当的礼仪教育，丰富他们的生活。但不得不引起重视的是，现在的孩子比较会享受，也会讲排场，动不动搞聚会，办沙龙。他们痴迷于一些“洋节”，如情人节、愚人节、感恩节、圣诞节等。他们也喜欢过生日，花费少则百元，动辄几千元。他们过节的目的发生了改变，节日的性质与传统已荡然无存。一些孩子由于虚荣心的驱使，为了争足“面子”，往往不顾家庭的经济实力，互相攀比，呈现出比较扭曲的心理。

“十一”期间，家住上海市彭浦新村的老周夫妇心情沉重：夫妇俩“没日没夜”打了一个月工挣来的两千多元工钱，却被儿子拿去办了一个同学聚会。

“为了供他读书，我们两个吃苦受累。难道供吃、供喝、供穿、供读书还不够，还要供他虚荣吗?”老周妻子十分伤心。

老周感叹：“对儿子，我们是掏心挖肺了!”6年前夫妇俩双双下岗，老周开始每天清早骑车，挨家挨户送牛奶，忙完后赶到装饰市场替客户送材料，晚上又要在停车场守夜值勤；妻子则在上午去证券公司做清洁工，下午到小百货店当营业员，夫妇俩一个月的收入加起来不过两千多元，日子过得很清苦。

可是儿子却“高标准、严要求”。开学的时候，他看到同学都有车子接送，竟软磨硬泡要父亲租辆出租车送他上学。国庆长假里，又提出办一个同学聚会，为此他一会儿宣称绝食，一会儿装病不去上课，逼着父母凑足两千元供他花销，因为“大家轮流做东，出手大方，我也不能坏了规矩，以后在学校还要做人的”。[①]

孩子们的“节日情结”，往往是为了获取一定的娱乐休闲时间和空间，或者是为了得到一定的零花钱，他们很少顾及节日的深层内涵。如今，中国传统里一些重要的日子往往被孩子们忽视，他们往往对朋友的生日如数家珍，但不知道自己父母的生日。对于节日和生日，家长在和孩子共同庆贺的同时，要注意利用其特有的内涵对孩子进行必要的做人教育，不要让孩子把过节当做一种追崇时尚和消费的托词。在这方面，犹太人的做法值得我们的深思。多数民族将胜利、喜庆作为节日的基调，可是犹太人最盛大的节日“逾越节”却是纪念祖先在埃及当奴隶时的苦日子。这天，他们给孩子吃很难吃的没发酵的面包和很苦的

① 郭振海：《上海父母“控诉”儿子：为何不知感恩?》，新华每日电讯，2005-10-13。

叶子，讲祖先在埃及受屈辱的故事，让他们从中受到必要的教育。

二十一、与孩子"沟通"没商量

对于要检查别人心灵的人，柏拉图要求他具备三样东西：知识、仁慈、胆量。

——蒙田

沟通是一种能力，更是一种习惯，应该从小开始培养。

据一项调查显示：有近70%的家长，在和孩子沟通中存在着烦恼和困惑；有19%的家长与孩子沟通正陷入紧张、困难、无奈的境地；有23.6%的家长因"孩子小，道理讲不清"而形成沟通困难；还有35%的家长，则面临"孩子大了有自己的见解，我们讲话他(她)不大愿意接受"的烦恼，而明确表示以"放下架子，平等尊重对方"为沟通方式的家长只有12.6%。[①]

以上数据充分说明，家长与孩子的沟通形势不容乐观。随着社会经济的发展，人们对孩子的期望越来越高，多元文化对孩子的影响也越来越深，孩子要求个性独立的呼声也愈加高涨。可以说，造成家长与孩子沟通障碍的原因很多，但主要体现在以下几个方面：一是家长没有把与孩子沟通的立足点放到解决问题上，而是自觉或不自觉地以自己为中心。二是家长与孩子沟通的平台出现了倾斜，沟通变成了家长的唠叨或一言堂，引不起共鸣。三是大多数家长都忽视了"代沟"的存在，一味追求统一，孩子的意见和建议任何时候都没有被倾听过。家长们往往忽视了孩子们并没有经历过家长所经历的时代，因此他们很难站在

---

① 贾云：《沟通从心开始》，《家庭与家教》，2006(5)。

家长的立场上去思考问题。四是提前教导较少,事后弥补过多。对一些事情,家长没有意识到应该提前在心平气和时跟孩子说明,等到事情发生了,再带着情绪去沟通,效果就不明显。五是家长关注点与孩子的兴趣点错位严重,孩子不愿意听自己不感兴趣的事情,双方容易产生摩擦与误会。六是家庭活动少,缺乏合作共事的机会,因此交谈就少。除此之外,造成沟通障碍的一个重要原因是,现在的家长都忙于工作,很多时候根本没有时间和孩子沟通、聊天。往往是父母一开口和孩子说话,就是关注孩子的成绩,询问他是否听了老师的话,在学校表现怎么样,如果听不到自己想要的回答,动不动就四目相对,不再沟通。现实生活中,更多的孩子一吃完饭就把自己关进房间,和父母之间几乎没什么可说的。

小刚是个聪明可爱又活泼好动的孩子,从刚学走路到上幼儿园,小刚总是爱惹事,时间一久,他的爸爸觉得很不耐烦。在小刚6岁的时候爸爸把他送到奶奶家,这一送就是5年。开始,爸爸妈妈基本上一天来一次,逐渐变成了一个星期来一次,后来变成了半个月来一次,再后来变成只是妈妈一个来看小刚。小刚看到爸爸的机会越来越少,即使爸爸偶尔来一下,也总是火急火燎地待一会儿就走,其间过问小刚一下,也总是板着脸冷言冷语:“你小子又闯祸了吧?”“又惹事了吧?”“你小心点,乖乖的,不然我揍你。”“要听奶奶爷爷的话,别老是那副德行。”小刚不说话,看着这个自以为是的爸爸,心中无限陌生:“这是我爸爸吗?”小刚发誓从此不再理他。

小刚今年11岁了,小刚的爸爸从来没有到校参加过家长会,小刚也有5年没搭理过爸爸了。小刚纳闷:“怎么会有这样一个父亲?”渐渐地,他从一个活泼开朗的孩子变得郁郁寡欢,极不合群，学习成绩跟不上，反应也开始迟钝，而且很能吃，成了个体重70公斤的小胖子。没办法，父母只好带他去看心理医生。医生说，这孩子得了忧郁型自闭症，把对父母的不满情绪转移到吃上，用吃来排遣自己郁闷的心情。在父亲面前，医生让小刚以后多跟家人沟通，跟父亲开口说句话。小刚迟疑，最后大声道："我恨你！"说完掉头就走。

如果孩子和父母不能有效沟通，网络等媒介就会成为他们寄托心灵的最优选择，孩子就会痴迷上网。在虚拟的聊天世界里，他们无所顾忌地倾泻着自己的寂寞，什么话题都谈。其实这样是很有害的，人和人之间的交流应该是全方位的，谈话的时候，肢体和表情都在积极传达信息，对方接收到的也是综合性的信息。借助网络和电话等媒介无法弥补和孩子的沟通缺失，因此经常和孩子沟通是很重要的。要有意识地主动去和孩子交流，因为沟通永不会嫌太早。从婴儿第一次啼哭开始，他就需要沟通。他可能有疼痛、饥饿或不安的感觉，需要你给他满足，给他抚慰。尤其是对于那些处于"心理断乳期"的孩子，迫切希望家长把他当做成人看，而不是当成小孩子。现在家长感到同孩子难以沟通，主要是在小学高年级以后，因为在小学低年级之前，孩子基本上是按照家长说的去做，但到了小学高年级之后，孩子表现得非常犟，不但不听话，而且还会与家长对着干。如果不及时有效地进行沟通，一些不良的现象，如早恋、逃学、撒谎、抽烟、酗酒等就会发生。

因此，与孩子沟通得讲究方法，父母平常要注意以平等的身份、平和的口吻、平静的语气，给孩子以"理"的教育；要避免说赌气的话，说挫伤孩子自尊心的话；要创造聆听的气氛，让孩子有辩解的机会，重视孩子的意见与想法；如一些问题实在不便交流，可尝试请别人委婉代言或者写下来，让孩子有冷静反思的机会。

二十二、与“恶搞”斗争没商量

遇到有承认自己错误的机会，我是最愿意抓住的，我认为这样一种回到真理和理性的精神，比具有最正确无误的判断还要光荣。

——休谟

“恶搞”文化，又称作Kuso文化，是一种经典的网络次文化，最初由日本的游戏界传入我国台湾，成为台湾网络BBS上一种特殊的文化，继而又由网络传到我国香港，最后传遍了全中国。

“恶搞”并不是突然出现的，每个年代的人都有自己“恶搞”的方式，比如以前的“厕所涂鸦文化”。现在一部分网络和电视，为了吸引眼球，迎合一些人烦躁寂寞的心情，炮制了大量低级庸俗的“恶搞”内容，一些手机短信和彩铃更是肆无忌惮地传播着一些荒谬的言辞。这些“恶搞”的举动和言论，在成人看来要么是无聊的做作，要么是有趣的篡改，要么是相互的调侃，要么是对不满的发泄，可以说对大人还不会造成太大的影响，但对心智还未发育成熟的孩子们来说，却有可能混淆他们的是非观念，对他们的成长很不利。

近几年来，随着电视网络的发展，孩子们很少接触文学名著，极少去参与积极健康的文化活动，业余时间常常掺和在一些无聊的网络游戏中，以至于在高考作文中出现了如此荒诞的“恶搞”语言：“霍金曾经是美丽的女孩，年轻的时候很可爱，后来瞎了眼睛，写了《假如给我三天光明》；宋江拜把子兄弟张飞把他从狱中救了出来，然后一起亡命天涯……”这些言论一方面显示了学生们阅读知识的苍白，另一方面反映出受“恶搞”的影响，孩子们也开始不懂装懂，玩起“恶搞”。应该说，这种毒害是很深的。

青岛市五十一中初中学生金某说："网络上到处有'恶搞'作品，同学们都会说很多像'抬头肯德基，低头麦当劳'这样的'诗'。刚开始看到'恶搞'作品觉得挺新鲜、挺好玩的，后来发现自己的思维出问题了，什么东西都想'恶搞'一下，这种思想很可怕。"今年刚升入青岛二中的高一学生张某告诉记者："'恶搞'文化有利有弊，利是可以用更直白、有效的方式讽刺社会的丑恶现象，弊是会让青少年学生对中国传统的文化产生错误的认识。"学生孙某明确表示，她不喜欢"恶搞"作品，因为很多"恶搞"的东西只是对别人的原创作品进行生拉硬扯的改写，有剽窃之嫌。①

《中国青年报》社会调查中心与新浪网新闻中心联合开展的一项调查显示：在公众眼里，舆论环境存在日益低俗化的倾向。在一项近千人的调查中，79.8%的人认为，和10年前相比，媒体舆论对青少年成长的影响越来越大；有31.6%的人认为，现在的舆论环境"比较混乱"；49.7%的人认为"有日益低俗化的倾向"。②

专家警告说："恶搞"需要正确的引导。第一，对孩子要加强法律知识和科学文化知识的学习，以增强他们的是非辨别力。第二，媒体要起正确的引导作用。当前媒体喜欢炒作，同时个别媒体从业人员素质不高，缺乏社会责任感。如果过分炒作某些作品中的劣质成分，势必会引起不良的社会影响。

家长要敢于同这些"恶搞"的不良习气做斗争，要坚定地维护正义与公理，同时要教会孩子辨别真伪的能力，要孩子树立健康的人生观、价值观、世界观。

---

① 刘宏：《警惕"恶搞"让中小学生迷失方向》，《中国教育报》，2006-09-27。

② 冯青：《89.5%公众担心恶搞混淆青少年是非观》，《中国青年报》，2006-08-28。

二十三、正视孩子的早熟

绝不要把他们教育成闷闷不乐、早早就想进入成年的人。

——加里宁

每个家长都希望自己的孩子早些懂事，会看眼色，学习好，盼望着“穷人家的孩子早当家”，老师们也更喜欢成熟懂事的孩子。但是，在一系列成人文化的熏陶下，在长时间的殷切期望下，在一个个“成功例子”的引导下，现在的孩子成人化倾向非常严重，出现了一个个“小大人”，他们的早熟不仅体现在身体的发育和行动的老练方面，更体现在心理的严重成人化上。“早熟的才智鲜有能结好果者。所谓早熟，是指这样一些学生：他们刚刚开始学习就为厚颜无耻所驱使，自负而迫不及待地要显露一下自己。但是他们用来显露身手的，也不过是刚刚学到的一点东西。”①

现在的校园里常见的是，一部分学生学着大人说空话、套话、假话，穿大人衣，理大人发型，表现得十分另类。他们刻意营造出一种“我是大人”的印象，他们对一些游戏已经不屑一顾，用还充满着幼稚的小手挥舞着与年龄不相称的动作。他们代同学写作业明码标价，给同学代买字典收取报酬，为当班长拉选票“贿赂”老师，早早地谈恋爱，比谁家的房子大、比谁的父母官大……

① 昆体良：《昆体良教育论著选》，任钟印译，人民教育出版社，1989年，第26页。

9岁的彬彬是天津市一所小学三年级的学生，他所在的学校要求每个学生准备一本新版的《学生字典》，可以随学校统一购买，也可以自行购买。

彬彬的爸爸袁先生说，我前两天刚给他买了本字典，可他还让我买，并给了我20元钱，说是帮同桌捎的。谁知道，就在字典买回后的第二天，袁先生就被彬彬的班主任"请"到学校，要和他谈谈孩子的思想道德问题。原来，这本定价20元钱的字典，彬彬竟找同学要了22元钱，多出的2元钱作为"报酬"。

孩子早熟的原因是多方面的。一是家长和老师的过分期待，他们总喜欢孩子懂事；二是电视和网络的宣教作用；三是一些家长的做法影响到了孩子；四是周围环境的耳濡目染。作为家长，要注意引导孩子，尽量让孩子保持童心、童趣、童真。

作家胡泳有一段概括"早熟"孩子的话比较精辟，希望能给广大家长以启迪。他说："早熟的果子都有苦涩的内核，但早熟的本质恰恰是不成熟的，外表早熟只是孩子们人格病态、心理扭曲、行为异端的反映。当然，所有这一切绝对不是孩子们的错。"①

二十四、劳动，人类生活的衣食父母

热爱劳动吧！没有一种力量能像劳动，即集体、友爱、自由的劳动那样使人成为伟大和聪明的人。

——高尔基

劳动，是人类生存最起码的条件。爱劳动，是中华民族的美德。近几年来，随着物质生活条件的改善，孩子们的劳动意识明

① 李保华：《只养你到18岁》，中国商业出版社，2006年，第8页。

显淡薄，不爱劳动已经成为当今孩子的一大特点。

马克思说过：“任何一个民族，如果停止劳动，不用说一年，就是几个星期，也要灭亡，这是每一个小孩都知道的。”有关部门曾公布过一份世界各国的小学生每天劳动时间的统计资料，资料显示：世界各国的小学生每天劳动的时间，美国为1.2小时，韩国为0.7小时，法国为0.6小时，英国为0.5小时，日本为0.4小时，而中国仅为0.2小时，也就是12分钟。这组数字令人痛心和不安。[①]

卢梭曾经说过：“节制和劳动是人类的两个真正的医生。”要让孩子们知道，美好的生活都是来自于劳动。孩子们所从事的每一种劳动都会给自己带来身体上的强壮、精神上的愉悦和意志上的磨炼，同时在劳动中还能增长不少见识，掌握一些技巧，提高生活能力。劳动是人类进步的依托，是人格塑造的必然途径。人类今天所拥有的一切物质文明和精神文明，都是劳动的结果。

父母不要剥夺孩子劳动的权利。古今中外很多名人都经历过艰苦的劳动，都热爱劳动，都从劳动中发现了真、善、美。如高尔基曾做过店伙计、学徒、童工、面包坊工人、码头工人和铁路职员；齐白石做过木匠；马克·吐温曾为排字工人；美国大发明家爱迪生由于家境贫寒8岁时就自己种菜挑到街上去卖，12岁时就开始打工，饱尝了生活的艰辛，同时也培养了坚韧的毅力。一些国家非常重视青少年的劳动素质锻炼。日本规定小学生每天参加劳动24分钟，英国为36分钟，美国为1.5小时，德国更是从法律上规定了6岁至18岁青少年应承担的家务劳动项目和数量。

不让孩子劳动，不是爱孩子，而是害孩子。现在一些家长不重视孩子的劳动能力，以成绩“一俊”遮其他能力都差的“百丑”。孩子适当做点家务，参加一些力所能及的劳动，是作为家庭成员应尽的义务。“五一”长假，江苏盐城的张某和她15岁的儿子夏

---

① 黄春景：《将劳动课纳入必修课很有意义》，光明教育网，2005-09-17.

某一起回家。从去年孩子到外地上初中以来，38岁的张某就“抛弃”了田地，在孩子所在的学校旁租了间房子，每天就做着洗衣、烧饭、照顾儿子的事情。“夏某从小就没离开过我们，若是让他一个人在这么远的地方上学，吃饭、洗衣可怎么办？没办法，全家人最后做出了让我‘陪读’的决定。现在家里十多亩地都要雇人来种了。”张某这样解释她的不得已。

在一些家庭中，虽然也让孩子参加适当的劳动，却出现了“有价劳动”的现象。一些家长平常溺爱孩子，孩子一旦主动做一些家务，家长激动万分，频频奖励。阿德勒说过：“被宠坏的孩子长大以后，很可能成为我们社会中最危险的群体。”①兰州市某小学一名三年级学生的家长告诉记者：“现在的孩子往往把劳动看成了一种功劳，是跟家长要表扬的资本，而不像以前那样是一种光荣。”这位家长说，她上三年级的女儿在家里很少帮忙干活，连收拾碗筷等简单的事情都不想动手。而她在和女儿一样大时，已经能够帮妈妈做很多事情了。南京李先生21岁的儿子只知道上网打游戏，家里油瓶倒了都不会扶一下。李先生痛心地说，当初怕影响孩子学习，不让他做家务，可书没念好，倒是养出一条“懒虫”。②

苏联教育家苏霍姆林斯基在《给儿子的信》中指出：一个不爱劳动、不知汗水和疲劳是什么的孩子是不可能全面成长的。他说：“孩子，你要永远记住：通过艰苦的劳动获得的快乐，是培养良心的强大力量。”“真正的人来自艰苦的地方，来自汗水浇灌过的土地。”③

---

① 于凡：《中国孩子缺什么》，北京石油工业出版社，2005年，第101页。

② 周润健：《让我们的孩子学会劳动》，《中国教育报》，2006-05-08。

③ 徐建林：《家书抵万金——读苏霍姆林斯基〈写给儿子的信〉有感》，《江苏教育研究》，2012(20)。

第四章

“木桶效应”

——少年期（11、12~14、15岁）

一件产品质量的高低，取决于那个质量最次的零部件，而不是取决于那些质量最好的零部件。一个组织整体素质的高低，取决于该组织中那些一般人员的素质，而不是取决于组织中那些优秀分子的素质。在人生历程中，一种不良的习惯有可能影响到整个健康的机体。青少年时期是人生最宝贵、最富有特色的时期，也是人生最容易偏离方向的危险期。关注草地中撒欢儿的羔羊，不要只在意它是否膘肥体壮，更要当心不要让它误入歧途。

——笔者手记

管理学上著名的“木桶效应”理论是指，用一个木桶来装水，如果组成木桶的木板参差不齐，那么它能盛下的水的容量不是由这个木桶中最长的木板来决定的，而是由这个木桶中最短的木板决定的。由此可见，在事物的发展过程中，“短板”的长度决定其整体发展程度。正如一件产品质量的高低，取决于那个品质最次的零部件，而不是取决于那个品质最好的零部件，一个组织的整体素质高低，不是取决于这个组织的最优秀分子的素质，而是取决于这个组织中最一般分子的素质一样。

如果说教育孩子的整个体系是一个木桶的话，那么构成桶壁的每一块木板(成长教育、成人教育、成才教育)都会成为决定教育孩子成败的原因之一。构成家庭教育的因素非常多，除一些客观条件不容易变动之外，其他因素都在不断变化之中。著名人类学家摩尔根指出：“家庭，是一个能动的因素；它从来不是静止不动的，而是随着社会从较低阶段向较高阶段发展，从较低形式进到较高形式。”①

青少年时期，是人生的黄金阶段，是从儿童过渡到成年，逐步走向成熟的关键时期，也是孩子发育、发展的最宝贵、最富特色的时期，但这个时期又是人生的“危险期”。它的主要心理特征是：智力发展显著，自我意识增强，性意识觉醒和发展，情感发展与现实构成了许多错综复杂的矛盾，容易产生恐慌心理，甚至做出错误的选择，比如辍学、网恋、崇拜明星、离家出走、酗酒、偷盗、自杀等不良行为。

这个时期，孩子突出的心理矛盾之一就是独立性与依赖性的矛盾。一方面，他们认为自己已经长大了，强烈要求自己做决定，竭力想摆脱家长的管束，在思想和言行各方面都表现出极大的独立性，呈现出心理“断乳”的特征。可另一方面，由于他们对父母依赖惯了，阅历又不丰富，一时还摆脱不了家长在经济、生

① 王玉峰：《家庭是发展看的历史范畴》，《中华女子学院学报》，1989(1)。

活、学习等各方面的照顾。这种相互矛盾的心理常常使他们有话不和家长说，他们对怎样与父母相处表现得比较迷茫，思想言行比较叛逆，他们开始批评父母，甚至“看不起”父母，与父母形成了一定的“代沟”。

如果做父母的不了解这个时期孩子的心理特征，认为孩子越大越不听话，认为孩子不了解自己的苦衷，就会与孩子产生思想冲突，引起争吵，使家庭中笼罩着一层紧张的气氛。如果这些矛盾处理不当，还会影响到孩子的身心健康。如果家长了解了这个时期孩子的心理发展规律，就会心平气和地对待孩子的这一切举动，以理解的态度努力营造平等、民主的和谐气氛，帮助他们长大。

作家肖复兴在《家长的本身》中语重心长地说道：“家长对于孩子的本事，不在于你挣的钱多少，不在于你的力气大小，不在于你的关系有多硬，不在于你的手有多巧，不在于你的脾气有多横……对于孩子教育的艺术性，实在弹性太大，浩如烟海……”[①]

一、性教育，这层窗户纸还是要戳破

当心啊，年轻的舵手，别让你的缆绳松了，别让你的船锚动摇，不要在你没有发觉以前，船就漂走了。

——卢梭

两性生活是人类最基本的生理需求之一，也是人类赖以繁衍的基本需要。性教育的开展不仅关系到青少年的健康成长、优生优育，还与家庭生活的幸福和睦息息相关。

对中国的家长来说，对孩子进行良好的性教育在观念上是

① 肖复兴：《家长的本身》，中学资源网，2006-07-05。

一种挑战,但这种挑战是必要的,更是必需的。对青少年进行的两性知识教育,主要包括性生理、性心理、性保健、性道德等方面的基本知识教育。

欧美一些国家对孩子的性启蒙教育做得比较好。荷兰儿童6岁起就会接触到有关性知识方面的教育。在饭桌上、闲谈中,父母都会大方地给孩子解释性问题,孩子对性器官的认识,如同对手与脚的认识一样普通。瑞典性教育从幼儿园开始,一直到高中都有一套完整的教育体系和内容。美国的做法是不断教给孩子安全的性行为,甚至到一定年龄还会给孩子准备避孕套……

受传统观念影响,性教育在中国的推广举步维艰,性被蒙上了神秘的面纱,人们谈性色变。尤其是家长,面对孩子关于性方面的提问,要么惊慌失措羞于回答,要么认为孩子已经学坏而忧心忡忡,要么避重就轻认为孩子大了就什么都会知道。北京市青少年法律与心理咨询服务中心主任宗春山指出,性教育之所以没有在学校和家庭中发展起来,其关键在于很多人还没有建立起对性教育的三种观念:第一种是权利观念。接受性教育是青少年的权利,而不是依赖成人的自觉。我们最应该关注的是青少年想知道什么。第二种是人格教育观念。可以说,性是身心健康的重要基础。第三种是教育方法观念。性教育是非常复杂的,它涉及以下几个层面的内容。

(一)性生理教育

实际上,孩子对性的认识有一个过程。当孩子比较小的时候,对性方面的问题主要表现在对生理的好奇上,家长要坦诚自然地回答孩子的性疑惑、性询问。如果家长在回答孩子的询问时泰然自若,孩子就会增长见识,觉得很正常。家长回答孩子提问越是扭扭捏捏,孩子越是感到神秘,越想知道究竟为什么。但家长一定要注意不要超越孩子的发育阶段,一厢情愿地告诉他们太多的性知识,使他们产生猎奇心理。常见的是,孩子过了3岁,就会问"妈妈,我是哪里来的"等问题,做母亲的就要不遮不掩地告诉他,是"妈妈生出来的"。当孩子长到一定年龄的时候,受影视剧的影响,以及一些书籍的普及教育,孩子就会对性器官有所了解,但对性的实质仍然不太了解,如果孩子有疑问,还需要家长进行必要的指导。

青春期是少年儿童开始发育、逐渐成熟最后成为青年的一个过渡阶段。这个过渡阶段常常是以性发育和生殖系统的成熟为突出表现的,通常从第二性征出现起至生殖器官完全发育成熟、具有生育能力为止。在此期间,女性月经来潮,乳房变大,阴毛增长,身高迅速增长;男性出现遗精,胡须、阴毛增长,喉结突出,声音变粗等。作为过来人的家长,就要将这些常识以巧妙的方式灌输给孩子们,尤其是要帮助女孩子,让她们心态轻松地渡过"初潮"。

家长有责任、有义务对孩子进行必要的生理常识教育,否则会造成意想不到的后果。有些孩子在完全是性无知的情况下,出于好奇或其他原因在无意中却完成了性行为,这对他们的成长是有害的。

(二)性道德教育

马卡连柯指出:"现代社会造成了这样一大批孩子,他们在生理发育上接近成人,但他们还不会用正确的道德观念约束自己。因此道德教育(包括两性教育)应该走在生理成熟前面,至少应该保持同步。"[①]

青少年作为未成熟的社会群体,一方面需要得到社会的关心爱护和教育,另一方面也需要提高自身的道德修养。家长在向孩子传授性生理卫生知识的同时,一定要进行性道德的教育,

---

① 马卡连柯:《马卡连柯选集》第3卷,吴式颖译,人民教育出版社,1975年,第92页。

告诉他们必要的两性关系方面的道德观念、道德规范，教会孩子认清过早发生性关系对名誉与健康的危害，教会孩子自尊自爱、稳重端庄。

专家指出，青少年的性情不太稳定和成熟，模仿和接受新事物的能力特别强，又缺乏是非判断力，这就使他们容易受到社会上不良因素的熏染。尤其是进入青春期，性生理和性心理都迅猛发展，因此家长们要在孩子们尝试性行为、满足青春期欲望和好奇之前，就让他们明白，有些东西是不能过早去尝试的，有些东西是不能过早失去的，尝试了、失去了对以后的身体、心理和家庭都非常不好。

年仅13岁的刘丽(化名)是太原市某中学初二年级的学生，因“病”请假，休学在家。刘丽本是一个身体健康的女孩，之所以会“生病”，缘于她一次无知而好奇的冲动。2005年年初，刘丽的爸爸生病住进了医院。为了方便照顾爸爸，妈妈住在医院陪侍，晚上经常不回家。这下子，偌大的房子成了刘丽一个人的天下。

一个周六的下午，刘丽带着自己的“男朋友”——一个15岁的男孩子(刘丽的同学)回家来玩。男孩子晚上没有离去，一对少男少女初越雷池，偷尝了“禁果”。一切仿佛都很平静，刘丽还是按部就班地上课，只是听讲的时候偶尔会走走神。然而，一个月后，刘丽开始感到恶心，身体乏力，以前正常的例假也不来了。但刘丽并没有多想，只以为自己学习紧张，过几天就会好。几个月后，细心的妈妈注意到，刘丽不仅连续数月不来例假，而且小肚子微微凸起。妈妈尽管不愿往“怀孕”方面想，还是领着刘丽来到医院做检查。检查结果让妈妈跌坐在地：刘丽已有5个月的身孕，不能做流产，只能引产。在手术台上，小小年纪的刘丽经历了巨大的痛苦。而与她共酿苦果的小男孩，听到刘丽怀孕的消息后，竟然恐惧得号啕大哭。

"一切都源于孩子们对性行为的好奇和对性知识的无知。如果刘丽知道这样做的后果，也许她就会压抑自己的性冲动；如果她知道怀孕的一些症状，也许就不会等到胎儿5个月大才被妈妈发现。"面对刘丽的事情，太原市某医院的负责人对记者这样说。①

(三) 性心理教育

中国青年政治学院等单位合作对全国范围内的3000名小学生、初中生、高中生和大学生进行了关于"青少年异性交往问题"的问卷调查，调查报告显示，目前青少年同性、异性朋友的比例为10∶1，仅两成多的中学生认为过早发生性行为不合适。异性交往的"开放度"随着学历的增加逐渐增强。调查显示，有75.4%的小学生愿意和异性交往，且大多选择"校内"作为交往地点，"网络交友"方式仅占2.2%。有90%的中学生希望得到和异性同学交往的机会，很多大学生选择了"校外公共场所"作为交友地点。②

在中学生问卷中，针对"中学生过早出现性行为"的社会问题调查发现，当被问及"如果你周围的同学谈恋爱并发生了性行为，同学们通常的反应是什么"时，只有21.7%的学生认为这是不合适的，其他人或认为"只要相爱，就能发生"，或认为这太正常了，没什么大不了的，还有的认为这是别人的私事。参与调查的中国青年政治学院新闻系教师胡瑞表示，青少年特别是发育比较快的中学生的性教育问题必须引起社会足够的重视。

上海性教育学会刘永良教授认为，目前，青少年性成熟年龄一般为十二三岁。性成熟的提前，使婚前发生性行为的比例不

① 郭宏：《全社会都来关注青少年性健康教育》，《山西晚报》，2005-10-18。
② 申剑利：《中学生性观念令人忧》，《中国青年报》，2006-08-17。

断提升,同时一些性伤害事件不断出现,使得少女意外怀孕比例呈现上升趋势。

家长要随时掌握孩子的心理,要勇于戳破性的神秘性这层窗户纸,对孩子及早加以疏导和教育,让他们尽快走出性心理彷徨期。

二、挫折教育,苦口良药

挫折教育并非只是让孩子过过苦日子,干点苦活;挫折教育的重点在于,培养孩子直面挫折的坚强品质。

——笔者手记

“自古英雄多磨难,从来纨绔少伟男。”当代青年心理素质较差,抗挫折能力低,他们自打一出生就生活在父母为他们搭造的安乐窝里,没有吃过多少苦头,也不知生活的艰辛。他们不吃不合口的饭菜,不穿不喜欢的衣服,不骑不顺眼的车子,一遇大事难事要么手足无措、六神无主,要么鲁莽轻率、盲目行动,甚至动辄自杀轻生,表现出很不成熟的样子。

挫折虽然给人的心理以打击,但也会锻炼人们的意志,提高心理素质,加强战胜困难的决心,是人生走向成熟、成就事业的催化剂。人的一生注定要与各种挫折相遇,注定要积极地逾越各种挫折。中国有句老话说:“艰难困苦,玉汝于成。”孟子提出人要成就事业,“必先苦其心志,劳其筋骨,饿其体肤,空乏其身”。在当今竞争日趋激烈的社会中,升学、工作的压力与挑战越来越大,没有良好的心理素质很难适应社会的需要。一位美国儿童心理卫生专家说:“有十分幸福童年的人常有不幸的成年。”很少遭受挫折的孩子,长大后会因不适应激烈竞争和复杂多变的社会而深感痛苦。家长要给孩子及早灌输一些这方面的常识，让他们知道人的一生有可能风平浪静，有可能遇到狂风暴雨，不管怎样都要以坚强的心态去迎接挑战，去开拓未来。

除了要教会孩子如何面对挫折，家长们还要有意识地在日常生活中给孩子一些挫折教育，让他们品尝一些生活的艰辛，感受一下社会的复杂，体验一些人生的曲折。要在平常的学习、劳动和活动中，提前打超越障碍、克服困难的防疫针，有意要求他们杜绝依赖思想，自己克服困难。同时要不时地有意给他们一些钉子碰碰，给他们一些苦头吃吃，给他们一些艰难道路走走，给他们一些痛苦受受，然后让他们享受成功的喜悦，明白凡事来之不易的道理，进一步磨炼他们的意志，提升抗挫折能力。

大书法家王羲之的儿子王献之自幼就有较好的书法天赋，作品也常常被人称颂，久而久之他便很是得意，有些飘飘然了。然而王羲之却从不夸奖他。一天，王献之按照父亲的笔法写了一个“大”字，王羲之路过，在“大”字下加上一点。王献之拿着此字让他的母亲去欣赏。他的母亲看后感叹道：“吾儿练字三千日，只得此点似汝父！”这件事让王献之感到从未有过的挫败感，从此以后他再也没有沾沾自喜，而是持之以恒地刻苦练习，最终也成为大书法家。

教育上常提的一句话“跳一跳，够得着”，说的是凡事要让孩子经过努力、吃点苦头才获得，但是也要让孩子在付出后能够得到。有研究表明，个人对挫折的良好心态是从童年和青少年时不断受挫和解决困难的经历中学来的。尽管有时孩子的选择是痛苦的，但他们可以从中悟出道理，增强克服困难的决心和轻易不被击倒的心理素质。

在对孩子进行挫折教育的同时，父母也应重视家庭中宽松的氛围。面对困难与挫折，父母在把握大方向的前提下，应尽可能给孩子更多的自主选择，而不应事事以自己的喜恶去强求一致。绝不能把与孩子对抗、与孩子对立作为进行挫折教育的手段。每一个父母都应清醒地认识到他们不可能一辈子呵护孩子,孩子最终要到社会上去打拼。

挫折教育说白了就是使孩子不仅能从外界的给予中得到幸福,而且能从内心深处激发出一种自己寻觅幸福的本能。这样在任何挫折面前才能泰然处之,永远乐观。

一位母亲准备带她5岁的女儿去野外旅游,临行前,她告诉女儿应该带些什么东西,并让女儿自己收拾行李。

到了野外,女儿发现不仅自己的衣服带得太少,而且忘记了带手电筒。

母亲问女儿:“为什么衣服带少了呢?”“我以为这里的天气和城里一样,没想到这儿冷多了,下次再来,我就知道该如何做了。”

母亲说:“是的,你应该先了解一下这儿的天气情况,做好充分的准备。那么,手电筒又是怎么回事?”

女儿说:“我想到手电筒了,但在出发时忙来忙去,就把它忘了。”

母亲说:“你一定要记住,如果不细心地对待每件事,你就会尝到粗心的苦头。”

女儿说:“我明白了,以后我一定要像爸爸出门时那样,先列一个物品单子,这样就不会忘掉东西了。”“没关系,这次我把你忘掉了的东西都带来了。”母亲一边说着,一边把东西拿了出来。女儿一下子高兴起来,并过来亲吻了母亲。

这是美国著名教育家斯特娜夫人与女儿的一个流传已久的故事。年幼的女儿第一次出游,少带了东西,这是很正常的。对这种失误,母亲并没有立即指出来让她弥补,而是让它成为既成事实,让孩子在尝试中接受教训,获得经验。

"人非圣贤，孰能无过"，更何况是不谙世事的孩子。要允许孩子有过失，甚至给他们"制造"一些犯错误的机会，让其在挫折中成长。[①]

三、"早恋"，青春期的一道槛

爱情赐予万事万物的魅力，其实绝不应该是人生中的短暂现象，这一道绚烂的生命的光芒，不应该仅仅照耀着探求和渴慕的时期，这个时期其实只应该相当于一天的黎明，黎明虽然可爱、美丽，但在接踵而至的白天，那光和热却比黎明时分更大得多。

——车尔尼雪夫斯基

"哪个少男不钟情，哪个少女不怀春？"著名诗人歌德曾这样描述过男女之间的互相倾慕。处于青春期的孩子难免会对异性产生朦胧的情愫与好感，这本来是十分正常的事情，但对心智还未成熟的孩子来说，由于两性生活显得新奇而又神秘，往往会在孩子的内心掀起比较大的情感波澜。家长如果不及时、正确地予以引导，让孩子树立正确的"恋爱观"，往往会给孩子的学习以极大的影响，会给他们的成长带来诸多的烦恼。

对中学生来讲，"早恋"就像是"潘多拉之盒"，一旦打开，就会有许多事情接踵而来，严重影响到孩子的学习、生活和交往。对于孩子的"早恋"现象，大多数父母是慌乱、紧张又不安的。他们一方面担心这样会影响到孩子的学习，另一方面也怕孩子的身心会受到伤害……如果父母与孩子的关系比较好，家长与孩

① 崔鹤同：《给孩子挫折教育》，《现代护理报》，2004-02-12。

子的沟通还会起到一定积极的作用;如果父母与孩子的关系比较差,孩子就很容易产生不正确的恋爱观。

香港青少年问题专家蔡元云分析指出:“处于青春期的青少年,需要获得安全感、归属感和被爱的感觉,如果孩子遭受强烈的挫败感,网络就成为他们虚拟的快乐天堂,恋爱就成为他们寻找安慰的避风港湾。”①

虽然说,几乎所有的家长都反对孩子“早恋”,但“早恋”在校园里还是比较普遍的。一般情况下,产生“早恋”的原因主要有以下几点。

一是孩子的生理和心理发展到一定程度,就会对异性产生爱慕和好感,继而发展到产生感情,渴望伴侣爱抚,幻想性生活。对这种情况,家长要采取恰当的措施,要告诉孩子,“早恋”固然是正常心理,但“早恋”必定会影响到学习,在自己经济还未独立,还不具备成家资格和条件的时候,“早恋”是不现实的,是会影响自己的奋斗目标的;而且要告诉孩子,过早发生性关系,会给以后的婚姻生活带来阴影,还会伤害身体。要侧重给他们讲道理,注意疏导他们的心结,千万不要采取“棒打鸳鸯”的粗暴手段,否则会让孩子产生逆反心理。

二是受现在一些书籍、流行歌曲、影视剧、明星绯闻以及西方开放思想的影响,孩子开始尝试“早恋”。对这种情况,家长要侧重教导孩子,让孩子学会辨别这些东西的真伪,如告诉孩子音乐影视作品和言情小说是远离现实的浪漫之作,是一些作家杜撰出来吸引年轻人的眼球以谋利的,不是现实生活中所能拥有的。

三是孩子自制力差,受同学影响随大流惹的祸。现在的孩子都争强好胜,凡事爱攀比,看到别的同学领着女朋友潇洒,或者看到别人靠着男朋友浪漫,心里也蠢蠢欲动,于是不自觉间就

① 李旭:《青少年网络素养教育模式探析》,《新疆教育》2010(2)。

开始“早恋”了。对于这种情况，家长要告诉孩子，“班花”只有一个，帅哥也不一定优秀，人生的路千万条，你盲目追随同学的做法，那么吃亏就在眼前。同时，要告诉孩子，由于“早恋”极不现实，还可能暗藏有各种骗局和危险。东北就发生过一个真实的因“早恋”不成而引发命案的事情。有位高三的男生，成绩不太好。另一位成绩拔尖的女生，完全是出于好意，主动帮他辅导功课。没想到，这位男生却误以为女孩对他有爱意，陷入了单恋之中。女孩发现后，开始有意疏远这个男生。陷入单恋不能自拔的男生，认为是女孩变心爱上了另一个成绩优秀的男孩，他决定以死来报复两个“仇人”。于是，在谁也没想到的情况下，这位自认为失恋的男生当着全班同学的面把那位无辜的男生给刺死了，女生也被刺成重伤。这个典型的反面事例清楚地说明，对心智还未发育成熟的学生来说，恋爱不一定是好事。

第四，是受到一些别有用心的、以恋爱为游戏的人的诱导。现在社会上有些人不务正业，成天搞网恋，专门骗取女孩子的贞操，玩弄别人的感情。他们精心编写“剧本”，亲自“演出”，或拔刀相助，英雄救美；或巧施连环计，狼狈为奸；或慷慨解囊，然后威逼利诱；或张扬西化，自诩开放；或假扮明星，等人上钩，骗得美人归。

当然，生活中也有一些孩子做到了学业、爱情两不误，但这只是极个别的。家长们一定要多留心孩子的学习生活情况，平常多沟通，多引导，尽可能让孩子树立正确的“恋爱观”。

一天，有个青年因为对另外两个青年的恋爱不满，便跑来向陶行知告状。他说：“陶先生，您应该管一管，他们太不像话了，简直把恋爱当饭吃！”

“是吗？”陶行知像发现了新大陆似的，眼睛里闪着惊奇的目光：“他们真的把恋爱当饭吃吗？”

“谁还会对您说假话呢？他们就是这样的嘛！您应该批评他们。”

“批评？——不，我认为应该赞扬他们。”陶行知若有所思地说，头在不停地点呀点。

“陶先生，请您不要说笑话。他们这样发展下去，对集体的影响是很大的。”

“为什么？”

“因为他们把恋爱当饭吃，如果不管，就会影响别人也把恋爱当饭吃。”

“那很好，我一定完全赞同。”陶行知一本正经地拍拍他的肩膀说：“假如今后你谈恋爱，我也希望你和他们一样。”

“陶先生又在讲笑话了。”

“不，这绝不是笑话，把恋爱当饭吃，这是人生正确的恋爱观！”陶行知态度变得很严肃，并开始把他的理由全部叙述出来，他说：“人每天吃饭不过三顿，每顿按10分钟计，加个倍，一共也不过一个钟头，其余时间就可以专心工作，专心学习，就可以发生力量，发生热，发生光。一句话，就可以使一天的工作和学习得到更大的成效，这岂不是很好吗？我想应该是很好的。我担心你们的，并不是把恋爱当饭吃，恰恰相反，我就怕你们不把恋爱当饭吃，而是把它当成工作和学习，当成生活的全部啊！”

这位青年听罢，理解地笑了。[①]

① 蒋星五、曾琳琳：《把恋爱当饭吃》，《培养孩子办事的能力》，商务印书馆，2002年，第88页。

四、网吧是“负极”，孩子是“正极”

懂得少年的志趣，调整好他发自心灵的乐声——这是一种伟大的教育艺术。如果你能以自己的心去感觉另一个人的心脏的跳动，那么你就能够掌握这门教育艺术。

——苏霍姆林斯基

对许多孩子来说，网吧是“负极”，他们是“正极”，是互相吸引的。随着互联网的迅速发展，近几年来由于孩子上网耽误学习而引发家庭暴力的事件屡屡发生，引起了社会的广泛关注。

孩子上网成瘾，这使得一些家长对网吧恨之入骨。国内著名青少年心理咨询专家宗春山先生说：“儿童为什么会上网成瘾呢？很多人把网吧看成罪魁祸首，但其实是家庭教育出了问题，网吧只是‘压垮骆驼的最后一根稻草’。”

孩子上网究竟是有百害无一利呢，还是利弊相当呢？一份中学生上网调查显示：70%的学生喜欢上网，4%的学生经常上网；赞成孩子上网的家长占65%，支持学生上网的老师占60%；大多数学生认为在网上能学到有益的东西，也能学到有害的东西；80%的学生认为网上有益的东西多。

中国社会科学院发布的一份调查报告还显示，42.3%的青少年网民说上网对学习“几乎没有影响”；被调查的青少年网民的每周平均体育活动时间为2.7小时，而非网民为2.3小时。调查显示，青少年网民比非网民的生活满意度更高，且更少孤独感。

许多家长排斥电脑网络游戏，将其称为“电子海洛因”，而以上的数据则说明，对青少年来说，上网并不完全是坏事。但对那些上网成瘾、有了癖症的孩子来说，上网还是应该引起家长的足够重视的。孩子痴迷上网，要么是玩电子游戏上了瘾，要么是进行网上交友或者去关注和了解一些成人信息。家长对孩子上网的苦恼与困惑，一个重要原因是家长自己对电脑和上网知识的不了解。作为家长，如果不懂电脑和上网，就应该自己主动“充电”，学一些电脑知识和网络知识，当自己真正熟悉了网络，知道了上网能带来什么，才能正常引导孩子上网。对那些已经有了电脑，而且自己常上网的家长来说，自己首先要身正为范。如果自己整天沉迷于网络不能自拔，盯着凶杀武打、黄毒游戏、迷信内容等，孩子就会耳濡目染。当然，家长除了自己洁身自好之外，还应该设置一些屏蔽程序，让孩子独立上网时远离那些空虚的游戏，隔断不健康的链接。

李先生一到暑假就坐立不安，因为放假时，上初二的儿子强强总是喜欢玩电脑。怕儿子染上“网瘾”，李先生从孩子坐在电脑前就开始紧张不已，一直在房间内走来走去，对孩子啰嗦不断，接下来干脆在电脑上设置了密码，甚至拔掉了网线。强强非常气愤，经常偷偷跑到外面的网吧去上网。

今年高二的李莉(化名)喜欢上网和网友聊天、倾诉心事，每个星期只上两次，时间都不超过2个小时，但是李莉妈妈特别担心她在网上“遇到坏人”。李莉一上网打开QQ开始聊天，妈妈的唠叨就随之而来，李莉经常是忍无可忍。久而久之，李莉和妈妈之间的话越来越少，孩子在家里也变得越来越沉默寡言。

据《2005年中国青少年网瘾报告》显示，目前中国青少年患上“网瘾”的比例达13.2%，另有13%的青少年存在“网瘾”倾向。[1] 如何让自己的孩子远离“网瘾”成为不少家长的心头大事。“现代家庭教育论坛”上一份“深圳市中小学生家庭教育状况”的问卷调查显示，有几类家庭最容易出现网瘾少年：一种是专制型的家庭，一种是溺爱型的家庭，一种是忽视型的家庭。常听一些家长互相打听，“你们家的孩子怎么就不上网了呢?”互相虔诚地取着对方的“经”。对于这个问题，青少年教育专家陶宏开说：“一千个孩子有一千个上瘾的理由，绝不可能有一剂灵丹妙药能治这一千种上瘾的症状。”[2]有时候，孩子的上网行为有很多无意识成分。波士顿儿童心理学医生迈克尔·汤普森认为：“处在成长期的孩子们总以为自己无所不能，更何况他们不会像成人那样，从每件事中都察觉出潜在的危险。他们根本没有意识到上网会有什么危险，因为这比爬树可能会跌落致伤这样的事来，毕竟要抽象得多。”[3]

作为家长，如果孩子不幸迷恋上了上网，就要多花心思了解孩子上网的内在原因：是父母疏于管理，还是孩子好奇心的驱使？是同伴的引诱，还是陷于网恋不能自拔？是逃避学习，还是游戏成瘾？是孩子在寻找刺激，还是宣泄自卑、孤独的情绪？绝不能一听“狼来了”就喊打，一听孩子上网就想歪，一看孩子上聊天室就想到孩子在谈恋爱，一看孩子玩游戏就认为孩子没出息，就想一棍子打死。硅谷一位已经是3个孩子妈妈的研究人员说：“利用家长的权威阻止孩子上网绝对不是有效的策略，这会让互联网成为孩子们眼中的一颗‘禁果’，千方百计地要尝一尝。”[4]家长要理解孩子的这种心理，选择恰当的方式，着眼于问题解决的长期效果，不要把眼前利益放在第一位。一些家长认

---

① 马丁：《中国青少年网瘾数据报告》，人民网，2005-11-23。

② 陶宏开：《救救孩子》，作家出版社，2005年，第99页。

③ 迈克尔·汤普森：《汤普森心理童话药书》，周常译，广东教育出版社，2012年，第87页。

④ 张嵊峻：《孩子成网民父母怎么办》，就爱阅读网，2016-06-29。

为“孩子不打长不大”，一见孩子上网就来气，就选择打骂。实践证明，打骂等激烈的措施很难矫正孩子偏激的行为，往往适得其反。

对孩子上网，家长要力求做到“一把钥匙开一把锁”。让相吸的正、负极共同发力产生良性效果。

五、红脸白脸，同台唱戏

父母意见的统一，说话的一致是十分重要的。否则，父母任何一方教育孩子的努力都将付诸东流。

——穆尼尔·纳素夫

“你别干扰孩子行不行，他的作业还没有做完，怎么能玩？”“教育孩子也要考虑孩子的感受，要讲求劳逸结合，才有利于孩子的全面发展。”这样的对话经常在现在的家庭里出现，而孩子则是呆呆地看着父母争吵，然后等待最后的“判决”。

在现实生活中，不少人视“严父慈母”为教育子女的信条，认为做父亲的要严，做母亲的要慈，于是，两者分别担当不同的任务、扮演不同的角色，进行“藤条加糖块”的教育。根据北京教育学院关鸿羽教授的调查，家庭教育中以女同志为主的占50%，以男同志为主的占20%，平分秋色的占30%。可见，在中国的家庭教育中，女性承担着教子的主要职责。

随着孩子年龄的增大，孩子开始评价周围的一切，如果孩子能把家长当做自己的知心朋友，有苦恼及时倾诉，有欢乐共同分享，那么家庭教育与学校教育的配合就较为成功。十三四岁的孩子，已经进入青春期了，他们不仅生理上发生了很大变化，而且受到各种社会信息的影响，心理也产生了急剧的变化。此时，他们处在半成熟期，像个小大人。美国心理学家霍林沃斯把这个时期称为“心理断乳期”，特点是他们的自我意识大大增强，思维认知能力大大提高，不愿别人把他当小孩看。

无数事实证明，家庭教育中如果信奉“严父慈母”信条，父亲的这种做法很容易使孩子形成被动、胆怯的性格或产生反抗行为；而对母亲则产生过分依恋，影响孩子独立性和刚毅性格的养成。因为父母各有优势，教育孩子时夫妻双方要“严慈结合”，意见要统一，因为夫妻双方教育孩子的动机是一致的，既要使孩子感受到父亲豁达、豪爽、刚毅的阳刚之美，也要使孩子感受到母亲身上温柔、细腻、贤惠的阴柔之美。同时，教育孩子时切忌朝令夕改、言教与身教不一致、公开教育与背后教育不一致、满足孩子精神需要与物质需要不一致。家庭成员间的尊重和信任，相互关心和支持，有利于青少年摆脱消极情绪的影响，保持愉快、乐观、积极的心境。

7岁的雷雷性格内向，说话轻声细语，同学们都笑他是“娘娘腔”。父母也常抱怨他缺乏男子汉气概。其实，孩子是患上了“父爱饥渴症”。原来，雷雷的父亲由于工作太忙，一星期难得见雷雷几次，与孩子接触的时间几乎没有，更谈不上交谈。

调查发现，现在约60%的父亲由于工作原因，忽略了对儿童的关心，特别是在农村，大量年轻的父亲到外地打工，致使儿童从小缺乏与父亲的接触。男孩长时间被母亲和女老师“包围”，不仅言行举止唯唯诺诺，而且性格也胆小怕事。①

常言道：“知子莫若父，知女莫若母。”父母与孩子进行经常的、有效的沟通，有利于父母改进教育方式，为孩子提供情感上的支持，有利用于消除、缓解青少年的焦虑、紧张、苦恼及孤独压抑的心理。父母与孩子之间的相互理解和相互尊重，有助于防

① 周健跃、王小：《七岁男孩患上父爱饥渴症》，《健康时报》，2005-04-28。

止孩子形成胆怯、缺乏自信、情绪暴躁等不良心理特征。

民国初年，广东省省长朱庆澜在他所撰的《家庭教育》中指出，家庭教育中常常出现的两种错误做法：

一是母亲只养不教，父亲只教不养。他说：“做母亲的，不知道也该教管儿子，遇见小孩胡闹，不去禁止他，却是吓他说父亲来了，硬把管儿子的事，归给父亲。小孩子不懂事，以为母亲不能管我，一面看父亲同老鼠见猫一样，一面看母亲不过同个奶娘一样。”

二是母亲和父亲互相拆台。他说：“还有一种不懂事的母亲，不知道儿子已经同父亲疏远了，偏要说父亲怎么厉害，怎么要打你骂你，又帮助儿子隐瞒父亲，想叫儿子亲热自己，哪知道儿子越疏远父亲，越看轻母亲了。那不懂事的父亲，不知道儿子已经看轻母亲，偏要当着儿子，骂他母亲，想叫儿子看重自己，哪知道儿子越看不起母亲，越同父亲疏远了。父母这种教法，活活把个好孩子教成一个极胆大，既不孝父又不孝母的人。”①

六、警惕“蛋壳文化”的侵蚀

人性的发展，在孤独和隔绝中是不可能的，只有在内容丰富而多样的集体生活中才有可能；集体生活要具有思想上的方向性，而同时也要反映出学生的动机、愿望和意向。

——赞科夫

“蛋壳文化”是指一些儿童、少年沉迷于闭门看电视、玩电

① 里仁书生：《朱庆澜省长亲撰的〈家庭教育〉》，新浪博客，2012-12-28。

脑，或随时随地都戴着耳机听音乐，用发短信代替面对面的交流，而终日处于一种由现代技术构筑的认知堡垒里，就像是处于完全封装的蛋壳中一样。这些孩子对外面的精彩世界视而不见，忘却了外面的人和事，完全沉湎于自我陶醉之中。

每天放学回家，小伟拿出作业本和MP3，边听音乐边做作业，只见他一会儿若有所思，一会儿嘴里哼着歌曲。一心不能二用，听MP3已经影响到孩子做作业。曹女士见此情形，非常苦恼，她不由分说地教育儿子做完作业再听音乐，不料，小伟却说，这样做作业效率高，有力量，不听音乐根本做不出题目来。

与小伟相似，长得文文静静的可可，每天耳朵里塞着个耳机，上学如此，放学亦这般，睡觉还在听。家长和老师多次劝她学习要专心，不能三心二意，要她适当的时候再去听音乐，平常要把学习放在第一位，可她就是一意孤行。这样持续了一年多，有一天，她开始感到耳鸣，出现持续的低热、咳嗽等症状，不得不在妈妈的带领下去医院检查，结果才得知自己患上了神经性耳炎……

小伟、可可并不是孤例。时下，随着MP3、MP4、手机、CD机等一些时尚微型影视设备的流行，一些孩子成天沉湎于闭门看录像、玩电脑游戏，沉迷于互发短信中，他们随时随地戴着耳机听乐曲，终日处在一种自我封闭式的环境中，明显减少与其他人的交往与活动。

孩子的这种个性特征在一定程度上让一些家长惊喜，因为他们再也不会担心孩子外出惹是生非，在他们眼里，孩子比较乖，没有做出出格的事情，他们就非常满意了。但青少年如果长期生活在这种狭小的天地里，很少和同学、朋友、父母、老师交流，就会表现出人际交往中理解、关爱、帮助等情感的缺失，转而对那些影视设备产生依恋情愫。长此以往，孩子的心灵就像一个蛋壳，不被撞击时光滑完整，一旦遇上硬物就很容易粉身碎骨。

现实生活中，孩子如果一味沉湎于影视、音乐的虚拟环境中，就有可能造成以下不良结果。

第一，孩子们的人生观、世界观还没有完全形成，经常听那些歌曲，很有可能对里面的内容产生依恋并形成某种癖好。众所周知，现在的很多流行歌曲的歌词都离不开情、爱、恨，这对孩子形成正确的人生观、恋爱观是有消极影响的。

第二，孩子长期选择处在比较封闭的环境中，容易形成孤僻、自以为是、古怪等不好的性格。他们很容易会为某个明星的特质所感染，进而盲目崇拜追捧，自以为是地向明星看齐，从而脱离了班集体。

第三，“蛋壳文化”能使孩子的精神和文化需求在欢乐中得到满足，体力活动和能量消耗较少，所以肥胖儿童越来越多，为过早地患上肥胖症、高血压、动脉硬化、冠心病、糖尿病等疾病种下了祸根。我国北京、上海地区的调查报告表明，近年儿童肥胖症增加11%左右，这是孩子们长时间缺乏体育锻炼和体力劳动的结果。经常戴个耳机不放，会使耳膜受到一定影响；经常盯着电脑不放，近视、颈椎病等会悄悄找上孩子。

第四，孩子长期受到这种文化的影响，对融入多元文化的环境有所不适，如上大学后面临集体生活，孩子会很难适应。所以家长要善于发现并积极引导，让他们走出自我封闭的圈子，参与各种必要的活动。首先要引导孩子多参加集体、户外活动，参加必要的家务劳动；其次要从健康的角度多为孩子做工作，让他们注意爱护自己的身体；再次是家长要注意培养孩子良好的生活习惯。

七、教孩子认识到友谊的力量

缺乏真正的朋友是最纯粹、最可怜的孤独；没有友谊则斯世不过是一片片荒野……

——培根

中国的家长和孩子都不会陌生，一上幼儿园老师就组织小朋友围成一个圈，一双双小手牵在一起，嘴里唱着“找呀找呀找朋友，找到一个好朋友，敬个礼，握握手，你是我的好朋友，再见”。从那时起，孩子们就有了交朋友的概念。

现在成功学家普遍认为，一个人事业成功的80％归因于与别人相处，20％来自于个人能力。人除了具有生理性之外，更重要的是具有社会性，人是群居动物，人的成功只能来自于他所处的人群及所在的社会。美国前总统西奥多·罗斯福说：“成功的第一要素是懂得如何搞好人际关系。”《礼记·学记》载：“独学而无友，则孤陋而寡闻。”

和其他任何本领一样，与人相处的本领很大程度上得益于从小的培养。一个人从童年时期就已经形成了人际交往的意识。孩子都喜欢交朋友，很小的婴儿看到别人就会微笑，会愉快地发声、拍手，可见孩子需要游戏伙伴，这是家人、玩具替代不了的。心理学家指出，9～12岁是孩子建立亲密朋友关系的阶段。他们对朋友的表面行为不再注意，转而关心其内在素质和幸福与否。许多心理学家把这一阶段视为亲密友谊的基础。独生子女时代的孩子要学会交友，做到与同伴友好相处，首要条件是走出家庭的小圈子。到户外玩耍、运动，本身就创造了同伴之间相互认识的环境，为独生子女提供了与同伴交往的机会。

人的心理受环境影响，孩子长期独处，不接触任何孩子，不仅会使他脑子里没有他人的意识,而且没有与他人交往的习惯,更不会有同别人交往的技能。交友是孩子心理发展过程中的一种需要,孩子来到这个世界,他们不满足于仅从家庭中,从父母、长辈的嘴里了解世事人情,他们想依托朋友、联络朋友、团结朋友,共同探讨对一些事物的看法,一起去探索一些现象和规律,想知道自己在朋友和他人心目中的位置。孩子在交友的过程中会逐渐地将自我融入社会交际中,学会与人交往的技巧,学会关心别人的疾苦,学会包容他人的缺点,也会通过比较发现自己的不足。当然,也不排除一些孩子在交友方面自身存在一些问题,要么怯于与别人交往,要么出现交友障碍后放弃交友。因为孩子们年龄小,对人的认识存在一些片面性,家长就要告诉孩子“金无足赤,人无完人”的道理。一些孩子害怕与人交往,关于这一点,好多书上都登载着一个“豪猪的困境”的故事,对孩子交友很有启发性。

这个故事讲的是,两个豪猪一起过冬,因为天气太冷,为了御寒他们把身子紧挨在一起,结果它们身上的刺互相刺伤了对方,疼痛使得他们又彼此分开。可分开后又感觉到非常冷,甚至有会被冻死的可能。于是,它们就试着既不过于靠近以免刺伤对方,又不过于分离而使对方感觉到温暖,彼此之间保持不使对方受伤而又互利的距离。孩子选择交朋友,就既要注意掌握分寸,彼此不要伤害,也要积极去交各种朋友。

不让孩子跟班上的差生交朋友,已经成为许多家长们的“共识”,而有些妈妈却不同意这种观念。周日,家住锦云中园的刘女士从邻居家借来了3张小木桌,专门为女儿和她的同学们摆了个临时自习室,鼓励女儿替学习不好的同学补习功课。“原来,我一见到女儿跟差生来往,就把他们拆开,但现在,我鼓励女儿跟他们交朋友。”刘女士说。

刘女士的女儿有几个很要好的同学，经常一起吃饭、逛街。初一下学期，女儿期末考试的排名是全班第六，而她的几个好朋友的成绩却排在了倒数。于是，李女士提醒女儿，要多向学习好的同学请教，少跟那些差生来往。渐渐地，女儿跟原来的朋友们疏远了。

刘女士没有想到，离开原来的朋友圈子后，女儿开始变得寡言少语，成绩也下降了。女儿的班主任告诉刘女士，刘女士的女儿学习好，但性格比较内向，其他学生虽然成绩差些，但性格开朗，动手能力强，她们相处得很融洽。虽然几个孩子的成绩相差很远，却能互相鼓励着学习。刘女士明白了，其实，孩子的发展是多元的，有的孩子可能学习成绩不太好，但他们胆子大，动手能力和创新能力很强；有的孩子可能学习成绩很好，但交际能力、实践能力、创新能力却比较差。所以，学习好的孩子与成绩差的孩子来往，往往可以形成"互补"，实现双赢。

新学期开学，刘女士转变了观念，鼓励女儿重新跟以前的朋友来往。为了防止女儿跟差生在一起成绩会下降，刘女士经常让女儿把朋友们请回家里，一起自习一起吃饭。刘女士还拿出了大把的时间，陪孩子们一起散步、看电影，帮他们改掉以前的毛病。"现在，逛超市变成了逛书市，追星族变成了外语族，学习成绩都比以前好了。"刘女士高兴地说。[①]

实际上，每个孩子都渴望有朋友。孩子上学后，如果能交到很多朋友，就会拥有很多快乐。上学对他而言，不但能学习知识，还能和小伙伴一起玩耍，那孩子就会更加向往学校的生活，盼望见到同学和老师。相反，如果孩子由家庭步入学校生活中，没能得到友情的滋养，就比较容易出现一些情感障碍，所以家长要鼓励孩子多交朋友。

---

① 张一朔：《鼓励孩子交"差生"朋友》，《新商报》，2007-03-22。

八、培养孩子的社交能力

个人如果单靠自己，如果置身于集体的关系之外，置身于任何团结民众的伟大思想的范围之外，就会变成怠惰的、保守的、与生活发展相敌对的人。

——高尔基

众所周知，人是社会的人。人生活在社会里，就不可能离群索居，就必须与人交往。没有交往，人就不能发展，甚至难以生存。

我国传统家庭教育的缺陷是让孩子远离社会，家长担心社会上的不良风气会影响到孩子的健康成长。许多做父母的对孩子说：“放学后赶快回家，不要和社会上的人来往。”孩子上学，一些父母干脆选择包接包送，使孩子完全脱离了与社会接触的任何机会。孩子不能接触社会，就很难了解社会，就必然缺乏与社会交往的知识。

虽然孩子尚未走向社会，暂时有父母为他遮风挡雨，但孩子终将离开温暖的家，成为社会真正的一员。因此，父母要让孩子从小接触社会生活，了解和认识社会，从而逐步培养孩子适应未来社会生活并为社会服务的各种能力。而社会是由人与人组成的，学习做社会性的人，一个最好的办法就是鼓励孩子从小与人交往。

孩子的社交能力往往被大家忽视，一个重要的原因是，人们常常仅把他们当孩子看，把他们的活动范围局限于学校，认为孩子的交往除了老师、同学之外，就只有家长了。现在的孩子大多是独生子女，家长一定要重视他们交往面的扩展。俗语说：“一身都是铁，能打几根钉。”说的是人必须依靠他人与社会的力量。

社交能力是孩子必需的一种能力，良好的人际关系不仅能使一个人和谐地融入群体之中，为群体所接纳，使自己的知识和能力得到极大的拓展，而且是与他人合作，建立实现双赢的伙伴关系的基础。

笔者认为，一般情况下，孩子社交能力差的原因主要包括以下几个方面。

第一，家长观念的制约。好多家长认为社会是一个“染缸”，孩子一旦置身其中会学到不好的东西。当然，社会上一些负面因素对孩子确实有消极影响，但让孩子远离社会，也是家长的一种失策。

第二，现在的独生子女偏多，要么胆小怕事，要么将自己看得太重，凡事以自我为中心，看不到他人或群体的重要作用。

第三，有些孩子存有自卑心理，不敢和他人交往。

第四，一些孩子外出办事，受到过坏人的侵害，保持着高度的警惕性，不愿意再和人打交道。

《怎样获得成功》一书的作者H.蕾利认为，那些看上去总有好运气的人有一个共同的特性——他们都懂得如何有效地同别人打交道，懂得与他人和谐相处、合作共事，能充分地发挥群体的积极效应。

在竞争日益激烈的社会，一个人的力量是非常有限的。对孩子来说，如能及早接触一些学校以外的东西，及早参与一些社会活动，对以后的发展十分有利。作为家长，要鼓励孩子参加一些社团、组织，要他们尽可能去接触社会上方方面面的人和事，这样对锻炼他们的语言表达能力，对促进他们更好地理解真、善、美都是非常有利的。

九、学会念必要的“苦难经”

孩子的身上存在缺点并不可怕,可怕的是作为孩子人生领路人的父母缺乏正确的家教观念和家教方法。

——珍妮·艾里姆

高尔基说过:“爱孩子,那是连母鸡也会做的事,而真正要教育他们则是一件大事了。”①

现在做父母的都很辛苦,虽然说他们只有一两个孩子。从十月怀胎开始,母亲便经历着常人难以想象的痛苦。孩子一出生,更是操碎了大人的心。为了孩子的营养,父母省吃俭用给孩子吃最好的;为了孩子的舒适安全,父母想方设法给孩子用最好的;为了孩子不输在起跑线上,父母千方百计给孩子买玩具、购图书……孩子一上学,父母更是忙前忙后,花在孩子身上的不单单是辛苦赚来的血汗钱,更是时间、精力、感情。在一些困难家庭中,为了孩子穿一件好衣,吃一顿好餐,上一所好学校,父母起早贪黑,省吃俭用,甚至负债累累,一门心思全扑在孩子身上。

著名的“埃德尔曼财经服务组织”经过缜密的计算评估,得出这样的结论:若将母亲所做的各项工作改为出钱雇人代劳,那么子女一年所付出的工钱会高达63.5万美元。美国青年女作家克里腾登写过一篇题为“母亲的价格”的文章,提倡把母亲所做的各项工作量化,给她们应有的肯定。她指出,母亲的工作是一项“技术性的中级管理”工作。若母亲的工作可获薪水,合理的年薪约为6万美元。以上的资料充分说明,母亲的付出是巨大的,如果用金钱来衡量的话,是很难还得清的。父母亲如此

① 鲁鹏程:《彻悟爱孩子的秘密》,搜狐公众平台·教育,2017-01-14。

付出，孩子是不是全都领情呢？

而现实中，不少家长谈起孩子总是失望，说孩子讲究吃穿、好吃懒做、互相攀比、大手大脚、不勤俭节约、自私自利等。这些指责虽有一定道理，却未必能解决问题。因为孩子从小饭来张口、衣来伸手，他们从未体验过艰难困苦，从未体会到父母的艰辛，怎么能懂得生活的艰辛？法国思想家卢梭特别反对家长对孩子百依百顺。他谆谆告诫做父母的："你知道运用什么方法，一定可以使你的孩子成为不幸的人吗？这个方法就是对他百依百顺。"他举例说："儿童先是要你的手杖，然后要你的表，再要求空中飞翔的鸟，甚至要求闪耀于天上的星星，凡是他所看到的都要得到，你不是上帝，怎么能够使他满足呢？"[①]

家庭中，家长应该给孩子适当的"家情"教育，要学会念必要的"苦难经"。比如告诉孩子家庭的经济状况、生活的变化、家庭的历史、父母工作的艰辛等。对年龄较大的孩子，可让他参加家庭收支的记账，让他们知道自己的消费占全家经济收入的情况。对年龄较小的孩子，可以给他们讲讲长辈们年轻时的生活状况等，让孩子从小了解一些大人的辛苦。要学会把家长的无奈告诉孩子。

孩子我能给你生命，但不能替你生活；孩子我能教你东西，但不能强迫你学习；孩子我能指导你怎么做人，但不能为你的行为负责；孩子，我能告诉你如何分辨是非，但不能替你做选择；孩子，我能教你如何尊重别人，但不能保证你受尊重；孩子我能告诉你真挚的友谊是什么，但不能替你选择朋友；孩子，我能对你进行性教育，但不能保证你保持纯洁；孩子，我能对你谈人生真谛，但不能替你赢得声誉；孩子，我能提醒你酒精是危险

① 卢梭：《爱弥儿》，商务印书馆，李平沤译，1978年，第86—87页。

的，但不能代替你对它说“不”；孩子，我能告诉你必须为人生确定崇高的目标，但不能替你实现这些目标；孩子，我能教给你优良的品质，但不能确保你成为善良的人；孩子，我能责备你的过失，但不能保证你因此而成为有道德的人；孩子，我能肯定我将尽自己最大的努力给予你最美好的东西，但不能给予你前程和事业……

是的，孩子，父母能为你做很多很多，因为我们爱你，但是，你要明白，即使父母愿意永远和你在一起，你也得打起背包离开家，因为，你有自己的人生。[①]

十、冷静面对孩子的逆反行为

孩子的世界，与成人截然不同；倘不先行理解，一味蛮做，便大碍于发达。

——鲁迅

常听一些家长抱怨说，现在的孩子越大越不听话，真让人又生气又苦恼。生活中常有这样的情形，一个正闹脾气的孩子，你越打他骂他，他越不服气，嘴里还直嚷嚷：“让你打，你就打死得了！”此时，无论你对他讲什么样的道理，他非但一句也听不进去，还会产生强烈的反感情绪。学校明明禁止青少年抽烟酗酒，可总有些学生非要尝尝不可，其理由是，“家人能抽烟能酗酒，我们也不小了，为什么我们不能？”从以上事例不难看出，随着孩子的逐渐长大，他们的逆反心理就会逐渐增加。

逆反心理是指与客观要求相对立的一种情绪状态，它是一

① 罗莎·罗德里格斯：《为人父母的无能为力》，《参考消息》，2007-08-13。

种否定的、消极的情绪状态，其特征表现为认识的偏颇、观点的极端、情绪的抵触、行为的盲从和放纵等。生理学研究表明，儿童从1岁到4岁出现第一个“反抗期”，青春发育期出现第二个“反抗期”，这是两次引人注目的反抗期。在这两次之间，7至9岁前后还有一个时期会有“顶嘴”的表现，这也是一种反抗现象。①

孩子进入青春期后，心理上一个显著的特点就是产生了强烈的成人感。他们强烈地认为自己已是“大人”而不是“小孩子”了，希望独立支配自己的言行，要求摆脱家长的管束，表现得很反感家长的关照。这期间的逆反心理主要表现在：追星不得逞，反遭家长歧视的；早恋不允许，反遭家长制止的；上网受限制，反遭家长盯梢的；隐私不被尊重，反遭家长偷窥的；逃学受阻拦，反遭老师告密的……他们对家长的“千叮咛、万嘱咐”不屑一顾；家长们一布置任务，他们就说“我懂”“我知道”，表现得很不耐烦。其实他们并不是对一切都懂、都知道，做事也并不令人放心，这只是反映了他们不希望父母小瞧自己的心态以及日益强烈的成人意识，并不是他们刻意要去顶撞父母。对此，家长要具体问题具体分析，拿捏好干预的“度”，既不要放任自流不管，也不要针锋相对加以遏制。

孩子出现反抗现象并不一定是坏事。客观上来说，反抗是他们精神发育中的一个重要阶段。心理学家认为，能够同父母进行争辩的孩子，在以后会比较自信，有创造力且容易合群。因为他们的自主意识发展了，表现在行动上才会与周围发生冲突。这一时期的儿童以至青少年，对于那些不符合他们心意的事情，统统用行动进行反抗。作为家长，对这种反抗现象不仅不能指责，而且要充分理解并给予正确的引导。否则，家长越是反对，孩子们越是反抗。同时，家长一定要身先士卒，要求孩子做到的

---

① 刘英：《儿童有反抗期》，《扬子晚报》，1994-04-23。

事自己首先要做到,因为如果自己的知识才能、道德水平等不如受教育者,也会催生逆反心理。

下面这个例子说明了家长不当的教育方式,会进一步加强孩子的逆反心理,甚至引发悲剧。

新华社2003年7月8日刊登了一篇报道:大连一位15岁的少女平时学习非常不错,但胆子特小,连猫狗都怕,上厕所不开灯都不敢去。平常非常喜欢香港著名歌星张国荣。在张国荣突然自杀(2003年4月1日)后,她一下子变得忧郁焦躁起来,变得爱洗澡,要求家里给她买白衣服穿,还换了几次发型。她在日记里写道:“我知道张国荣已经自杀一个多月了,我这不是喜欢他,是爱他。”“我想他,哪怕一天看一眼他的样子,我就满足了。”“听到同学提张国荣就会激动,有人说张国荣不好,我就难过。”自张国荣死后,她的心情一直很不好。6月21日,她和母亲牟女士一起上超市购物,买了她想要的洗发水。在音像专柜前,少女看到了张国荣的CD碟片,突然眼睛亮了起来,非要买下它们。她妈妈想到女儿马上要考试了,就坚持不买。女孩非常生气,回家后母女俩为此事又吵了一架。女孩拿了钥匙说去姥姥家,摔门就走了,然后便在姥姥家的暖气管上上吊自杀了。

孩子逆反的性格最容易引起家庭的矛盾,家长一方面要善于观察,分辨出孩子的这种性格是暂时的还是已经成为习惯;另一方面也要克制自己的情绪,以细心、耐心、恒心去解决父子之间、母子之间的冲突点。

十一、不妨试试"协议式教育"

有时虽然一扇门关上了，其余的门却是敞开的。

——塞万提斯

中国传统的家庭教育模式跟传统学校教育的模式很相似，就是孩子被动地接受各类信息与指令。现在学校教育正在积极探索"合作参与式"教育，让孩子有发言权，参与教学、组织教学，享受参与的快乐。而家庭教育方式却仍沿袭着老一套，通常都是家长讲、孩子听。

对于年龄较小的孩子来说，家长的教导当然是非常必要的，但对于有了独立意识的孩子来说，这种单向型教育方式的最大缺陷就是使家长和孩子处于完全不对等的地位，家长和孩子之间难以平等交流和沟通。家长的说法科学合理，孩子们还容易接受，要是家长的要求落后或者不符合孩子的心理年龄，孩子们很容易产生抵触情绪：要么在极不情愿中违心完成家长布置的任务；要么是听归听，做归做，我行我素；要么当面顶撞家长，使得亲子矛盾越积越深。如果孩子与家长的认识层次能够达到一定程度，建议家长不妨试试在西方较为流行，在我国也有试行的"协议式教育"。

教育实践表明，建立亲子"协议式教育"，能很好地避免单向教育模式的缺陷，很好地体现责权统一、双方平等的教育观，充分体现出家长与孩子之间只有知识多少之分、能力强弱之别，而没有人格高低的差别。这可以说是现代教育最理想的教育效果，它把以往单纯由家长承担的教育重担加以分解，将一部分转移到协议条款上面，既减轻了家长的教育负担，也避免了家长过多干涉子女而招来的反感；既使孩子感觉到了公平与被尊重，又使他有了必须遵守纪律、承担责任的约束。但是，必须要注意的是，亲子“协议式教育”必须要建立在双方自愿的前提和基础之上，是父母与子女之间平等交流的产物。更重要的是，里面的条款内容要符合孩子的正当要求，否则，孩子会觉得自己的父母很严酷、很霸道，而孩子一旦敌视与抵触该协议，教育效果就会适得其反。

“协议”的签订要遵循教育规律和时代要求，不要脱离实际，对孩子提出不切实际的目标，也不要用老眼光对孩子提出早已过时的要求；不要盲目地建立协议而忽视孩子外在要求和内在要求的统一；不要对孩子的一些合理要求大打折扣，也不要对孩子的过分要求太过放纵。

总之，“协议式教育”对孩子与家长双方都是一种考验。它是一种比较民主的教育模式，当然也需要不断完善。

郑州市纬五路一小四年级男孩王贝(化名)特别开心，妈妈再也不在吃饭的时候问个不停：

“儿子，今天功课学会了没有?”

“老师向你提问了没有?”

“数学题有错的吗?”

王贝的妈妈对儿子最近的表现也特别满意：不乱花钱买玩具，回家主动告诉她当天在学校的情况，按时做作业，自己洗碗，还承担了全家的扫地任务。

这母子俩的变化，来源于一份不同寻常的“亲子合同”。

新学期开学没几天，当妈妈又在吃饭时询问学校情况时，王贝把筷子一放，站起来郑重地说：“妈妈，咱们签份合同吧!”

合同是这样的：

王贝和妈妈的协议

1. 以后妈妈不在吃饭时间问王贝的学习情况；作业不会

时，妈妈不许发脾气，不许敲桌子，要耐心讲解；周末晚上给王贝放松时间，不能硬性规定必须9点睡觉。

2. 王贝要主动跟妈妈谈心，不乱花钱，不瞒着妈妈做事情，每天洗自己的碗，叠自己的被子。

3. 合同有效期：本学期。

合同最后，签着工工整整的“王贝”两个字和妈妈龙飞凤舞的名字。

坐在房间里，手拿着这份与众不同的合同，王贝的妈妈正对照本周自己的行为，看有没有履约。

回想起培养儿子的前前后后，这位都市白领感慨颇多。

“就这么一个儿子，我一直希望他比同龄人优秀。从上幼儿园开始，我就经常问他一些问题，渴望了解他在外面的生活，想帮他少走弯路，做一个懂事聪明的孩子。他上小学后，我更关心他了，每天不是问学习，就是问成绩，要不就问与同学的关系，还陪着他做功课。

“有时，我问多了孩子也烦。但我想，孩子总会明白我的苦心。直到那天他说‘妈妈，咱俩签份合同吧’，我才知道自己做得太过了。”

无独有偶，在河南科技市场工作的曹某夫妇与13岁的女儿也签了一份类似的合同。

“每当我批评女儿学习不用心、小毛病不断时，她不是不听，就是反唇相讥，指责我的不良习惯，比如赌博、酗酒、不关心她妈妈。她头头是道的批评弄得我哭笑不得。我常常反思，我怎么就在孩子心目中没有地位了呢？”

为了重新树立在孩子面前的威信，曹先生现在特别注意按合同条款办事。现在，他一下班就回家，业余时间或在家看电视，或坐在桌前读些对业务有帮助的书籍，不再喝酒，不再上麻将桌，对妻子也温柔了许多。“一下改掉这么多缺点，刚开始真不适应，可为了教育孩子，只好以身作则，咬咬牙挺过来了。”

看着爸爸特别认真，女儿也不敢怠慢，写作业不再跑神，做事也不拖沓了。①

十二、努力让孩子建立自我评价体系

只有认识自我，把握自我，我们才能认识世界，把握世界。

——杜·伽尔

古希腊司芬克斯之谜给人的郑重警示就是：认识你自己，否则，你就会面临毁灭。在古希腊帕尔纳索斯山的南坡上，有一个驰名世界的戴尔波伊神托所，在门楣上刻着“人啊，认识你自己吧”这条箴言。这句看似简单的话，对后世之人有很深的教育和警示作用。

如果家长也能够让孩子及早正确认识自己、把握自己的话，那么孩子就已经向成功迈进了一大步。

认识自己，就是要学会把握自己的情绪，客观地评价自己的能力、个性与水平，就是做自己能够做得到的事情，同时也能够认识和发现自己的长处与缺点。1996年，中国青少年研究中心少年儿童研究所就成功青年的童年具有怎样的素质进行了一次调查研究，结果表明，成功青年在童年时期就表现出比较高的自主性，非常喜欢独处和独立做事。

有学者认为，家长对小孩的自主性素质的培养至关重要，并且提供了培养孩子自主性素质的10种方法：

① 王阿敏：《签“亲子合同”与孩子共成长，协助式教育起反响》，新华网，2002-09-27。

给他一个空间，让他自己往前走；给他一段时间，让他自己去安排；给他一个条件，让他自己去锻炼；给他一个问题，让他自己去找答案；给他一个困难，让他自己去解决；给他一个机遇，让他自己去把握；给他一个冲突，让他自己去讨论；给他一个对手，让他自己去竞争；给他一项权利，让他自己去选择；给他一道题目，让他自己去创造。[①]

帮助孩子发展正面的自我评价是父母所能给予孩子的最好的礼物，也是家长给予孩子的终生礼物！孩子的自我评价是从童年开始的，然后随着年龄的增长而不断发展。孩子若觉得自己很能干，很有成就，而且对自己的评价很好，孩子情商就会得到提高，这也为孩子在未来社会中成为一个快乐的强者打下基础。父母是孩子发展自我评价的最关键因素，能影响孩子自我评价的积极性或消极性。如何帮助孩子建立积极的自我评价呢？重点在父母对待孩子的态度、技巧和行为上。

赏识教育法的实践者周弘的女儿周婷婷从小就双耳全聋。在她16岁时，周弘就将其送进大学。周婷婷后来还被美国加劳德特大学录取为研究生（她也是中国第一个聋人研究生）。他在谈到自己对女儿的教育方法时说，要让孩子找到认识自己的感觉。周弘说："你有了天才的感觉，你会成为天才；你有了英雄的感觉，你会成为英雄；孩子找到了好孩子的感觉，他就会成为好孩子。"[②]

芮某，农家子弟，在2000年高考中以636分的优异成绩轻松摘下浙江省某县理科高考的桂冠，被清华大学自动化专业录

---

① 刘云阁：《培养孩子的自主性素质》，《现代家教》，1999(11)。

② 杨一仁：《走近周弘，感悟赏识教育》，《内蒙古教育》，2007(1)。

取。一个普通的农家子弟何以取得如此优异的成绩？芮某的父亲不无自豪地回答：他的自学能力强，能自己管理自己。那么，如此过硬的自我管理能力和自学能力又是如何培养起来的呢？下面请看记者从采访中总结的芮某所受家庭教育的几个特点：

一、大胆放手，建立自信。自信是具有健康向上心态的重要体现。从芮某很小的时候开始，父亲便教育他要相信自己，要自己面对学习中的问题和困难。所以，父亲不会时刻监督他学习，也不会细心地帮助解决难题，而是放手让他自己去摸索解决的办法，在攻克难题中找到乐趣、增强自信。即使在高考的关键时期，父亲也是平常处之，没有什么特别的嘱咐、询问和照顾之类。宽松和谐的环境使他从小就没有束缚和紧张的感觉。芮某也说到，高考期间家人的信任使他觉得少了一份压力，多了一些自信和冷静。

二、正确引导，培养兴趣。自学一开始绝不是一件让人产生浓厚兴趣的事情，没有正确的引导，没有浓厚的兴趣，是很难做到坚持不懈的。所以，父亲利用自己的爱好和特长，使芮某在潜移默化的熏陶中也由好奇继而爱上看书、吹笛子和拉二胡，并学会合理地安排时间、科学用脑和劳逸结合。这些既能使他愉快地学习，又培养了他广泛的兴趣爱好。

三、巧妙点拨，激发动力。自学并不能一举成功，甚至在实践中也需要更多的探索和尝试。芮某也不是一入学就异常突出，成绩拔尖的。学习过程中，念大学的哥哥的有意点拨给了他不尽的动力。中学时期，哥哥经常介绍他看一些有益的报纸杂志，让他试着做奥林匹克竞赛题等，偶尔也指点一下思维方法，这些都有助于他启迪智慧，开阔视野，也使他一次次挑战自己，战胜自己；哥哥也常讲述大学精彩丰富的学习生活和知识，令他向往不已，同时也使他懂得了“天外有天，人外有人”的道理。正是如此源源不断的强劲求知动力，使得他一直保持认真的学习态度和稳定的学习成绩。

如今，我们都认识到“授渔优于授鱼”，但很多人仍目光短浅地只看到授鱼的一时之效，而在一定程度上埋没了许多人才。但愿芮某的成长和成功，能为我们在如何将开发智力和授渔过程紧密结合的问题上提供启示。①

十三、从小给孩子进行环保教育

我们应该不虚度一生，应该能够说：“我已经做了我能做的事。”

——居里夫人

关心我们的生态家园，已经是一个世界性的话题。“人类只有一个地球”“别让地球失去耐心”等警示性的话语，不时出现在当今媒体的报道里和人们的嘴边。

随着自然资源的大量开发、开采，人类赖以生存的生态环境遭到极大的破坏。滥采滥开带来的瓦斯爆炸、滥吃滥喝引起的“非典”疫情、水土流失带来的山洪暴发，野生动物的灭绝、大量垃圾的堆放、草原的荒芜沙化，空气污染、水资源污染……这一切日益严重的环境问题，如果引不起人们的足够重视，那么人类的生存将面临严重的危机。而环境教育如果不从小抓起，人类的危机将会剧增。

环境教育就是要引导孩子关注、了解、参与环境问题，让少

① 余燕：《授鱼不如授渔——一位高考状元的成长》，《家庭文摘报》，2003-01-03。

年儿童树立热爱大自然、保护地球家园的高尚情操和培养对环境负责任的精神，同时，要让孩子掌握一些基本的环境科学知识，学会如何从自己开始，从身边的小事做起，积极参与保护环境的行动。爱护环境的意识不能仅仅停留在学校教育的课堂上，还应在家庭教育中强化这个意识，只有家长的言传与身教相结合，才能在孩子心目中牢固树立保护环境的观念。

在环境教育方面，不少西方发达国家的学校和家庭都做得非常好。

德国一年级的小学生刚入学时，便会在领到的书本中看到一个醒目的本子，封面上是绿色的田野、森林、草原、草地，每一页的左上角都有一张美丽的风光照片。这就是“环境记事本”。[①]

在瑞士，大多数家庭的垃圾桶都有3到4个：常常是一个装厨余垃圾，比如剩菜、果皮等有机物，回收后可以生产肥料等；一个装各类废弃的纸张，如旧报纸、旧书籍、包装盒等，以便回收；一个装塑料制品，如饮料瓶、塑料包装袋等；一个装玻璃、金属等垃圾。孩子们从小就被告知要对垃圾进行详细分类，孩子们也会认真地去实行。

环保教育首先要告诉孩子节约资源和能源。水是生命之源，在家里特别要教育孩子节约用水，如教育孩子接水时水龙头不要一下子拧得很大，出水量要适度，够用即可，用完后拧紧水龙头；努力做到水资源循环利用，洗完菜、米的水可以浇花，洗衣服后的水可以拖地板、冲厕所……同时，也要教育孩子节约用电，提醒孩子随手关灯等。另一方面，要告诉孩子保护环境。要坚持“遇物则诲”，因为环境与我们的生活息息相关，家长可以利用一切机会教育孩子，如在餐桌上可以给他们讲解一次性筷子带来的资源浪费；在街道上可给他们讲解乱扔塑料、电池带来的环境污染；出行时让孩子自觉地带上垃圾袋，让孩子把自己产生

---

① 李忠东：《德国中小学的环境教育与实践》，《大众科技报》，2007-02-12。

的垃圾随手放进垃圾袋，投进垃圾箱；去公园时，教育孩子不攀折花木，不随意踩踏草坪，不逗弄动物，不在公共场所乱涂乱画等。还要教育孩子承担起保护资源环境的重任，敢于同破坏环境的不法分子做斗争。

十四、最大限度地保护孩子的隐私

青少年时期对隐私的需要超过一生中的任何时候，甚至成年期。如果你认为隐私对你很重要，那么它对你的孩子更重要。

——金伯利·肖内特

人人都有不愿意告诉别人的私事，这便是隐私。个人隐私应得到尊重，我国《未成年人保护法》第三十九条规定：“任何组织或者个人不得披露未成年人的个人隐私。”

不少家长反映，孩子大了以后，在家里总爱给自己的抽屉、书柜上把锁，好像有什么不可告人的秘密。原先总是让家长拿着修改的日记现在也换成了上锁笔记本，而且总是被孩子藏起来。这让家长很不舒服，总觉得孩子不信任自己了，觉得在父母面前孩子不应该有什么秘密。于是，当孩子变得不愿意跟父母交流心中的秘密时，很多父母都抱着传统的观念，高举着关爱的旗帜，一方面把自己摆在权威的位置，认为自己的做法全是对的；另一方面把子女当成是自己的私有财产，随意进入孩子房间，偷翻孩子的日记本和书包，追查孩子的电话，偷看孩子的短信内容、聊天记录、电子邮件等。为了能更好地掌握孩子行踪，在广州、上海、成都等地，家长甚至聘请“私家侦探”，偷偷跟踪孩子的行踪；北京一些家庭开始使用一种叫“亲子通”的短信业务——只要父母给孩子发个短信，便能知道孩子在哪儿，顺便还能知道那里是否有网吧和游戏厅。这样做实际上是对孩子完整权利的一种侵害,严肃地说,甚至是违法行为。不可否认,家长的动机是好的,只是在方式方法上出现了问题,忽视了孩子已经有的独立意识以及也需要有属于自己私人心灵空间的要求。

刘先生的儿子佳佳(化名)近来行为反常,原本学习很好的他最近成绩直线下滑,并常常以“学校要交班费”“参加某某比赛要交钱”为由找父母要钱。于是,刘先生委托一家“社会调查公司”对儿子进行“全程监控”。原来佳佳迷上了上网,同时还喜欢上了邻班的一个女孩子。吃喝玩耍既需要大量时间,还需要大把钞票。一天,佳佳和那位女同学放学后又来到网吧,正玩得起劲的时候,怒气冲冲的父母突然“驾到”……自父母侦查过之后,佳佳便变得沉默寡言,很少与父母说话。

为了躲避父母的眼光,一些孩子想方设法应对父母的检查。为了防备父母偷看日记,他们特意准备了两本日记,一本是应付检查的“假日记”,一本为诉说衷肠的真日记,有的孩子甚至在网上写加密日记;为了方便发短信交流,他们将手机的阅读状态调整到英语状态,或者看完就删除;怕父母追查电话,他们把聊天转移到网上进行……可见父母这样做并没有什么效果,通常是“道高一尺,魔高一丈”。

《少年儿童研究》杂志登载了《别让我们成为“水晶人”》的文章,辑录了几个孩子成长的烦恼:

安某(小学六年级):我在家里,几乎一举一动都在父母的掌握之中。我打电话,父母轮番进我的房间;我一上网,父母轮番跟在我旁边,我现在根本不写信,也不写日记。我希望他们能对我放手。我们每个人都在长大,父母小的时候不是也有秘密吗?

祁某(初三学生)：我以前有一个笔友，他比我大，我们俩通信感觉很好。可是有一次，我给他写完信，发现没了信封，就出去买。当我踏进家门的时候，见妈妈正在看我的信。见我进来，她怒视着我。我当时吓傻了，脑子里一片空白，可手却不由自主地去抢那封信。当然，我没抢到。我妈把信给我爸看了，他们俩一起狠狠地骂我："你为什么这么不要脸?""你俩到底是什么关系?"这样的谩骂持续了很多天，遭受白眼的天数更不知道有多少。直到现在，父母还时不时指桑骂槐地讽刺挖苦我。事实上，我和笔友没什么，只是谈得较好，他叫我妹妹，我叫他哥哥。我有苦恼可以告诉他，他根据经验告诉我该怎么办。我们毕竟是同龄人，有许多话说得来，他的话我也听得进去。

家长应该与孩子达成共识，家长们关心孩子的隐私，主要是担心孩子由于知识和经验的不足交上坏朋友，染上坏习气，形成不良的嗜好，并不是家长有坏的企图。基于这样的目的，家长也应该充分尊重孩子的隐私，保护孩子的隐私。但是，家长也要教导孩子，不要拿隐私为保护伞拒绝父母的监督和管教，不要借助隐私干违法乱纪的事情，不要以隐私为借口为所欲为，脱离父母的保护与教育。

十五、面对追星的孩子，家长别摇头

给孩子提忠告的最好办法：发现他们需要什么，然后再建议他们如何去做。

——杜鲁门

2007 年 3 月 26 日，一则父亲因支持爱女杨某苦追某大牌影星而跳海自杀的事件在各大媒体引起轩然大波。当年 29 岁的杨某自1994年迷恋上偶像刘某后，便辍学、不愿工作，苦追偶像13年。其双亲为达到女儿的心愿，不惜倾家荡产，为女儿筹募旅费，其父甚至想到过卖肾，后来因不合用而作罢。因不满足于女儿只与偶像合影而未实现与偶像单独聊天的请求，其父一怒之下选择了自杀。人们不禁发问，这样做值吗？这件事情究竟孰是孰非？

星迷，又叫追星族、“粉丝”。在当今中国社会，不论是歌迷、影迷还是球迷，都变得越来越年轻。他们年龄大多在20岁上下，尤以中学生居多。星迷们把明星当做自己崇拜的偶像，可以说崇拜得心甘情愿、五体投地，崇拜得忠诚无畏、义无反顾。他们认为，谁崇拜的明星多，知道的明星逸闻趣事多，谁就有本事。于是，各路明星的出生祖籍、生辰八字、历任情人、血型星座、发型口红、喜怒哀乐等，甚至连睡觉前是先洗脸还是先洗脚，他们都了如指掌，倒背如流。他们的床头挂着帅男靓女的巨幅图片，铅笔盒里夹着明星的艺术照，笔杆上贴着明星“大头贴”。星迷们为明星的喜而乐，为他们的怒而哀，为他们的忧而泣。他们千方百计打听偶像的电话、住址，不辞辛苦去问候、探访，不惜花钱去送花捧场，不择手段去索取签名合影。

据一组资料显示：

毛泽东的扮演者古月到石家庄后，崇拜者们纷至沓来，搞得招待所门庭若市。崇拜者们突破重重关卡，甚至藏在餐厅请求签名照相，害得古月不得不经常更换房间。

影星刘晓庆曾对记者说：“成了明星，我失去了许多。在北京这么多年，我没有去过王府井，不知道公共汽车开往哪里。”自豪之余，又有些黯然神伤。

歌星郭富城说：“我已弄到有家归不得，因为有太多的歌迷在我家门口守候，怕骚扰邻居，我已搬到了酒店，他们仍有本事知道，我有好几次要从酒店后门进出，像做贼似的。”

美国前职业篮球明星“梦之队”的乔丹，每周都会接到30个濒临死亡的儿童的亲人打来的电话，说这些儿童的愿望就是在死之前，见他一面。[①]

凡此种种，举不胜举。有的星迷们为自己的偶像终身不嫁，甚至自杀……这些现象使得有追星族孩子的家长们苦恼不已，也百思不得其解。

实际上，追星族的出现已经上升为一个社会问题，追星现象是超民族、超国界的，一个明星可以在世界上任何一个地方，受到不同肤色、不同背景人群的青睐。家长应该在了解孩子的基础上，了解一些追星产生的原因，不要一遇孩子狂热地追星就“哀其不幸，怒其不争”，就要么横加指责和干涉，要么干脆放任自流。一般情况下，六七岁儿童的追星属于盲从型，他们甚至不知道究竟喜欢偶像的哪一点，甚至不理解偶像是什么。至于中学生，他们已经开始寻找自我，追求理想，探讨爱情，对某个明星一旦喜欢上，就有可能着迷。

追星的产生一方面与社会上娱乐的走势、媒体的炒作不无关系，少年儿童长期受到这种熏陶，难免会不自觉也加入阵营，扮演“粉丝”；另一个原因与孩子们的心理年龄有关系，明星们的动作、歌词乃至形象，都是处于朦胧彷徨期、学业压力大的孩子们模仿、向往、崇拜的最佳选择，这正好迎合了他们的心理需求。青春期心理作怪也使得他们向往懵懵懂懂的爱情，喜欢上甚至爱上异性明星，将他们当做梦中情人。

作为家长，我们一定要认清追星对孩子可能带来的负面影响，要根据孩子的年龄特点，尽可能了解孩子追星的原因，科学

---

① 柴火：《星迷·星梦》，甘肃人民出版社，1993年，第23页。

地加以引导,要引导孩子尊敬那些为人正直、有道德素质和社会责任感的明星,但不要盲目崇拜他们。要教育孩子学习明星身上的优点,不要对明星产生幻想。纠正孩子追星的痴迷心态,家长要有耐心,不要采取过激行为。《家庭文摘报》杂志曾载一篇题为“超女引发弑女惨案”的文章。文章详细记载了某省一中学女孩汤某,迷恋“超级女声”比赛,因张贴“超女”照片,观看“超女”节目,而被任教于某中学的父亲残忍杀死。[①] 文章里说,每次看到女儿关注“超女”比赛时,做父亲的没有一次开导和教育,有的只是谩骂和强行关电视。他没有发现女儿为一“超女”失利而流泪的善良内心,他没有看到女儿“用买文具省下的钱买了张超女图”时的执著与可爱,他看到的只是女儿因迷恋“超女”而成绩下降,只是女儿学“超女”们的动作而手舞足蹈。作为一名中学教师,如此对待孩子的追星行为是十分不理智的。

十六、教孩子学会感动

对自己的痛苦敏感,而对别人的痛苦极其麻木不仁,这是人性的可悲。

——池田大作

感动就是唤醒人们心灵深处的善良、真诚、同情心和正义感,只要是人就能够被感动,就应该感动,也需要感动。现在的孩子存在情感危机,缺少同情心,不会感动,有点冷漠,有点自私,他们对别人的苦难不知道同情反而会去讥笑,对自己父母的奉献不知道感恩反而会觉得理所当然,表现得十分麻木。

现实生活中,有许许多多令人感动的故事,都是教孩子学会

① 王波:《“超女”引发弑女惨案》,《家庭文摘报》,2005-11-07。

感动的活教材。2006年“感动中国”当选人物之一黄某，是一个四肢无力的残疾孩子，坐在轮椅上与父亲相依为命。就这样一个被医生断定只能活18岁的苦命孩子，在生命的倒计时里，他一方面被所有真心帮助过他的人感动着，另一方面也用有限的生命积极投身到帮助比他更艰难的人当中去，用即将燃尽的生命之爱感动着别人。

日本著名作家栗良平的《一碗清汤荞麦面》的故事在日本广为流传：大年夜，开在北海道的一家夫妻面馆正要打烊，这时候来了母子三人。三个人却只要一碗清汤荞麦面。老板夫妇没有看不起他们，而是热情地接待他们并且对他们非常尊重。第二年大年夜，他们又来了。从他们的谈话中老板夫妇得知，原来母亲之所以拼命工作、节衣缩食，是为攒钱还清丈夫生前欠下的巨额债务。此后，每年除夕，老板夫妇都会专门留下那张“幸福的桌子”等他们到来，但是直到14年后，这家人才再次来到北海道。那位母亲的长子告诉老板，是这碗面支持他们一直生活下来，现在他们已还清债务，并且挺过了人生中最艰难的一段时光。这个故事曾感动了亿万人，成为在逆境中奋起的精神象征。①

美国的儿童教育学家温迪·摩格尔博士说：“感激之情不是自然产生的，它就像肌肉一样，需要我们从儿童时期开始不断进行锻炼和强化。”②

曹先生受过高等教育，是一家私有企业的老总，难得的一个星期天还被一帮朋友堵在家里喝酒，6岁的女儿只好独自待在客厅看电视。喝酒的间隙当他经过客厅时，看到女儿正哭得一把鼻涕一把泪。曹先生吓了一大跳，平时忙没照顾上孩子他

① 许锡良：《北大教授：中国人为什么拒绝感动》，《中国教育报》，2005-09-23。

② 小欧：《教会孩子感激》，《父母》，2005(9)。

正感到内疚呢，看到孩子悲伤的模样，他赶紧跑过去询问原因。女儿指着电视上的画面说：“爸爸，你看这个可恶的唐僧，硬是要赶孙悟空走，他不识好人……”说完又开始啜泣了。曹先生一看，电视画面上正在播放《西游记》里的“三打白骨精”，唐僧出于误会不听孙悟空的辩解，正在念紧箍咒驱逐孙悟空呢。女儿显然被故事情节所感动。这一幕，让曹先生也很是感动，他为女儿的善心而感动，他把女儿抱在怀里，吻了吻，对女儿的善良大加赞扬。

教孩子学会感动，首先要告诉他们学会感恩。学会感恩，就要让孩子能看到别人的所作所为，就要以感激的心情去对待人情世故。父母应有意识地引导孩子学会感恩，学会行孝，学会反哺。要让孩子看到家长是如何感激的，要给他提供一些表达感激的方式，要引领孩子去帮助别人。

十七、别了，“假期综合征”

如果孩子失去了正常的判断力，他的一生就不能正确地判断是非。

——卡尔·威特

现在的孩子上学期间苦苦盼着假期的到来，有了假期却急切盼望着开学。这是什么原因呢？

原因之一是假期文化生活内容枯燥、单调，起居无常，生活没有了规律，时间一长孩子们就提不起兴趣，还是向往学校里热热闹闹的生活；如果是在寒假，还有孩子们喜欢的春节撑着，要是在暑假就乏味多了。再一个原因是，孩子们的假期没有“假”。学校放了假，各类辅导班却郑重开班，一些家长逼着孩子奔赴各类辅导班“加油”“充电”。孩子们比上学期间还要忙，有苦不敢言，有怨没处诉，于是急切盼着开学。当然，也有部分孩子一到假期，就如脱缰的野马，自由自在，成天不是无所事事，就是泡网吧、谈对象。《北京青年报》一篇题为“当心孩子患上‘暑假病’”的文章，列举了“暑假病”的三种症状：一是“三电”（电视、电脑、电子游戏机）自闭症；二是补课疲惫症；三是孩子患“成人病”（高血脂、高血压、脂肪肝等）。[①] 这可以说是对孩子在假期生活中容易出现问题的精确概括。

“我不想回家，我不想回家！”在某火车站，面对急急忙忙赶来的父母，离家出走的8岁女童周某哭着、闹着，怎么也不肯跟父母回家。原来，其父母望女成凤，不遗余力地想把孩子培养成“小画家”，结果引来孩子的强烈“抗议”。

据周某说，整个暑假，她都快要变成机器人了，没有一天是快乐的！出走前那天晚上，她听老师讲绘画中的印象主义，但一点体会也没有。母亲将她关在屋里反省，她就将染料涂到墙上，以发泄心中的不满。重新粉刷墙壁估计需要花费上万元，周母为此狠狠地教训了她一顿。第二天清晨，周某偷了家里的500元跑了出来，准备独自出去散散心。

西方国家认为，暑假的意义在于让孩子换换脑子，充分做好吸收新知识的各种准备。除了学校的学习之外，孩子们还有许许多多的东西要学。因此，他们希望孩子能利用漫长的暑假去接触并掌握这些东西。例如，在英国，一放暑假，老师们就会对孩子这样说：“到今天，学习就全部结束了。从明天开始，不要再去想学习的事情，尽情地玩吧！9月份咱们再见！希望那时，你们都被阳光晒得黑黑的。”

---

① 李耽，《当心孩子患上“暑假病”》，《北京青年报》，2005-08-01。

作为监护人的家长，要引导和安排孩子积极参加到各种有益的假期文化活动中去，要警惕不良的假期文化对孩子们的侵害和干扰。东北师范大学教育科学学院教授、中国青少年研究会理事于伟，对于过好假期提出过一些建议，相信对广大家长有所指导。

建议指出：(一)应充分认识假期对未成年人心理上的缓冲和释放作用。在竞争日趋激烈、生活学习节奏日趋加快的现代社会，未成年人的竞争与学习压力是可想而知的。许多孩子像机器一样学习与生活，他们需要缓解、释放和宣泄。调查表明：10％左右的未成年人程度不同地存在着各类学习、情绪、行为障碍等心理健康问题，暑假的休闲恰恰可以起到缓冲作用，有着健身、健心、健脑，缓解精神和心理危机的作用。(二)暑假的学习生活应该是体验的、活动的和休闲的。要让孩子们在自然、社会、活动和体验中学习。(三)社会、学校和家庭要为未成年人过好休闲的暑假生活创造良好的条件。(四)要指导未成年人参加必要的课外辅导活动。家长要有选择地、适当地让未成年人参加必要的课外辅导班的学习，以弥补学校教育和家庭辅导方面的不足。[①]

十八、“退学习艺”要因人而异

人生就像弈棋，一步失误，全盘皆输，这是令人悲哀之事。而且人生还不如弈棋，不可能再来一局，也不能悔棋。

——弗洛伊德

随着娱乐文化的迅速升温，歌坛、影坛、广告、模特等的表演

① 李耽：《当心孩子患上“暑假病”》，《北京青年报》，2005-08-01。

开始流行低龄化，一批批“童星”被媒体推到了前沿，6岁拍广告、8岁演戏、13岁接片子、14岁取得奥运冠军、16岁当作家等已不是稀罕事。

“童星”热不时炙烤着家长的心。于是一些家长纷纷选择放弃孩子的学业，精心培养与打造“童星”，让孩子走上从艺之路。一些艺术院校也开始空前火热，戏剧学院、音乐学院成了香饽饽，成了孩子们踏上星途的第一道门槛。综观种种现象，产生这一现象的原因主要可归纳为：一方面是一些“天才少年”的出现刺激了家长们让孩子当明星的欲望，如韩寒、丁俊晖、郎朗等的横空出世；再则是“造星”节目的泛滥给孩子们成为明星提供了机会，如“超级女声”的造星运动，可以使一个平凡学生一下子成为红极一时的明星；第三是随着就业形势的异常严峻，从艺的收入比普通人的收入高得多；第四种原因与父母所从事的职业有关。想出人头地、孩子本身条件突出、认为学习与从艺相冲突等，也成为一些家长让孩子“退学从艺”的原因。家长们的这些急功近利的培养方式严重影响了孩子们对未来人生的正确把握，一些外貌较好的孩子开始研究明星成长的轨迹，拜读明星个人传记，刻意模仿，荒废了学业。

“名”，既可激励自己，又容易使人背上包袱，是奋进者的重负，何况是对未成年的孩子。家长们“拔苗助长”、有劲用错了地方、爱而不得其法的行为，都无疑是孩子们成长路上的绊脚石。

家长们的这种思想，也为一些不法分子提供了牟取暴利的机会。某沿海城市的公安局打掉的一个诈骗团伙，专门打着招募演员、拍摄广告的幌子，先诱骗一些女孩子到其公司，再以形象设计等名义索要钱财。先后有500人到该骗子公司进行登记，130人缴纳了形象设计费，在短短的十多天时间里签下合约金额达18万元之多，实际诈骗到手金额有8万多元。① 因此，面

---

① 刘玉民：《明星梦背后有陷阱》，《北京青年报》，2005-05-22。

对造星热,家长一定要冷静。看看下面一位父亲的做法,相信会对大家有所警示。

2006 年,辽宁省锦州市传出了一条令广大家长和教育界颇为震动的新闻:为让儿子冲击围棋职业段,一位父亲竟让 11 岁的儿子退学练棋。

有人说,“退学习艺”是拿孩子前途当赌注的短视举动;也有人说,这是经过深思熟虑的慎重选择。

“你说我极端也行,我只是觉得不管干啥都要干出个名堂,就算是玩也要玩出个名堂。”

说这番话的是今年 42 岁的锦州市某排水公司临时工张之江(化名)。眼下,他因为让儿子张哲(化名)退学学棋而成为新闻人物。张之江对这些倒是不太在意。真正让他焦虑的是,靠他每月最多 600 元的收入,根本不够送儿子去北京学习围棋。

张之江仅有 5 岁的儿子张哲参加了幼儿园的围棋班,看到儿子在围棋方面表现出的极大天赋,张之江决定带他离开幼儿园,去围棋学校学围棋。而张哲也没有让父亲失望,学习围棋仅一年,就屡次在各类比赛中获奖。到了张哲该上小学时,张之江向老师提出一个大胆请求:“让我儿子上午上课下午学棋吧,我保证他不会拖班级的后腿。”事实证明,在学校举行的期中或期末考试中,张哲的成绩始终在全班前五名以内。

暑假的一天,张之江再次来到儿子就读的小学,请求校方允许儿子“暂时停学”,专心冲击围棋职业段。最后,张之江和校方约定,张哲“休学”一年,学校为其保留学籍,前提是他必须按时参加期中、期末考试。但近一年来,张哲没有按照约定到学校参加任何考试,“休学”悄然演变成了“退学”。至此,11 岁的张哲告别了校园生活。

在张家并不宽敞的屋子里,属于张哲的空间几乎被与围棋有关的书籍和图谱填满，而端坐在电脑前研究围棋，则成为这个11岁少年每天主要的生活内容。他告诉记者，他的时间表是“学习一小时，休息半小时”，每天都严格执行。

哈尔滨师范大学温恒福教授说，很多家长认为孩子只有不上学才能成为某一方面的专才，这是极其错误的认识。温恒福认为：“孩子的一生不应以出人头地为唯一目标，既要当冠军，还要享受一个人应该享受的正常生活。家长没有权利让孩子为学一技之长而放弃义务教育。”①

家长们一定要正确认识“弃学从艺”这一现象，应该清楚地认识到，成为明星的毕竟是凤毛麟角，孩子必要的文化基础知识的学习才是最重要的，千万不要被眼前一些功利、浮躁、短视的风气所影响。

12岁的古某原是成都一所小学六年级的学生，半年前她辍学在家进行写作，立志要当自由撰稿人。目前，她已写出了两部长篇魔幻小说，第一部已经出版。但这个小作家在学校时曾一度被称为“问题孩子”。

2002年10月份，古某开始逃学，跑到书城看书。有一天，她趁老师不在，拿走了老师的东西。事情发生后，老师把古妈妈叫到学校，称古某是“前无古人，后无来者”的问题学生。古妈妈一时气愤，转头就给女儿一记耳光。

此后古某就不愿上学，每天和妈妈在家上网、写作。仅3个月的时间，其第一部书稿正式出版，第二部魔幻小说也已经完成。目前，古某又开始了第三部魔幻小说的创作。

事后，学校曾多次要求古妈妈把孩子送回学校，校长和老师

① 马扬、王莹、曹雾阳：《校园成回忆 孩子为“艺”弃学该不该》，人民网，2006-08-22。

还亲自登门，但都被古妈妈拒绝了。

小学校长告诉记者，虽然古某已经离校半年了，但学校有责任要求孩子上学，家长有义务把孩子送到学校，否则就违反了《义务教育法》。

古妈妈则说，作为孩子的监护人，她也知道有责任和义务让孩子接受义务教育，但她认为，孩子也有权利选择适合自己的教育方式。①

十九、“问题孩子”也能成为“天之骄子”

让我们尽量相信，每一个有坏处的人都有他值得同情和原谅的地方。一个人的过错，常常并不是他一个人造成的。

——罗兰

“腐烂的脐带”理论认为，如果不能让孩子尽早建立起责任感，家长的照顾反而会适得其反，变成两代或者三代人共同的痛苦。这种理论把父母与子女之间的矛盾关系，比作一根即将腐烂的脐带，让人厌恶，却又无法割断。这种“腐烂的脐带”理论集中表现在“问题孩子”身上。

实际上，“问题孩子”并不是“少年犯”，不是那些有犯罪经历或者严重精神疾病，必须依靠医疗才能正常生活的孩子。通常所说的“问题孩子”，主要是指在品德行为上有偏离常规的现象，上课捣乱、逃学旷课、不做作业、时间观念差、说谎骗人、打架斗殴、纪律性差等“大错不犯小错不断”的孩子。这些孩子当中，有些对正面教育有比较强烈的逆反心理；有的在个性上表现得

① 刘仁：《成都12岁女孩弃学写书，家长违反义务教育法?》，《成都商报》，2003-07-29。

桀骜不驯、喜怒无常、妄自尊大、脾气暴躁；有的则为了引人注意而刻意实施一些偏激行为。调查发现，许多“问题孩子”喜爱武侠影视和小说，崇拜英雄侠士或另类打扮的人，与社会上一些不良习气的人交往甚密；有的“问题孩子”受到过伤害和歧视，在人格上不够健全，缺乏对真情和假意的判断能力，对待社会常怀有仇恨态度；大多数“问题孩子”在学习上自暴自弃，对家人与学校的期望表现出无所谓的态度。

儿童教育专家李跃儿说：“孩子的问题其实都是父母的问题！每一个‘问题孩子’的背后，必定站着一对不合格的父母！”① 如果这些“问题孩子”能够得到及时有效的转化，他们将会取得很大的成功。如果家里不幸出现了“问题孩子”，家长不能单方面认为这全是孩子的过错，也要勇于承认自己在教育孩子方面的失误与不足。孩子是父母的镜子，问题出现在孩子身上，原因很可能出现在父母身上。

一般情况下，“问题孩子”产生的原因主要包括：家长无暇顾及孩子的学习，长期让孩子放任自流，使孩子染上了坏毛病；家庭关系不和睦，孩子感觉不到丝毫的关心与温暖，在外自寻安逸；家长过分溺爱与偏袒，孩子得不到有效约束；家长期望值过高，与孩子不能很好地沟通，产生隔阂，进而形成代沟；孩子自身先天性地存在着某些缺陷，形成了自卑心理，自暴自弃。作为家长，遇到此类问题除了要检查自己的失误，还要鼓足信心千方百计拯救误入歧途的心灵，唤起他们的自省意识。

每个孩子都有成功的可能，可惜的是许多家长没有清醒的认识，他们总是按照一个模式、一种期望要求孩子。一遇孩子有问题，不是怨天尤人就是垂头丧气，不是棍棒相加就是放任不管，缺乏耐心、爱心和决心，轻率地给孩子贴上问题“标签”。著名儿童教育家李圣珍老师认为，来自各方面的伤害使得“问题孩

① 李跃儿：《孩子的问题其实都是父母的问题》，网易，2010-03-14。

子”失去了自信、自尊，甚至生活的希望，而我们就要帮助他们找回失去的一切。好多孩子需要赏识，需要家长的信心和期待，需要给他们的心灵一次震撼。

美国新泽西州的一所学校里，有一个这样的班：这个班共有26名学生，个个都有过不光彩的历史，或吸过毒，或进过少年管教所。他们来这里后，依旧我行我素，家长和老师对他们无可奈何，故而嫌弃他们。新学年开始时，一个新来的女教师接管这个班，她上第一堂课时，没有声色俱厉地训斥，而是意味深长地给孩子们出了这样一道题：

在世界现代史上有这样三个人：第一个信奉巫医，酗酒成癖，嗜烟如命，有两个情妇；第二个人贪睡，每天到中午才起床，每晚要喝一公斤白兰地，曾因吸毒两次被赶出办公室；第三个人曾是国家战斗英雄，他坚持素食，不吸烟，只是偶尔喝一点啤酒，年轻时无违法犯罪的记录。请大家想一想，后来这三个人中哪一个能成为造福人类的人？无一例外，孩子们都认为能为人类造福者肯定是第三个人。

然而，女教师的答案却出乎大家的意料：“你们错了！这三个人都是第二次世界大战期间的风云人物：第一位是富兰克林·罗斯福，身残志坚，连任四届美国总统；第二位是温斯顿·丘吉尔，英国历史上最著名的首相，曾获1953年诺贝尔文学奖；第三个是臭名昭著的阿道夫·希特勒，一手夺去了几千万无辜生命的法西斯恶魔。”这位女教师独特的教育方法给这些孩子的心灵带来了巨大的震撼。它告诉人们一个大道理：任何人都是不断变化的，丑小鸭可以变成美丽的白天鹅，“问题孩子”同样能成为天之骄子！

二十、毅力教育

伟大人物的最明显的标志，就是他坚强的意志。不管环境变换到何种地步，他的初衷与希望仍不会有丝毫的改变，而会最终克服障碍，以达到期望的目标。

——爱迪生

意志薄弱是当前孩子中普遍存在的一个问题，表现为做事不能自始至终，缺乏毅力，或者面对困难时一味依赖成人帮助，独立性差。孩子出现这种现象，是与家长的教育思想和方法密切相关的。

美国心理学家W. 米切尔等人做了一个名叫“果汁软糖”的实验。面对一群4岁的孩子，实验研究人员拿来一堆软糖，给他们每人发一颗，并对他们说：我有点事情要出去，如果谁想吃马上就可以吃，但只能吃到这一块；如果谁能等到20分钟后我回来再吃，就可以多得到一块软糖作为奖励。有些孩子在实验研究人员出去几秒钟后就急不可耐地吃下软糖，有些孩子则耐心等到实验研究人员回来，以获得两块软糖。后期的追踪实验表明，这两种选择的孩子长大后变成了两种不同类型的人。可见孩子的毅力从小就可以培养，而且培养起来后比较稳固。成功学家拿破仑·希尔曾说：“只有在一个人坚持不肯放弃后，努力之花才得以完全绽放。”

做事、学习不能一曝十寒，而要靠恒心和毅力。有毅力是一个人良好品格的表现，也是一个人取得成功的必要条件之一。东晋名将陶侃深受其母良好品格的影响，一生清正廉明，深受百姓爱戴。为了磨炼自己的意志，他坚持每天早上将100块砖搬到院子里，傍晚又将其搬回屋子里，每次都累得满头大汗，谁去帮忙他都不肯。一年四季风雨无阻，从不间断。当有人问他为什么这样做时，他说：“母亲生前同我说过，生活过分安逸，不但会伤害身体，而且容易消磨意志。我之所以每天搬砖，正是为了锻炼身体和磨炼意志，好实现我的远大理想。”

闫澍的父母闫乾元和鲍志霞都是中专教师，三十多岁才有了闫澍。但他们并不溺爱这个孩子，从小就用自己独特的“苦其心志”教子法教育孩子。

闫乾元通过观察发现，闫澍虽然聪明好学，可耐力不足，连短短的五分钟都坐不住。

为了磨炼儿子的性子，闫乾元可没少费心思。他先从练反应开始，抓一把石子，哗啦撒开在地上，然后跟儿子比赛看谁捡得快，而且不能用双手搂，只能一颗一颗捡。因为是比赛，闫澍很有兴趣，速度也越练越快。到了一定程度，闫乾元把大石子换成小石子，又把小石子换成黄豆，黄豆换成绿豆。每天都要捡石子，捡豆子，闫澍练得没劲了，常常噘着嘴不肯练习。闫乾元非常严格，要求闫澍必须把地上的东西捡起来，而且不能出差错，少一粒也不行。闫乾元把自己这种独特的锻炼方法叫做“苦其心志”，他说这种方法可以锻炼孩子的耐力和承受力。

在同济大学读本科的时候，闫澍第一学年就修完了三十多门功课，通过了英语四、六级考试；2004年5月，他获得“德国总理奖学金”；10月中旬，他被保送为同济大学研究生……在谈到这些成绩时，闫澍不止一次地提到爸爸让他做的小游戏：捡石子。他说，正是这个小游戏才让他在生活的历练中愈加坚强，在挫折和困境中始终保持一颗平常心。①

培养孩子的毅力，首先要求孩子做事要有始有终。家长要

① 梁金朋：《捡石子捡出个德国总理奖》，《莫愁》，2005(5)。

鼓励孩子一心一意做好某件事，因为孩子的兴趣常常会很快转移，因而不少孩子今天学钢琴，明天学电脑，后天再学绘画，到头来却什么都没有学好。家长应指导和帮助孩子制定短期的与长远的目标，使之有奋斗的方向。孩子心里有了“目标”，就会有前进的动力，就会为实现目标而努力。长此下去，习惯便成自然。

其次，家长应有意识地给孩子设置一些障碍，为其提供克服困难的机会。如让孩子参加一些他兴趣不大的甚至情绪上有点抵触的活动，但要求他必须完成。

再次，要培养孩子的自信心。自信与毅力息息相关，自卑者往往难有毅力，这是因为自信是毅力的精神基础。对尚未经过风雨、见过世面的孩子来说，在接受意志力考验过程中，遇到困难或挫折难免意志消沉，此时，来自家长的鼓励至关重要。

第四，家长要做出表率。如果家长自己缺乏毅力，三天打鱼，两天晒网，那么要求孩子有毅力基本上是一句空话。

第五章

“南风效应”

——青年期（14、15岁以上）

爱是家庭教育的灵魂。青少年成长过程中最需要的养分是爱，父母最重要的职责是为儿女作好表率——祖国之爱、天地之爱、人间之爱、亲情之爱。孩子终会在父母博大的爱心中领悟：人活着不仅仅有索取，还应该有给予；不仅仅是收藏，还应该与别人分享；不仅仅有要求，还应有感恩。懂得了这一切，才具有了未来美好生命的基石！

——笔者手记

有一则寓言,讲北风与南风打赌,看谁能把行人的大衣脱掉。北风使出浑身的力量使劲刮,可越刮,行人把大衣裹得越紧;南风则不然,它选择徐徐地吹,行人觉得脱下衣服会更舒服,于是自觉地把大衣脱下。南风之所以赢了北风,就是因为它顺应了人的内在需要,使人的行为变为自觉。这种以启发自我反省、满足自我需要而促成的心理反应,我们称为“南风效应”。

“南风效应”给家庭教育的启示是:在家庭教育中,要善于把握孩子的特点,顺应孩子的正当需求,采取符合孩子身体、兴趣、特长实际需要的教育教学方式。在思想上,相信每个孩子都有一颗积极向上、立志成才的心;在情感上,尊重孩子的人格和自信心,关心孩子,动之以情,晓之以理;在人生追求上,激励孩子、引导孩子。要容忍孩子的缺点,客观、理智、科学、艺术地处理孩子学习、成长、教育过程中出现的各种问题。

北京零点调查公司的一份调查报告显示,15岁的孩子正处于社会关注的盲区,这一年龄段正面临四大危机:一是亲子关系最紧张;二是独立渴望被压抑;三是心中苦闷没处说;四是身体素质和视力下降。作为家长,我们就要以科学严谨的态度,以饱满的热情和耐力,对孩子循循善诱、谆谆教导,让孩子快乐健康地成长。[①]

一、别让高期望压垮孩子

我们对于儿童有两种极端的心理,都于儿童有害。一是忽视;二是期望太切。忽视则任其像茅草样自生自灭,期望太切不免揠苗助长,反而促其夭折。所以合理的教导是解除儿童痛苦

---

① 崔红:《北京社会抽样调查结果显示:十五岁为危险年龄》,《人民日报》,2004-06-18。

增进儿童幸福之正确路线。

——陶行知

中国父母在抚养孩子方面下的功夫、动的脑筋，可以说是天下独一无二的，特别是当代独生子女的父母们，他们怀揣“望子成龙”的信念，干着“助子成龙”的事情，暗存“逼子成龙”的用心。媒体曾报道，云南一单亲母亲为了使儿子能上重点高中，不惜去借高利贷；当儿子上了大学之后，又不惜铤而走险贩卖毒品，最终被警方抓获。她犯罪的目的只有一个，就是为孩子能过上宽裕的大学生活而筹措费用。

近几年来，每年都有数以万计的中国学生逃学、离家出走甚至自杀。更为残酷的是，亲子反目，“弑父”“弑母”“杀子”的惨剧不断上演。云南省昆明市一所中学的高三学生贾某，用哑铃和水果刀杀死了母亲与外婆；1993年，19岁的四川峨眉青年彭某残忍地杀死了父母和胞弟；1998年，17岁的浙江金华青年徐某用锄头将自己的亲生母亲砸死。是什么原因让这些处于花季的少年变得如此凶残呢？可以肯定地说，是周围环境的高压，是父母的高期待，导致了他们畸形心理的产生。

实际上，在中国，由于社会分工和孩子本身条件的不同，绝大多数人将最终成为普通劳动者，但许多家长无视自己子女的才能和特点，硬往上大学一条路上赶，极大扼杀了孩子其他方面的禀赋和特长，而且家长越是赶得凶，孩子的心理负担越是重，心灵发展所受创伤越是大。

为什么“望子成龙”会成为众多父母普遍存在的心态呢？据了解，形成高期待父母群的原因是多方面的，除了父母希望儿女有出息的思想观念外，父母们往往将孩子的发展作为自己生活的核心内容及精神支柱。究其原因，这种心态在一定意义上反映了中国几千年传统文化中的“家本位”观念，子女成“龙”与否，绝不是他个人的事情，而是关系到家庭的社会地位，家族的富贵或贫贱。于是,父母全力以赴想让子女成龙、成凤,而自己则甘愿做“虫”,竭力“助子成龙”。

研究表明,父母对孩子的合理要求与适度期望有利于青少年心理的健康发展。“家长对子女较高的期望,本身就带有一种‘隐蔽’的异化作用,它通过子女的知觉和投射两种心理机制,使他们或在自觉意识的水平上,或在自发无意识的水平上受到良好的奖励。”[①]略高于孩子现有水平,但又是孩子通过努力能够达到的,这样的期望可以使孩子的心理处于积极向上的健康状态。对孩子的期望过高,使他们总不能达到目标,很容易使孩子形成自卑、怯懦、退缩、焦虑、压抑等消极心理。当然,对孩子的期望过低,也会使孩子缺乏上进心和自信,阻碍他们的发展。

高期待本身没有过错,但高得过了度,往往就会出现意想不到的结果。因为,父母的期望值对子女是一种巨大的心理压力。开明的父母总是以现实的眼光去正视孩子、要求孩子、引导孩子,让他们一步一个脚印,脚踏实地地去干出适合自己的事情来。

儿子在这个小镇修自行车多年了,收入属于撑不坏也饿不死的那种。

父亲很想让儿子出去闯一闯,但儿子认为自己只会修自行车,出去也是白搭。

父亲无言,他决定用事实告诉儿子一个道理。

第二年春天,父亲种了三棵向日葵。一棵种在花盆里,一棵种在比花盆稍大一点的木箱里,一棵种在了土地里。还没到秋天,结果就出来了:花盆里的葵花又瘦又小,木箱里的葵花中等个头,土地里的葵花却枝粗叶茂。

① 赵忠心:《家庭教育学——教育子女的科学与艺术》,人民教育出版社,2001年,第144页。

父亲领着儿子看了三棵葵花。儿子笑着说："老爸你真逗，我出去打工便是了，你何必绕这么大的弯子！"

儿子要出发了，目的地是本省的省会城市。父亲把修自行车的工具箱交到儿子的手中。

儿子不理解："外出打工，还要这个干什么？"

父亲说："大海大洋虽然辽阔，但海水是咸的，不适合淡水鱼生存。同样，咸水鱼也不适合在淡水中生存。你应该认清自己是淡水鱼还是咸水鱼，找对自己适合生存的地点和方式。你有修自行车的技术，省会城市的自行车数量是咱这个小镇的上百倍，对你来讲，那里是自行车的海洋，也是你的海洋啊。你去打工，为什么不发挥自己的长处呢？"

儿子到了大城市，从靠修自行车糊口到学会修摩托车，又从修摩托车发展到修汽车，手艺越来越精，收入也越来越高。

社会中，每个人都有想与多数人采取相同行动的心理，心理学称之为"同步性"。别人有的东西自己也要有的想法，就是由"同步性"心理所引起的。这种心理使得家长们对待孩子格外"眼红"，看到别人家的孩子有这有那，自己也想方设法要有。好多的家长没有仔细了解自己孩子的特点，不能正视孩子之间的差异，违背孩子的天性，逼着孩子去做那些他们先天素质无法达到的事情。老舍先生在一封家信里写出对子女的期盼，他把身体的强壮放在第一位，然后希望子女有一份手艺，可谋生就行了。他说："唯儿女聪明不齐，不可勉强，以致有损身心。我想，他们能初识几个字，会点加减法，知道一点历史，便已够了。只要身体强壮，将来能学一份手艺，即可谋生，不必非入大学不可。假若看到我的女儿会跳舞，会演讲，有做明星的希望；我的男孩体壮如牛，吃得苦，受得累，我必非常欢喜！我愿自己的儿女能以血汗挣饭吃，一个诚实的车夫或工人一定强于一个贪官污吏……教他们多游戏，不要紧逼他们读书写字；书呆子有机会腾达，有机会做官，则必贪污误国，甚为可怕。”①

家长应该对自己的孩子有正确、适当的期待，要让自己的言行举止如缓缓的“南风”，吹动着孩子向理想的目标迈进。

二、别让“名牌”蒙住眼睛

世上有多少个人，就有多少条生活的道路。

——亚·索尔仁尼琴

让孩子成为第一，进重点学校，上名牌大学，是中国大多数父母的共同心态。上海市的一项调查表明：上海市和郊区共有57.8%的家长要求孩子“样样争第一”，市区77.9%的家长希望自己的孩子达到大专及大专以上学历，市区91.8%的父母希望子女从事带有脑力劳动性质的“白领职业”，从中可以发现家长的期待非常相似。

一些家长，孩子一生下来，就向往名牌，非要坚持把子女送进名校，甚至连给孩子起名字都不忘与名牌大学相挂钩。不可否认，上名牌大学成为学生的期盼和家长的夙愿，原因除了人们的上进心理驱使之外，也是“把文凭当做敲门砖”带来的后果。如今，几乎每个人都觉得年轻人最关键的就是考上大学，名牌大学的录取通知书被看做是确保人生成功的金字招牌。学习好的孩子如果没有考上名牌大学就会被认为遭遇了重大的人生挫折。如此一来，非名牌大学不上的偏执情况就越来越严重。

① 吴铬：《咸水鱼和淡水鱼》，《德育报》，1996-05-20。

美国马里兰州从事大学录取工作23年的列文(Shirley Levin)说:“对大学层次的强调从来没有像现在这样强烈,高中毕业生常常被告知如果你进不了名牌大学,你的一生就毁掉了。”[①]

专家认为,“高教大众化的实现,教育资源的稀缺导致的‘高考独木桥’被拆毁后,新的‘独木桥’又在形成,这是由于高校就业环境差异所导致的”。[②] 当然,也不能不承认,名校在师资水平、办学理念、人文环境、教学质量、科研水平等方面确实比一般高校优越,这也是家长和孩子努力追求名牌学校的另一个重要原因。

小蔡是广州某重点中学高三学生,他的“一模”成绩刚好800分。虽然已是高分,但小蔡本人不满意,声称填报志愿时非选北大不可。班主任比较担心,因为根据其实力,完全有可能进入北大这样的顶尖学校,但又担心他心高气傲会吃亏,一时不知如何是好。

“条条大路通罗马”,家长不得不承认这样一个事实,那就是,不可能人人都上名牌大学。因此,家长应懂得“当一扇门向你关上,必然有另外一扇门向你打开”的道理。因为高考只是考察人的部分能力和素质,并不代表一个人的全部,更不能以此推论考生一生的成败,因为成才的道路很多,并非只有上名牌大学一条。

前复旦大学校长,现任宁波诺丁汉大学校长的中国科学家杨福家教授指出,正在备战高考的学生们心里肯定有压力,但千万不要以为考不上名牌人生就完了。他把高等教育比作一支大乐队:“名牌大学就是乐队里的大钢琴,但不要只把眼光盯在大钢琴上,大提琴、小提琴都是好乐器。好学校并不一定都是研究

① 音乐之声:《干吗非上哈佛不可》,新浪博客,2011-04-23。

② 崔晓林:《透视新“高考独木桥”》,《时代潮》,2005(16)。

型、综合性的大学，专业学校、职校、技校也有它们的长处。”他举例说，美国的加州理工学院，虽然全校在校人数只有2000，甚至称不上大学，却一共培养了30个诺贝尔奖得主。[①]

普林斯顿大学教授阿兰·克鲁格(Alan Krueger)写过一篇文章《尖子学生不是非得要进入名校》。克鲁格曾经与自己的同事做过一个调查，对一万多名20世纪70年代中期的大学生进行调查发现，同时拿到常春藤名校和州立大学录取通知书的学生，其中进入名校的与就读州立大学的相比较，他们在二十多年后的事业上没有多大差别。这意味着，对于许多能够被名校录取的学生来讲，名校帮他们做的事情“任何一所美国大学都能够做到”，也就是说，普通大学也可以帮助他们成为CEO。[②]

随着职业多元化趋势的形成，家长要客观看待孩子的实力，考上名牌大学当然好，适时地给自己压力也很好，但希望不要一味抱着“非名牌不上”的念头，不要因为考名牌而给孩子太大的压力。其实，轻松的心境才能获得更大的成就。

三、别让留学梦耽误人生

对绝大多数人来说，真正的生活是……理想与可能两者之间不断的妥协。

——罗素

著名文学家钱锺书先生的代表作《围城》中的主人公方鸿渐虽在国外留过学，但一无所成，最终买了个“格莱登大学”的

---

① 王缘：《诺丁汉大学华人校长寄语 考生不要只盯名牌大学》，《新闻晚报》，2005-06-05。

② 袁晓明：《美大多CEO毕业于非名校 尖子生为何非要上名校》，《教育文摘周报》，2006-11-07。

假文凭来糊弄父母，欺骗周围的人。虽说这是一个文学故事，但从中折射出一个道理：那就是留过学并不一定就能取得真才实学。

时下，一些家长盲目地认为，“外国的月亮比中国的圆”，“外国的文凭比中国的硬”，不惜重金将孩子送往国外留学，而且留学的年龄呈越来越小的趋势。对这一选择，家长还是以慎重为好。

自改革开放以来，送孩子出国留学的情形大致有以下几种：一是国家有重点地选择一些学生到国外留学，专门培养某一领域的人才，以缩小与国外教育之间的差距；二是一些优秀的学生，在通过托福、雅思等考试后，被国外一些重点大学录取，这是值得骄傲和欣慰的；三是一些家长不愿意让孩子接受传统的国内教育，向往国外的教育模式，把孩子送到国外去学习；四是孩子在国内学习成绩不好，家长无法管理，而家中又有些积蓄，于是便千方百计将孩子送往国外，以求“喝点洋墨水”。

对于通过正当渠道选择好的留学学校的，在经济条件允许的情况下，出国留学当然不是坏事；但对那些在国内一无所成而期待在国外留学成才的孩子的家长来说，对待留学热是要慎重的，因为“外国的月亮并不比中国的圆”。

需要家长冷静的原因之一是：各国的国情并不一样，在教育孩子的价值取向上也存在较大差异，也许你所需求的正是人家所鄙视的，人家重视的或许正为我们所嗤之以鼻。一家报纸报道，在某国一大城市，每到周末，广场上并排停着一行宝马小轿车，车主们都是国内一些老板们的子女，他们选择在周末聚会，一方面炫耀自己的富有，另一方面大肆挥霍着钱财。这样的留学，不知道是能学到知识，还是能学到做人的道理？

需要家长冷静的另一个原因是：国内一些中介机构和国外一些冒牌大学利用中国家长留学心切的心理，大捞钱财。几名十多岁的孩子，因为父母听信了中介人员的欺诈性宣传而被送往新加坡留学，到了之后才发现生活艰难，几乎流落街头；几位奔赴法国做留学梦的青年，原本以为是进入正规大学学习，结果发现被送进三流学校的预科班、语言班，而且他们付出的房租比当地的市场价格要高两倍。

以下是2003年轰动各大报纸的一则报道：

这年，夏威夷州政府对美国檀香山大学提起诉讼，原因是该校没有在学校相关网站和招生(特别是在国外招生)宣传中说明“它未受美国教育部承认的认证机构认证”。美国檀香山大学同意支付全额退款给已经获得文凭或正在就读的学生。然而，就是这样一所在本土栽了跟头的“洋野鸡大学”，在中国大陆很多地区的招生工作却丝毫未受影响，仍然如火如荼。

同年，国内某大学与美国檀香山大学联合举办首期中美合作MBA课程班。一些民办高校也加入了美国檀香山大学的合作行列。上海国际交流学院瑞特培训中心曾经与美国檀香山大学合作办MBA项目，已毕业的学员数量大约在200名左右。以每个学员交纳费用4万元人民币计，美国檀香山大学仅在这一个培训班中就收取了中国学员800万元人民币的学费。

这则报道从一个侧面深刻反映出了一些中国家长盲目追随留学热潮，它告诉人们，孩子的留学需要正确对待，对所要留学的学校要郑重选择。①

2005年《家庭与家教》第2期的一篇文章《慎重，低龄留学》，将有意送孩子留学的家长的动机和心理分析得比较透彻，现摘录一些片段，希望能给打算送孩子出国留学的家长们一点启示：

日前，笔者在一家大型出国留学咨询中心看到，前来咨询者络绎不绝。据该中心工作人员介绍，高峰时一天达到三四百

① 丁锐：《“非认证学院”鲸吞学费》，《中国青年报》，2004-07-21。

人，其中，60%～70%为高三应届毕业生及其家长。高中生毕业出国留学如此火爆，究竟为哪般？

一个男生的说法颇有代表性：“我成绩一般，估计考不上理想的学校。还是赶紧调转‘枪头’，到国外找找出路吧。”由于是“突然转向”，缺乏准备，面对“想到哪里留学”“准备学什么专业”等问题，这位学生和他父亲一问三不知，让咨询师也无所适从。

“坦白地说，我把孩子送出去的主要原因是高考竞争太激烈了。”一个学生的母亲说。自从女儿上高中后，她便一直密切关注近几年的高考信息。“前两年大学扩招之后，高校录取率虽然高了，但考生的志愿却越来越向少数名校集中，一些人非重点大学不读，使招生录取的压力越来越大，以致高分也不一定能读上理想的学校。”

另一位正计划安排孩子前往德国留学的母亲也说：“现在大学年年扩招，毕业生一年更比一年多，就业也越来越不容易。本来就有送孩子出国读研究生的打算，现在看看国内大学招生和就业形势，不如本科阶段就把孩子送出国，让他早一些接受国外先进的教育，将来继续深造的条件会更好，对就业也有利。”

留学提防三大误区：

误区一：“国内大学难进，国外念书方便。”在一些成绩不佳的学生中，普遍存在这种想法。实际上，国外文凭更不能“混”。国外教育体制宽进严出，对国外留学生而言，要想获得文凭，需要付出更多的汗水。国外一些学校的毕业率仅为60%。有些留学生因频频被“卡”，一读就是七八年，既费钱也费时。

误区二：“拿到洋文凭就能在国外轻松就业，就算回国也能找到好工作。”不少家长抱有此种“乐观”态度。事实上，一些国家的就业形势不容乐观。在加拿大等国,即使拥有MBA这类高学历,找工作也并非轻而易举。而在国内,越来越多的企事业单位不再盲目崇拜“洋文凭”,招聘人才时重文凭更重能力。

误区三:“只要把孩子送出国就好,让他受受挫折,就能很快长大、成熟。”实际上,中学生处于生长发育的关键时期,心智尚不成熟,一下子来到陌生的环境,如不具备一定的心理素质,又缺乏成人及时的指导,极易受到负面影响。

出国留学的根本目的是遵照本人的个性发展需求,促其早日成人、成才。专家指出,留学是个人发展中的一笔巨大的投资,是命运的重大转折,一定要谨慎考虑,三思而行,家长切忌盲目跟风,更不能以家长的意志包办孩子的前途。①

四、别让迷信、禁忌成为孩子成长的“拦路虎”

我首先要求诸君信任科学,相信理性,信任自己,并相信自己。

——黑格尔

如今,迷信之风不仅在一些成年人中蔓延,而且刮进了中学,对孩子的心理健康造成不良影响。② 现在的孩子,一方面狂热地追求时尚,对科学产生极大的兴趣,一方面又十分脆弱,盲目地相信命运,在他们中间出现了一些“禁忌”“忌讳”“图腾”等现象。

可悲的是,现在一些孩子面对某些重要抉择以及关于成败的重大事件时,他们往往会相信无形的“命运”,迷信于一些“禁

① 唐和平:《慎重,低龄留学》,《家庭与家教》,2005(2)。

② 赵大龙:《警惕迷信风刮进中小学》,《光明日报》,1995-07-22。

忌”，偏执于“运气”，尤其是青睐于电脑算命，以此平复自己矛盾的心理。如一些学生在考试之前，去烧香拜佛，去抓阄算卦，把一些偶然给自己带来好运的事和物作为永恒的图腾来崇拜，产生一些虚幻的心理。对出现在孩子身上的这些问题，家长一定要以严谨的科学态度对孩子晓之以理、动之以情，正确引导和纠正。

已上初三的小王中考前两个星期，坚决不穿灰蓝相间的校服，而是成天穿着大红的夹袄，并扎上了校园里久违的红头绳。这种怪异的打扮，让班主任老师和同学们百思不得其解，因为小王所在的学校有硬性规定，同学们在校期间要统一着校服。在班上的积分连续被扣的情况下，班主任老师决定做一次家访。家访的结果令班主任老师哭笑不得。原来，小王的父母常年在外打工，小王由奶奶照看，而大字不识一个的奶奶整天在家烧香拜佛，非常迷信。为了能让孙女考上重点中学，奶奶除了烧香磕头祈求神灵的保佑之外，还在一个自称是“半仙”的算命先生处算了一卦，被告知，孙女若要成功考取重点高中，只有穿红衣服、扎红头绳才能扫清邪障云云。在算命先生的怂恿之下，奶奶藏起了小王的校服，小王才有了上面的打扮。听起来这个故事有些荒诞不经，但却真实地出现在现实生活中。很难想象，生活在如此复杂的心理压力之下，小王能考出好成绩。

实际上，在孩子们中间出现“禁忌”“忌讳”“图腾”等现象，除了科学知识的欠缺之外，无不与人的心理有关。由心理因素引发的恐慌、忌讳等，会影响到人的健康成长以及处理事情的态度。

古代有一个传说,说两个秀才同时去赶考,刚出门便碰到一户人家送丧,一口大大的棺材横亘于他们行进的岔路口。这一突如其来的场景使两人的心里产生了巨大的波澜,一位秀才心里直犯嘀咕,“倒霉死了,怎么遇上这等不幸之事,棺材那是装死人的,是晦气……”这种灰暗的心情一直伴随他上考场,在痛苦焦躁中,他草草答了题目,最终名落孙山。而另一位秀才面对突遇则完全是另一种心境,他想,我刚去赶考,就遇到了棺(官)材(财),这可是个好兆头。他怀着志在必得的心情去考试,结果临场发挥得非常出色,最终金榜题名。两人结局不同,完全是心理因素使然。

作为家长,一定要树立起科学的大旗,给孩子讲明沉湎于迷信的危害,帮孩子应对好考试前的恐慌、考试中的紧张、考试后的失落;在平常生活中遇到困难时,及时发现和解除孩子的心结,扫除横亘于孩子前行道路中的“拦路虎”。否则,孩子承受力不强的话,会酿成大祸。

某年夏天,辽宁本溪市街头。

少女赵某刚高考完毕,身心俱疲,神思恍惚。这是她第三次参加高考了。

从临场发挥状态来看,她自我感觉良好,可谁能保证今秋她一定能上大学呢?

“最新科技成果!电脑预测前程,你的财运,你的事业前景,婚恋趋向,你的高考、求职、晋升,都有可靠的显示。来吧!你可以不信迷信,但你不能不相信科学!”一个穿着入时、戴着太阳镜的小伙子吆喝着。他新近开设了电脑算命的业务。

少女靠近了电脑摊,打量着这个神秘的东西。

“算一个吧!我要没有说错的话,你刚从考场上下来。要不,正在找工作?”

“这东西算得准吗?”少女怯生生地问。

“你瞧!”那青年一指,电脑屏幕上显示出“不可不信,不可全信”8个大字。

少女只看清了前面4个字。是呵,在科学昌明的时代,不信电脑还信什么呢?

“给我算一下,今年高考能不能成功?”少女递上去2元钱。

“把姓名、年龄、性别、生日告诉我就行了。”那小伙子说着,接过了钱。

“赵××,××岁,女,××××年6月1日。”小伙子在按键上敲击了几下,一会儿,电脑打印出几行字:时乖命蹇,无力回天,前途坎坷,学业无望……

她感到眼前发黑,头嗡嗡作响。

当晚回到家,少女一气喝下3瓶敌敌畏……

一个星期天,邮差上门送信,少女父母展开一看:一张崭新的大学录取通知书![①]

五、正确对待孩子的分数

不要让上课、评分成为人的精神生活的唯一的、吞没一切的活动领域。……如果教师和学校舆论把分数当做唯一依据来给一个人做出好的或坏的结论,那他就不会努力去当一个好人。……如果人的精神生活仅仅被局限在这个领域,也就是说,他只能在掌握知识上、分数上表现自己,那么就会有失败和困难

① 蒋星五、曾琳琳:《培养孩子解除烦恼的能力》,广西科学技术出版社,2003年,第67页。

在等待他,使他的生活变成一种痛苦。

——苏霍姆林斯基

著名童话作家郑渊洁说过:“100分把童年变成100岁。”

长期以来,人们对分数的认识存在着误区。对学生来说,分数是一柄双刃剑,分数既在激励孩子学习的积极性方面起了巨大的作用,往往也是孩子心理负担的主要根源。因为一次公开的分数排名,成绩不理想的孩子可能焦躁不安,家长也困惑难眠。

随着升学就业压力的增大,人们对分数的关注到了前所未有的程度。现在好多的家长对孩子拿来的成绩单表现出很矛盾的心理,不知如何对待孩子考试的分数。当孩子考得不错时,家长心里很高兴,表扬、奖励孩子是少不了的,可又担心孩子会骄傲;成绩不理想时,就特别生气,想打他骂他,又怕伤了孩子的自尊心,下次情况更糟。

中国青少年研究中心研究员孙云晓幽默地说:“我们有一个惊人的发现,虽然全国的父母从来没有在一起开过会,但是全国的父母每天却说着非常相似的话:要好好学习,只要学习好其他的什么都不用管。”[①]很多父母错误地以为学校的成绩代表一切,人生的目标只有两个,一是高考,二是留学。目标定清楚了,父母剩下的工作就是用一切手段,软硬兼施来达到这个目的。近几年的事实证明,学校里除成绩非常突出外一无所长的学生,即使上了名牌大学,毕业后仍很难与社会相处。而那些发展较全面的学生,进入社会后,会受益于综合性素质从而更加出色。

1999年10月29日的《北京晚报》援引了《钱江晚报》的一篇报道,杭州某小学的周老师做了一份跟踪调查,发现了一个发

① 孙云晓:《“失败”孩子找不到家的感觉》,人民网,2005-02-21。

人深思的"第10名现象"。周老师担任语文教师和班主任工作近20年,他有意识地对1990年前后毕业的150名小学生做了跟踪调查,结果在这些如今已上大学或工作了的学生中间发现,当年班里第10名前后直至20名的学生,会在后来的学习和工作中出乎意料地表现出色,并成长为栋梁型人才。相反,有些当年备受教师宠爱,成绩数一数二的优秀学生,长大后却"淡"出优秀行列,甚至在其后的升学和就业等方面屡屡受挫。这个发现,为我们今天的家长选择衡量孩子的标准,提供了一个很好的启示。[①]

分数排名是20世纪五六十年代的产物,在那个年代,它塑造了老师和家长"分数是衡量学生优劣的唯一标准"的意识。直到今天,这种错误的观念和做法还在继续流行。老师和家长单纯地用成绩给孩子排队,搞得孩子压力很大,也使他们在培养兴趣爱好、拓宽知识面、发展个性等方面受到很大的局限,束缚了智力的发展。

瑞典把公布成绩看作是一种歧视行为,是违法的。老师把试卷折叠起来亲手交给学生,以表示我没有让别人知道你的分数。在日本,学习成绩属于个人私事,除了学生和家长,任何人都无从知道,更不会向全体学生公布。而且,学生之间互相打听成绩是不礼貌的行为,会受到谴责。在美国,学生的个人成绩自始至终处于严格的保密之中。老师对待学生的成绩像对待重大的个人隐私一样,极其严肃认真。这些举措无疑照顾了学生的自尊,减轻了学生的压力。

中国的不少家长,紧盯着孩子的分数,甚至连零点几分的差距都不放过,总爱拿孩子的成绩与周围的孩子做比较,严重伤害

① 廖丽丽:《"中学生现象"之疑问》,教育博客网,2008-05-31。

了孩子的自尊。教育实践表明，孩子只有心情快乐，才会全身心地投入学习和竞争中去，作为家长，千万别只盯着孩子的分数和名次，而应该关心孩子的内心是否快乐。

有一次开完家长会，班主任留下了十几个家长。他们的孩子的成绩均在省重点高中和市重点高中之间。班主任让家长们制订一个“帮教”计划，该计划中最好要保证孩子下次月考成绩能前进多少名。

班主任刚说完，家长们就纷纷表态。有的说，让孩子进前5名，有的说进前10名……他们一个不服一个，谁也不想让班主任觉得自己的孩子没有潜力，做家长的教子无方。最后，竟像拍卖场似的，有人声嘶力竭地喊道，我让孩子前进20名。

记得我曾看过一篇名为“一头鲸的奇迹”的文章，说的是一头8吨多重的鲸竟能跃出冰面6米多高，并能为观众表演各种动作。有一次，训练师透露了创造这一奇迹的奥妙：在开始时他们先把绳子放在水面上，使鲸不得不从绳子上方通过，鲸每通过一次它就会得到鱼吃，也会有人爱抚它，跟它玩耍一会儿，当鲸的成功多于失败的时候，训练师便会把绳子提高一些。不过提高的速度必须得慢，否则，它就会因屡屡失败而丧失信心，一蹶不振。

训练师的成功，告诉我们两条经验：一是给予鲸的是鼓励而不是压力；二是不能急于求成，手中的绳子不要抬得太快太高。

班主任终于点到了我的名字。我几乎未加思索地说，让我的孩子从现在开始每次考试都前进3名吧！我的话音刚落，屋里就响起了一阵窃窃私语声。班主任老师也不解地问我，你是不是对孩子的要求太低了？我说，她要能达到这个标准，我就心满意足了。回到家，跟女儿一说，她却高兴得眉飞色舞，就前进3名啊，我能做到。我说，不是一次，而是以后次次考试都这样。她说，老爸你就放心吧。

几个月后，女儿考上了省重点高中。看榜那天，我恰巧碰上了那位让孩子“前进20名”的家长。我问他孩子考得怎么样？他沮丧地说，别提了，勉强进市重点。[①]

六、用耐心与换位思考了解孩子的苦衷

一个人为寻求他所需要的东西，走遍了全世界，回到家里，找到了。

——穆尔

中小学时代，是人一生中最关键、最美好的时光，处在这一阶段的孩子本应是快乐的。但是，在一些问卷调查中发现，许多中小学生成长得并不快乐。有的孩子不仅不快乐，而且十分烦恼。希望孩子快乐成长，就不能无视孩子的烦恼。

许多孩子小小年纪竟然有那么多烦恼，这应该引起家长的高度重视。家长应该知道经常困扰自己孩子的主要烦恼是什么，并尽力帮助孩子消除或减少烦恼，让孩子轻装前进。

近几年来，学校充斥着各种各样的知识技能训练，缺乏真正的生活性的儿童教育。很少有人去关注儿童幸福与否、快乐与否，很少有人把他们当孩子看。独生子女的孤独，城市空间的拥挤，学校课程的紧张，就业压力的紧迫，世俗人情的冷落等，使得现在的孩子们稚嫩的心灵中产生了不少痛苦。

（一）考试和过重的课业负担是孩子们的主要烦恼来源之一。现在的孩子，自打进入幼儿园开始，书包就沉重起来，各种

① 李长春：《慢抬绳子》，《北京文学》，2005(2)。

考试也接踵而至。近几年来，随着社会的发展，考试名目愈加繁多，课业负担愈加沉重，孩子们越来越感到力不从心。

（二）父母经常唠叨带来的烦恼。很多学生感到在学校太累，想回家放松放松，可是回到家，又常常面临父母的喋喋不休。

（三）没有时间玩的烦恼。调查显示，52%的中小学生说自己没有时间玩，没有时间看电视，没有时间参加文体娱乐活动。

（四）人际关系带来的孤独。孩子们普遍反映，现在的人际关系很难处理。普通同学之间、朋友之间、男女同学之间和师生之间都很难相处。

（五）自我评价的烦恼。首先表现为对于自己外貌“缺陷”(肥胖、伤痕、近视眼等)的焦虑，过于追求完美，总想做到最好。其次表现在对学习方向难以把握，看到别人一个个都有自己的追求，而自己面对不尽如人意的分数与特长却无所适从。

（六）青春期的烦恼。包括朦胧的情愫和生理变化带来的烦恼等。某省一位15岁的女孩说：“父母对我的管束我可以理解，但他们太过分！最不能容忍的是他们发现我有两盒新加坡男歌星的录音带，就骂我‘贱骨头，就喜欢男歌星’。气得我跑到公园里哭了一场。”

下面一则关于孩子“白发苍苍”的案例，反映出了现在孩子的辛苦。

“今年读初二的儿子，已是白发苍苍，医院检查结论是精神压力过大。这都是学业重压逼出来的。”武汉市的尹先生讲述了他们育子的辛酸经历，希望能唤起人们对这一带有普遍性的社会问题的警觉和反省，呼吁还孩子们自由的空间、快乐的童年。

没有周末的儿子

今年四十多岁的尹先生，忧心忡忡地说：在我的记忆中，儿子从小学三年级就开始被他妈妈逼着“培优”，从没有过周末。儿子自嘲是“见不到阳光的人”，早晨6点走，晚上11点休息。

儿子五年级时长出几根白发，上初中后，儿子白发越来越多，现在看起来像个小老头。开始我和妻子怀疑是遗传性“少白头”。我们带着儿子看了好多医院，医生结论是孩子精神压力过大。按医嘱买回核桃、黑芝麻给儿子吃，可儿子的白发仍不见少。

儿子的压力实在太大了，一周7天他要当成8天用。放学后学校要补课，7点钟回家做作业做到11点，周六学校补课，周日参加“语数外”三门功课“培优班”。

上厕所也要背单词

每天早上6点钟，妻子就会准时叫儿子起床复习功课。即便是在上厕所、吃早餐时，妻子也要让儿子多背几个单词。儿子说：一看到英语书就恶心，就想起“王老师”——儿子在家戏称他妈妈为“王老师”。

妻子让儿子参加了“创新”“楚才”等各种竞赛，尽可能多拿一个本本（证书），也不管这些本本是真的假的，有用没用，多拿一个，总觉得儿子比其他孩子的起点似乎要高一些。

夫妻为教育儿子吵架

武汉市最近举行的“楚才杯”国际中小学作文比赛，有3000名小学生不约而同地将妈妈刻画成“变色龙”“河东狮”等，可以说是妈妈们扭曲了自己的形象。

到底该如何教育儿子？我们夫妻俩只要吵架一定是为这事。我总说，孩子就是一个弹簧，压得太久或是拉得太久，弹簧就失效了……妻子说，她看到“白发苍苍”的儿子也很心疼，可总担心孩子不“培优”，会输在起跑线上。

看着儿子斜靠在床上，流着口水睡得正香，手里的书掉在地上，真让人心疼！①

① 俞俭、胡俊：《白发苍苍的初二学生》，《人民日报》，2005-05-11。

七、淡化“状元”情结

学如弓弩，才如箭镞。识之领之，方能中鹄。善学邯郸，莫失故步；善求仙方，不为药误。我有禅灯，独照独知。不取亦取，虽师亦师。

——袁枚

“状元”情结在中国由来已久。每年，随着各地高考分数线的划定，各地的文科、理科高考“状元”便陆续出炉，这些幸运儿不但能上个好学校，也将迎来接踵而至的好运，拉赞助的、拍广告的、取经的……他们活跃在报纸、电视上，畅谈考试与学习的心得，展示自己的学习经验，不仅使自己在众人面前大放异彩，还使得自己的家人在同事、亲戚中倍有面子。于是，一些家长和孩子便把状元的头衔看得无比重要。

在大多数人看来，高考“状元”的智商无疑是最高的，但实际情况并非如此，因为高考“状元”的成功既有必然的因素，也有偶然的因素，既有智商的绝对作用，也有情商的相对作用。一般情况下，他们都比较踏实上进，比别人付出了更多的艰辛。以703分的高分被清华大学录取的一位考生，谈及自己的成绩时，说自己并不是智商特别突出，她是在父亲的坚持下复读了一年才考出如此成绩的。

中国科学院心理研究所研究员、博士生导师王极盛说，从1996年开始到2004年，他对将近4万名中学生的心理健康和学习成绩进行了调查研究，结果发现，有32%的中学生存在心理问题。但从对“状元”的测试来看，发现他们的心理素质都非常好，这些“状元”普遍有信心，都能正确评价自己。[1]

一些人认为，能成为高考“状元”，完全是他们高水平父母教导的结果，是他们良好家庭条件的产物。王极盛却说，高考“状元”的成功和他们父母的文化程度几乎没有关系，“状元”的父母大多数为中学文化程度，有的还是文盲，他们的职业绝大多数为工人和农民，小部分为自由职业者，这些人中没有大款，也没有人是教授。并且，这些“状元”家庭有一个共同的特点：家庭都比较民主，父母的身教重于言教。这些父母对待高考有一颗平常心，高考前也不给孩子施加压力。而且值得注意的是，绝大多数“状元”从小到大都没有挨过父母的打。大多数家长在中学以后就不再管孩子的学习，孩子从小就养成了好的习惯，他们都把学习看成是自己的责任。

绝大多数高考“状元”在学习上不是一帆风顺的，如2002年江苏高考“状元”张某是当年理科高考“状元”中唯一数学满分的考生，但她初一入学考试时，数学在全年级为倒数第二，到高一时仍是年级15名左右，但经过她的不懈努力，高考数学最终取得满分。[2] 还有的“状元”高考第一门就没有发挥好，但他们能调整心态，在剩余的科目中仍能取得好成绩来弥补第一门的不足。[3]

家长要摒弃挥之不去的“状元”情结，应想方设法让孩子成才成功，因为“状元”毕竟是少数。看看下面两个“状元”父母在平时是如何教育孩子的。

文科“状元”母亲：平时咋样，今天还咋样

驻马店高中的杨某以662分的好成绩摘得了河南省的文科

---

① 任信：《高考状元：智商并不超群》，《新民晚报》，2004-11-03。

② 据新浪教育载2002江苏状元张璇访谈。

③ 刘华：《高考“状元”揭秘》，《北京科技报》，2003-06-10。

“状元”。杨某的妈妈汪某说:“两天考试都是孩子自己去的,其实啊,高考的时候放松最重要!”

说起高考的时候,汪某很轻松:“没啥特别的,我去单位上班,孩子的爸爸在家上网,孩子考完试就自己回来了。”

汪某说,我们没给自己压力,也不会给孩子带来压力。杨某考前说她最起码考个北师大,我们就相信她能考上。有一场考试,杨某说有几道题没做好,我们就安慰她两句,说:“你不会做,别人肯定也不会做。”

要说给今年考场外家长的建议,汪某不假思索地说:“平时咋样,高考还咋样就行了。”

理科“状元”父亲:不要过度关心孩子

实验中学的王某去年考了708分,是某省的理科状元。王某的父亲给您的建议是:不要过度关心孩子。

王某的父亲说,家长要做的,就是在高考的时候想方设法淡化高考。我也看了一些专家和各种媒体的建议,为孩子做了各方面的准备,包括心理上的和生理上的。但这些准备适度就可以了。过度的关心会给孩子增加不必要的精神负担,完全没有必要。所以我们就像平时一样,该怎么安排就怎么安排。

“我从没要求孩子考‘状元’,也没规定他必须上清华北大。只是在考试的时候给他一个轻松的环境,让他能正常发挥。”这位父亲说,建议今天在考场外等孩子的家长,自己放轻松,也让孩子放轻松。[①]

---

① 仲州:《场内考孩子,场外考家长——状元父母、四位专家为您送上吃住言行“全攻略”》,《河南商报》,2006-06-07。

八、考前营养补给

有些人天资颇高而成就平凡，他们好比有大本钱而没有做出大生意；也有些人天资并不特异而成就斐然可观，他们好比拿小本钱做大生意。这中间的差别就在努力与不努力了。

——朱光潜

实际上，备考的最后冲刺阶段，除了靠平时的文化功底就是拼体力，谁的体质好，谁能坚持到底，谁就有希望成功。

高考前夕，孩子正处在用脑过度期，这时候大脑对氧的需求增加，对能量和各种营养素，如蛋白质，磷脂，碳水化合物，维生素A、B、C族以及铁的消耗也都相应增加。若要保持旺盛的精力与体力，就要吃得科学。因此，在这一特殊时期，家长一定要搞好孩子的膳食营养，以增加孩子的耐力和抗疲劳能力。安排膳食，应做到营养搭配均衡合理。

科学家研究表明，人们所吃的东西的确会对大脑产生影响，合理的膳食具有健脑作用。研究表明，食用富含铁的食品、糖类食品以及足够的脂肪酸，都对大脑功能的发挥有重要作用，氨基酸对神经递质的合成有很大的作用，鱼类对维持大脑细胞的作用比较明显。

面临高考的孩子除了睡觉和吃饭，其他大部分时间都用在了学习上。作为父母，确实要在孩子的营养上下点功夫，但千万注意不要“唯营养论”，不要迷信保健品。

一些孩子和家长，对媒体上炒作的食品广告情有独钟，广告上宣传什么就买什么，甚至以吃广告食品、喝广告饮料为荣。为了迎合一些家长和考生的心理，一些产品打着考高分的承诺，肆意渲染效果。英国斯旺西大学的心理学教授戴维·本顿反对将健脑食品当做提高考试成绩的捷径,他认为:这种食品必须是日常饮食的一部分,如果过去一年你在课堂上一直不注意听讲,只期望在考试前夕靠这种食品提高成绩,这完全是不现实的。所以,家长们不要一味迷信那些"养神补脑液",也不要不顾孩子们的胃口强加给他们一些"营养品"。但是,为高考前夕疲劳状态下的孩子们进行必要的膳食搭配和营养补充,也是必要的。注册营养学家、英国饮食协会发言人弗朗克·菲利普博士认为:改变您的饮食结构并不能使您一夜之间就变成爱因斯坦,不过,均衡的饮食对提高注意力至关重要,同时对考试成绩也有影响。

针对历年高考考生容易出现的营养问题,康比特运动营养研究所的青少年营养专家建议考生注意以下三点:

第一,防止中枢神经疲劳。

学会战胜疲劳、恢复体力的科学方法,是取胜考场的关键一步。要学会调节学习节奏,张弛有度。还可以让孩子补充一些促进疲劳恢复的营养食品,比如香蕉、燕麦、核桃、酸奶、豆类等。

第二,防止低血糖。

考试状态下,脑活动所需能量翻番,而能量主要来自血糖的不断供应。有些考生不吃早餐或吃得很少,造成低血糖,出现心慌、出汗、面色苍白、虚脱等现象,严重时还有意识障碍。因此,考生一定要吃好早餐,绝不可空腹进考场。另外,可以在进入考场前喝一些真正的运动饮料,在补水的同时能够提供低聚糖,持久供应大脑所需。

第三,增强免疫力。

考试期间生病是最让考生和家长头疼的事。在考前半个月时间,考生可以补充番茄红素,以提高免疫力。被誉为"植物黄金"的番茄红素,是最初从西红柿中提取的一种化学物质,能够非常有效地提高人们的免疫力。[①]

---

① 晓菏:《高考学生考前营养三注意》,《中国体育报》,2004-06-04。

九、考前心理辅导

学习是得到促进还是受到妨碍，取决于任务的复杂性、顺序和结构，并在很大程度上取决于如何施教。

——威·道·沃尔

有人这样比喻孩子高考前的心理：就像倾斜在桥边的车子，已经摇摇欲坠，可能你再加一根稻草都会使其坠毁。这个比喻非常突出地反映出了孩子们面临高考的复杂心理，尤其是一些学习中等的学生表现得更紧张、更焦虑。作为家长，应该知道这种紧张是正常的，因为必要的紧张会促使孩子更加努力地投入到学习中去，但过度紧张也会使孩子恐慌，进而影响到考试的成绩。家长一定要想方设法给孩子减压，要帮助孩子设计、制订一些放松计划，如抽时间陪孩子散散步、聊聊天，参加一些文娱活动等，避免“心理饱和”现象的发生。家长一定要注意以下细节：要克服“唠叨”的习惯，不要对孩子张口“高考”闭口“高考”，使他们增加不必要的心理负担；要引导孩子正确对待模拟考试和摸底考试成绩，告诉他们，这些成绩与高考没有必然的关系，不要过分在意这些成绩；家长要注意平常的言行，既不要流露出过高的期望值，天天大鱼大肉地“补养”，无形中给孩子增加压力，也不要诚惶诚恐，战战兢兢，一切围着孩子转，给孩子套上精神枷锁，但也不要对孩子的备考状况不闻不问，让他们觉得家长对他无所谓，以至于造成孩子轻视高考，放弃高考。

《生活时报》报道，江苏省一对表兄弟，哥哥只因高考前成绩不佳，竟将高考稳操胜券的弟弟推下楼去。弟弟重伤昏迷，哥哥则自杀未遂。①

中国教育网曾刊载了广东省肇庆市某中学高三学生张某写给高级心理咨询师丁祉的一封信，信中流露出对高考的极度紧张和焦虑：

丁老师：

您好！我是一名“高四生”，以十几分之差重读高三，心里既无奈又苦闷。我太情绪化了，有开心的事情就朗声大笑，为了点小事又情绪低落，做什么都没有劲。另外，我还经常在课堂上走神，对高考患得患失，总爱设想复读失败后的种种情形，并为此深感忧虑。

现在我很努力，起早贪黑是常有的事，月考名次却没有明显提高……丁老师，我还能考上大学吗？

广东省肇庆市某中学高三　张某②

作为家长，面对孩子高考，关键是要有一颗平常心。要让孩子知道，不管你考得怎么样，家永远都是你温馨的避风港湾。对家长来说，孩子有个健康的未来才是最重要的，因此要督促孩子正确处理和安排好学习与休息的关系，处理好考好与没考好的心态问题，处理好必然与偶然的心理准备问题，处理好成才与成人的关系，要引导孩子树立正确的人生观、价值观。

科学家们做过这样一个实验：在演员大脑的特定部位贴上微电极，然后按内容不同要求演员们表演各种电影情节。

---

① 曹茜：《中等生存在的问题及教育对策》，《生活时报》，2011-11-02。

② 焦文：《一位高三学生的信》，中国教育网，2003-07-15。

当他们演出与灰色、无精打采、消极、沮丧、愤怒有关的情节时，实验监测仪显示脑啡肽的含量随之降低，当剧情进入欢乐、健康、愉快、喜悦、自信、爱情的内容时，脑啡肽的含量也随之上升。脑啡肽是调节学习心态的天然快乐剂，所以家长要加以引导，让孩子养成积极乐观的学习心态，这样就有利于脑啡肽的分泌增加。

有一篇文章《考生最不愿意听到的十句话》，现予以摘录。

忌语一："加油，爸爸妈妈等你成功回来。"忌语二："祝你成功！"忌语三："记住你的目标，成败在此一举。"忌语四："我们家孩子成绩回回棒，老师都说这成绩考清华北大没问题！"忌语五："把题看仔细，认真答题，千万不要有任何大的疏漏，争取多拿高分。"忌语六："现在检验你复习好坏的时刻来了，你要好好把握。"忌语七："再坚持一下，好好把试考完，你和爸妈就都解放了。"忌语八："同样是人，我就不信我家孩子比别人差。"忌语九："爸爸妈妈这么辛苦都是为了你，你一定要争气，要有出息。"忌语十："考不上爸爸妈妈也不会怪你，明年我们再重新复习。"①

很多家长都希望用这样的话来给孩子减压，实际上这是一种无形的压力。郑州一中特级教师董中奎给家长总结了"三要"和"三不要"。家长"三要"：要帮助孩子检查是否带齐考试用具及证件；要安排好孩子起居；要多一些微笑和鼓励。"三不要"：不要问敏感性的话题；不要看到孩子情绪低落就神色大变；如果孩子提到哪科没有考好不要埋怨。

---

① 新东方在线：《高考前夕孩子最不希望听到的十句话》，《新东方在线论坛》，2016-12-26。

十、考后心理疏导

我们一生最花力气维护并始终为之奋斗、为之苦恼的东西，往往并不是生命中最珍贵的东西。

——余秋雨

广州市穗港澳青少年研究所副所长陈冀京说：“就如一辆开足马力行驶的汽车突然紧急刹车一样，考生在高考结束后，紧绷的神经突然放松下来，此前一直潜伏的各种心理问题就一下子爆发了。”①

高考结束后的两三周时间是考生和家长心理问题的高发期。一些孩子心情非常焦虑，或者担心自己考试时答错了题，或者担心自己的成绩不够理想，或者担心自己去不了心仪的学校和专业，成天患得患失，无所适从。这时候，家长要加强引导，适当地安排一些活动或劳动，以转移孩子的注意力，帮他们走出心理困境。一些孩子存在严重的愧疚心理，觉得自己对不起关心自己的亲人、老师和朋友，觉得自己对不起自己的付出，为什么平常会做的题目，考试时偏偏就没答对呢？成天抑郁自闭。这时候，家长要多做疏导工作，告诉他们谁都有过失误，谁都会遇到失败，化解他们挥之不去的阴影。一些孩子则表现得突出放纵，聚会喝酒、上网闲逛、闪电恋爱等，心理严重失衡，一些孩子甚至走上不归路，给家庭带来了严重伤害。家长要善于发现，注意实施必要的规劝和教育。

孩子考完试，大多数时间都会待在家里，家长理所当然成了第一监护人。这时候，家长就要注意观察孩子的情绪，引导孩子

---

① 钱旭：《高考后，谁来带考生和家长走出心理危机?》，新华网，2006-06-24。

保持正常的心态，必要时与孩子进行沟通。家长即使自己心里有委屈也不能当着孩子的面埋怨和指责，特别是那些有补习生的家庭和平时家长比较忙的家庭，家长更要抽出时间陪陪孩子，及时发现孩子的心理变化。

当孩子的成绩公布后，家长更应以身作则，努力做好孩子的思想工作，要正视成绩，理解孩子的苦衷，分享孩子的快乐，同时要保持好自己的心态，以免引起一些意外，尤其对那些高考失利者，更要施以人性的关怀。2003年某城市一考生从16米高的黄河大桥一跃而下，自杀未遂。当被问及他轻生的缘由时，他哆嗦着嘴唇说："我没有考上大学，学习压力太大，才跳河自杀的。"

下面的例子则反映了一位家长在获悉孩子高考成绩后不理智的行为。

2005年7月28日清晨，上海闸北区某小区一位女士跳楼自杀。

这位女士的女儿今年高考。由于报考的重点院校录取分数过高，她和理想院校擦肩而过，最终被一所外地大学录取。这份录取通知书仿佛一块大石压在妈妈心上，她认为，由于报考失误，女儿要离家求学，责任全在自己。7月27日晚，亲人曾劝慰她到次日凌晨2时半，然而劝解无效，这位女士还是结束了自己的生命。

对于这一事件，北京大学医院心理治疗与咨询中心方新老师指出，这位母亲肯定是一个心理障碍患者！我们一般认为，只有医院里的精神病人才有心理障碍，其实现实生活中很多人会陷于某种"心结"，一旦遇到"扳机"就会爆发。

升学的悲剧越来越五花八门了，在这一事件中，孩子没考上理想的大学，最痛不欲生的是妈妈。方新指出，孩子没考好是一个"刺激"，这位妈妈的内心一定深藏着对自己的无能感、无价值感,而这种感觉贯穿了她的生活。

据介绍,她十分能干,在单位是党员、骨干分子,还曾被评为“上海市三八红旗手”。按说这样的人应该不至于“把希望寄托在孩子身上”,“但确实有部分貌似成功的人,内心存在无法释放的焦虑和紧张,为了获得社会认可而拼命工作,放弃休息,放弃应有的生活享受,甚至牺牲自己的健康和生命”。

方新认为,使这位妈妈紧张和焦虑的无能感可能与她过去的经历有关:童年时,她们家属于村里的小姓、外来户,她必须通过自身的努力才能克服自卑感。“成功”“优秀”这种评价对她们来说特别重要,甚至重于生命。[①]

十一、握好家教遥控板

机会对于不能利用它的人又有什么用呢?正如风对于能利用它的人才是动力。

——西蒙

现在的一些家长认为孩子一旦考上大学自己就解放了,教育孩子的问题应该由学校来承担,这种认识是极为错误的。因为孩子虽然离开家赴外地求学,但他们在经济上还没有完全独立,在思想上还没有完全“断奶”。

近几年来,由大学生同居引发的悲剧,过早性生活惹来的麻烦,考试不及格带来的退学风波,迷恋网吧造成的颓废,无所事事“拍拖”出的官司……散见于各类媒体。这些现象充分说明,孩子考上大学,家长并不是万事大吉了,家长对孩子的教育还是

① 刘涛:《高考失败母亲自杀的心理暗示》,中健网,2005-10-27。

要持之以恒，还是要握紧握好家教遥控板。

人们通常把满18周岁的人称为成年人，大学生大部分都是成年人，应该说自控能力和自我约束能力比较强，但这并不意味着他们就能够自己把握未来。

一般来说，要求家长握好家教遥控板，有以下几点原因。

（一）进入大学后，学习环境与高中差别很大，孩子很容易产生懈怠心理，需要学校与家长相互配合加以引导。好多大学生每天的课很少，而且都是大堂课，几百人挤在一个教室里，师生之间基本上互不相识，很难监控学生的上课情况。公寓管理对学生晚上是否回宿舍很少过问，这些都使得经历了黑色六月的学生一下子仿佛进入了自由的王国。对那些自制力差的孩子来说，就有了抽烟酗酒的机会，谈情说爱的土壤，上网聊天的时间，要么消极厌学，要么游戏人生。近几年，因同居、玩游戏而荒废学业、被学校开除的大学生屡屡见诸报端，家长们可不能掉以轻心。

（二）大学生经济还未独立，家长一定要从经济上计划支出，不能让孩子乱花钱，养成坏习惯。现在的大学生攀比之风日甚，看到别人拿手机自己也痒痒，看到别人穿好衣服自己也想拥有，看到别人谈恋爱自己也不甘示弱，看到别人下馆子，自己也要进小吃城……有一部电视剧，片名叫做“真情不眠”，讲的是父亲卖血供自己孩子读大学，孩子却在城里吃喝玩乐，还吹嘘说自己的父亲是包工头，有钱；后来因为学习成绩很差，多门功课不及格，被学校开除了，但孩子还不以为然，骗家里说自己在读书。这样的剧情不是虚构的，现实生活中有很多。在给孩子零花钱时，家长一定要搞好预算，量力而行。

（三）一些孩子上大学是生平第一次出远门，要么孤独寂寞思念家人，要么面对新的生活手足无措，要么禁不住周围的假象诱惑误入歧途。家长人生经验丰富，理应给孩子提供必要的生活引导和心灵疏导。孩子第一次出远门,肯定会遇到一些意想不到的事情,对于在中学时没有出过远门的孩子来说,他们遇到的难题会更多一些。生活经验的不足,风俗习惯的差异,语言交流的障碍,人际关系的考验,等等,都会使他们很苦恼。家长们一方面要与孩子进行情感上的沟通,另一方面要不时抽查他们的学习状况,可以从同学或者任课老师处打听,或者亲自去学校。

(四)家长要督促孩子锻炼身体。不重视体育锻炼,似乎是大学生的通病,他们宁肯赖到上课铃声响的那一刻才起床,也不愿意早早去锻炼自己的身体。“身体是革命的本钱”,但大学生仗着自己年轻,往往吝啬于花时间锻炼身体。这是一种心理误区,家长要责无旁贷地与学校一起督促他们锻炼。

(五)要告诉孩子:你的人生已经进入了一个新的阶段,它虽是你走向成功必不可少的阶段,但也是充满挑战、充满考验的阶段。家长要不时进行就业趋势的教育,让他们及早树立起竞争意识。除了高考,家长们最担心的就是孩子们的就业了。含辛茹苦供养出来的大学生没处就业,这让好多家长伤透了脑筋。作为家长,一定要理性地看待孩子的就业,要提前给孩子打预防针,要鼓励孩子树立自主创业的意识,同时,自己也要转变观念,千万别把大学文凭当成“铁饭碗”。

十二、情感教育不可少

感情有着极大的鼓舞力量,因此,它是一切道德行为的重要前提。

——凯洛夫

中国的为人父母者,只是单纯地关注孩子的智商,却忽视了孩子的情商，缺乏对孩子情感教育的认识。他们在孩子面前一味强调："家里的活不用你管，好好学习才是你的任务。""少参加那些乱七八糟的比赛，少去管别人的事情，考出好成绩才是最重要的。"这种忽视孩子情感教育的做法，是有百害而无一益的。

某报报道：有4个年龄相仿的少年，他们的父母都是同一单位的，这4个孩子经常在一起玩。有一天，一个小伙伴不慎溺水，另外三个孩子居然既不呼救也不报警，"从容"地掩埋好小伙伴的遗物，若无其事地回家。这起事件，一方面反映出孩子们可能缺乏处理突发事件的能力，但更说明了孩子们缺乏起码的情感。

《北京青年报》上有一则《大学生家书惜墨如金》的报道，写的是两名学生考上外地高校后给家乡父母写信，其中一名学生在信纸上写了"一切平安"四个字。另一名学生的父母接到儿子的来信，拆开一看竟没有一个字，只见信纸上画了几个大问号，面对这些问号母亲思索片刻，苦笑地对老伴说："儿子是嫌钱寄晚了！"这两名大学生的家书，反映出他们对含辛茹苦的父母非常无情。[①]

为什么他们会对父母如此无情呢？应该是与幼年时期缺乏情感教育有关。苏联著名教育家苏霍姆林斯基说过："善良的情感是良好行为的肥沃土壤。善良的情感是在童年时期形成的，如果童年蹉跎，失去的将永远无法弥补。"因此父母必须重视从小对孩子进行良好的情感教育。情感教育不是靠理性的灌输，而是靠心灵的感受。过去大多数家庭孩子多，生活条件差，

① 王仁：《法官妈妈痛说孩子"堕落"》，新华网，2004-03-08。

在那种环境中孩子往往从小就能感受到父母的艰辛和深沉的爱,也就自然接受着良好的情感教育。

李新华在《学会生存》中提出:“教育的一个特定目的就是要培养感情方面的品质,特别是人和人的关系中的感情品质。”①情感是儿童智力活动的条件,良好心境能使人产生学习兴趣,能使注意力集中,记忆效果好,想象力丰富。情感还直接影响着身体的健康,早期精神分裂症、糖尿病、脑细胞发育迟缓都与消极情感有关,情感缺失会严重阻碍智力发展。

我国著名教育家夏丏尊先生说:“教育不能没有情感没有爱,就如同池塘不能没有水一样。没有水就不能成为池塘,没有情感,就没有教育。”健康的情感并非天生就有,它必须经由教育获得。孩子知识贫乏,经验少,辨别是非能力差,容易感情用事。家长应注意培养孩子爱、憎、好、恶的情感,消除消极情感及其反作用。

家长要以饱满的热情、充沛的精力投入来感染孩子,给他们一张笑脸、一颗诚心、一分真情。曾任湖北《招生考试》杂志社社长、总编的罗金远在《拿什么献给家长和孩子》中说:“我们要舍弃苍白的说教,将现实生活中那些令人眼睛热、鼻子酸、心头颤的事展示给孩子们。让人性的光芒,照耀孩子们的心灵;让真善美的春意,充盈孩子们的精神家园。”②

有位老师,上课喜欢提问。为了激发学生积极思考,每当提问时他都会习惯性地说:“这个问题谁来回答呀?”于是,同学们争先恐后地举手。一天,他发现学习最差的学生李某也举手了,就想给以鼓励,便请他回答。可是李某站起来一个字也没答出来。出乎意料的是,一连几天,每次老师提问,李某都和同

① 李新华:《学会生存》,上海译文出版社,1982年,第91页。

② 罗金远:《拿什么献给家长和孩子》,《湖北招生考试》2005(21)。

学们一样举手，但每次都答不好。李某对老师解释说："大家都举手，如果我不举，别人会笑话我。"于是，老师跟他约定："以后我再提问时，你能回答就举右手，否则举左手。"李某点点头。从此，李某的思想包袱逐渐减轻，心情愉快了，听课认真了。没过多久，他举右手的次数越来越多，回答问题越来越圆满，成绩越来越好，性格越来越开朗。李某的进步，就是因为老师通过情商培养促进了他的智商的提高。

在家庭教育过程中，父母情感对子女的感染作用，在任何时候、任何情况下都不能被忽视。家长要充分认识并努力发挥家庭教育的这种特殊优势，与子女建立正常有效的情感关系，要随时随地给孩子施以情感感染和教化。

参考文献

1. 宋恩乐:《平民家庭教育》,上海广学会出版社,1920 年。

2. 吴奇程、袁元:《家庭教育学》,广东高等教育出版社,2006 年。

3. 魏书生:《好父母,好家教》,漓江出版社,2005 年。

4. 卢勤:《告诉孩子你真棒》,长江文艺出版社,2004 年。

5. 赵忠心:《家庭教育学——教育子女的科学与艺术》,人民教育出版社,2001 年。

6. 晏阳初:《晏阳初教育论著选》,人民教育出版社,1993 年。

7. 约翰·洛克:《教育漫话》,傅任敢译,人民教育出版社,1986 年。

8. 沃尔科夫:《心理学家谈教育问题》,史民德译,山西人民出版社,1986 年。

9. 毛毛老师:《优秀青少年应知道的励志故事》,中国戏剧出版社,2006 年。

10. 国民教育部社会教育司:《家庭教育》,正中书局,1942 年。

11. 颜之推:《颜氏家训集解》,上海古籍出版社,1980 年。

12. 卢梭:《爱弥儿》上卷,李平沤译,商务印书馆,1978 年。

13. 张欣武、刘卫华:《哈佛女孩刘亦婷》,作家出版社,2002 年。

14. 陈鹤琴:《陈鹤琴教育文集》上卷,北京出版社,1983年。
15. 昆体良:《昆体良教育论著选》,任仲印译,人民教育出版社,1989年。
16. 蔡元培:《蔡元培教育文选》,人民教育出版社,1980年。
17. 崔振邦、肖进雄:《家庭教育策略》,北京师范大学出版社,2008年。
18. 陈鹤琴:《家庭教育——怎样教小孩》,教育科学出版社,1981年。
19. 陈大伟:《培养杰出孩子的101个细节》,东方出版社,2005年。
20. 刘百川:《学校与家庭》,商务印书馆,1948年。
21. 李振霞:《我家走出四个博士——妈妈的手记》,中国文史出版社,2001年。
22. 王定华:《透视美国教育》,北京大学出版社,2008年。
23. 崔振邦:《新世纪贫困地区教育》,甘肃人民出版社,2001年。
24. 熊翥高:《学校教育与家庭》,商务印书馆,1923年。
25. 崔振邦、肖世雄:《家庭道德教育》,北京师范大学出版社,2010年。
26. 黄河清:《家校合作导论》,华东师范大学出版社,2008年。
27. 张国超:《现代家长教育学》,中山大学出版社,2012年。
28. 赵刚:《家长教育学》,教育科学出版社,2010年。
29. 齐大辉:《一次管一生的教育》,海峡出版发行集团鹭江出版社,2015年。
30. 京师公立师范附属小学:《学校与家庭》杂志,1927年第一期。

后　记

2013—2015年我在北京大学做访问学者期间，完成了《给父母和教师的100条建议》，也算是对我这几年的思考、判断、领悟以及付出的一个总结，书稿终于通过北京大学出版社严格的审定，付梓出版并呈现在读者面前。这个结果，对我来说是一个期盼至切的慰藉。

我要感谢北京大学出版社，作为全国优秀大学出版社，为我提供了学术驰骋的平台，使拙作走向了全国。感谢编辑周志刚对书稿的结构、体例、内容提出了许多宝贵意见，并一丝不苟地勘误校正文稿，商榷讨论确定书名，五次进行大的修改，提高了书的层次和品位。

感谢中国教育学会家庭教育专业委员会理事长朱永新老师在百忙中题词“教育始于家庭”；感谢中国教育学会家庭教育专委会名誉理事长、北京师范大学教授赵忠心老师和中国少年儿童新闻出版总社首席专家、原总编辑、中国家庭教育专委会副理事长卢勤老师为拙作赐序；感谢北京大学中文系副主任漆永祥教授和北京大学家庭文化与家长教育研究所所长、北京书同教育科学研究院院长齐大辉老师对本书的出版所作的指导和帮助。他们渊博的学识，深邃的见解令我仰慕之至。我不揣浅陋与冒昧求教于各位先生，他们一一给予点拨。本人受益匪浅，深感荣幸。

这是我继《新世纪贫困地区教育》《欠发达地区教育与经济研究》《家庭教育策略》《家庭道德教育》之后的又一部教育著作。此生有幸,我与教育结缘至深。我的出生地甘肃通渭县,是一个文风极盛的地方,她浓郁的文化精神已渗入我的骨髓与血脉。我的家庭是一个书香流溢的教师之家,由父兄营造的“崇文守道、克勤克俭、读书耕田”的家居环境滋养了我的幼年和童年,培植了我对教育事业的永恒向往。而我三十年来由从事中等师范教育,到教育行政管理,再到高等学校任职,以至于到北京大学做访问学者的经历,使我有条件和时间对教育进行比较深入的研究和思考。由于我一直在一个欠发达的地区从事教育工作,对该地区教育的现状、特点有着至深了解,故而通过《新世纪贫困地区教育》尝试破解贫困地区教育发展中的一些理论和实践问题。之后又通过《欠发达地区教育与经济研究》《家庭教育策略》等书探讨了经济与教育、经济与人口素质的内在联系,以及家庭教育的一些问题。

这本《给父母和教师的100条建议》,是中国教育学会“十三五”教育科研规划课题、西北地区基础教育阶段家校共育理论与实践研究课题、陕西省家庭教育科研规划课题项目、甘肃省家庭与学校合作共育研究项目,是我献给家长、教师和成长中的学生的家庭教育普及读物。我之所以将目光投向这个角度,是因为我在三十多年的教育实践中感到家校合作教育太重要了,尤其是担任教育行政领导职务以来,我看到了很多家庭教育的成功者,也看到了不少由于家庭教育的错失而贻误孩子终身的事例。推动世界的手是摇摇篮的手,一个人可以不是天才,但可以成为天才的父母。家庭教育是一门学问,家校合作教育也是一门学问,是以一定的教育理论为支撑,有着独特、深广内涵的学问。家庭教育是一种教育艺术大于教育内容的特殊教育。有些人是成功的教育家,却未必是成功的家长;有些人并不懂得高深的教育理论，但他们培养出了出类拔萃的儿女。我在书中所举的案例只是提供给大家一些借鉴或者一份思考，并不是要求所有父母或教师都那样去做，因为每一个孩子、每一个学生，都是独立的个体，他们会有不同的个性特质，不同的成长经历，不同的家教环境。在教育中，有效的东西比正确的东西更为重要，很多正确的东西在书本上活着，但在生活中往往就死了。我希望这本《给父母和教师的100条建议》对千千万万家长和教师是一本有用的书，而不是一本纯粹“正确”的书。如果这本书能够为天下热爱儿女的父母们和热爱教育事业的老师们开启一扇窗口，透进一丝智慧的灵光，我将欣慰之至！

拙作付梓出版之际，衷心感谢陕西省教育厅、甘肃省教育厅、陕西省妇女联合会、陕西省妇女儿童工作委员会办公室和甘肃省妇女联合会、甘肃省妇女儿童工作委员会办公室的鼓励和支持，谨向北京大学社会学系孙飞宇老师，北京大学继续教育部焦云霞老师，国家教育行政学院家庭教育研究中心办公室徐碧荣主任，甘肃省家校合作教育协会会长周德祥，甘肃中医药大学副校长贾国江先生、汪海峰教授、张慧先生，甘肃省新华书店经理周爱平先生，北师大出版社甘肃办事处总经理董禄先生，甘肃省教育科学研究所所长李波先生，陕西省高校技术转移中心主任安航先生，陕西省家庭教育研究会副会长陈凤山先生，陕西、甘肃省双美协会王荐缘女士，定西高级专家协会王惠东先生、定西市教育科学研究所肖进雄所长等表示衷心的敬意和谢忱！他们对该书的编辑出版给予了鼎力帮助和支持。最后，我要特别感谢我的家人，尤其是我的大哥崔振乾的鼓励和支持，感谢北京甘肃企业商会常务理事兼女企业家协会副秘书长、北京陇粹源（国际）商贸有限责任公司董事长刘国兰女士的大力支持！

崔振邦

2017.3